mise en examen

collection dirigée par Alain Nonjon

LA NOTE DE SYNTHÈSE AUX CONCOURS D'ENTRÉE DES ÉCOLES DE COMMERCE

ADMISSIONS PARALLÈLES – BAC+2 / BAC+3

TREMPLIN, PASSERELLE 1 ET 2, EDHEC

Emmanuel CRIMAIL

Professeur en classes préparatoires à Intégrale
Chargé de cours à Paris IX Dauphine

ellipses

Dans la collection *mise en examen*

pour le Baccalauréat

- *La Composition d'histoire et de géographie au baccalauréat,* 2e édition, Jean-Michel Bernardin, Olivier David et Jean-Luc Suissa, 240 p.
- *Le Croquis de géographie au baccalauréat,* 2e édition, Christian Arnould, François Denisart, Claude Mangin, 176 p. (avec dossier en couleur)
- *L'Oral d'histoire-géographie au baccalauréat, Séries générales et STT,* Odile Mainet, 128 p.

pour les Écoles de commerce

- *La Dissertation d'histoire et géographie économiques aux concours des écoles de-commerce,* Alain Nonjon, 256 p.
- *L'Entretien individuel aux concours des écoles de commerce, Bac, Bac+2, Bac+4, prépas,* Emmanuel Carré, 128 p.
- *Épreuves d'anglais aux concours des écoles de commerce en admissons parallèles (1re et 2e années – Bac+2, +3, +4, +5), TREMPLIN, PASSERELLE, PROFILS, EDHEC, ESSEC-MBA, HEC-ESCP-EAP, Audencia Nantes, EM Lyon,* Alain-Louis Robert, 512 p.
- *L'Épreuve d'analyse et de synthèse aux concours des écoles de commerce, ACCES, SESAME,* Jean Maréchalle, 192 p.
- *L'Épreuve de logique et de mathématiques aux concours des écoles de commerce, ACCES, IPAG, PASSERELLE, PROFILS, SESAME, TAGE-MAGE, TEAM, TESTS-ESSEC, TREMPLIN,* 2e édition, Franck Attelan, 400 p.
- *L'Écrit et l'oral d'anglais aux concours des écoles de commerce, ACCES, IPAG, SESAME, TEAM,* Alain-Louis Robert, 448 p.
- *Le Mémoire de fin d'étude dans les écoles de commerce,* Jean-Luc Michel, 96 p.
- *La Note de synthèse aux concours d'entrée des écoles de commerce, ADMISSIONS PARALLÈLES BAC+2 / BAC+3, TREMPLIN, PASSERELLE 1 ET 2, EDHEC,* Emmanuel Crimail, 176 p.
  L'Oral de culture générale aux concours des écoles de commerce (de type HEC), Christine Baron, 208 p.
- *L'Oral de Mathématiques aux concours des écoles de commerce,* Sébastien Bossu, 176 p.
- *Les Tests d'aptitude à l'entrée des écoles de gestion – Calcul, Compréhension de textes, Conditions minimales, Expression, Raisonnement & argumentation, Logique,* Franck Attelan, 256 p.

pour Sciences Po.

- *L'Épreuve de culture générale. Institut d'Études Politiques, Paris et province (entrée en 1re, 2e et 4e année),* David Alcaud, Philippe-Jean Quillien, Audrey Rose, 2e édition, 208 p.
- *La Composition d'histoire. Institut d'Études Politiques, Paris et province (entrée en 1re et 2e année),* Christian Bonnet, 256 p.
- *L'Épreuve de géographie à Science Po. IEP de Paris et province(entrée en 1re et 2e année),* Frédéric Besset, 256 p.

pour différents concours

- *Cartes en mains. La cartographie aux concours,* Emmanuel Lézy, Alain Nonjon, 192 p. (en couleur)

Ce manuel est dédié à Alexandre Jeantet

ISBN 978-2-7298-2351-1

32, rue Bargue 75740 Paris cedex 15

www.editions-ellipses.fr

TABLE DES MATIÈRES

Préface **5**

Avant-propos **7**

Première partie – Méthodologie générale **9**

Chapitre 1 – Lire les textes 10

Chapitre 2 – Prendre des notes 17

Deuxième partie – Méthodologie épreuve par épreuve et annales corrigées **19**

Chapitre 1 – Tremplin 20

Méthodologie 20

1995

Textes *26*

Prises de notes *32*

Corrigé *34*

2002

Textes *36*

Prises de notes *41*

Corrigé *42*

2004

Textes *45*

Prises de notes *52*

Corrigé *53*

Chapitre 2 – Passerelle 55

Méthodologie 55

1998

Dossier *57*

Analyse du sommaire *71*
Prise de notes *72*
Corrigé *74*

2004
Dossier *76*
Analyse du sommaire *91*
Prise de notes *92*
Corrigé *95*

Chapitre 3 - EDHEC 97
Méthodologie 97
1993
Dossier *100*
Analyse du sommaire *116*
Prise de notes *117*
Corrigé *119*

1999
Dossier *120*
Analyse du sommaire *143*
Prise de notes *144*
Corrigé *148*

2003
Dossier *149*
Analyse du sommaire *170*
Prise de notes *171*
Corrigé *175*

PRÉFACE

On peut être nostalgique de la dissertation et ses enjeux rhétoriques (3 parties, 3 sous parties), on peut garder une extrême déférence pour les normes installées par la scholastique... force est de constater que les notes de synthèse proposées aux concours commerciaux ont apporté beaucoup dans les techniques de recrutement des candidats :

- diversité des thèmes à l'aval d'une actualité économique, culturelle, sociétale ;
- multiplicité de textes souvent intéressants, parfois provocateurs, toujours au cœur d'une réflexion riche ;
- capacité à faciliter le repérage des qualités essentielles du manager de demain : savoir différencier et hiérarchiser les arguments, éviter les amalgames, intégrer dans une pensée systémique des informations dispersées, aptitude à proposer des liens logiques ;
- identifier au travers d'une épreuve écrite la flexibilité, le discernement, l'esprit de synthèse, le sens de l'humain, l'ouverture, la tolérance, la concentration, l'esprit critique autant « d'exigences de la vie professionnelle du cadre » pour B. Lussato, formateur émérite de décideurs (*Le défi culturel*) ;
- et bien évidemment maîtrise de l'écriture, avec la recherche de résumés clairs, efficaces, structurés.

L'épreuve s'est donc imposée, et nécessitait que la collection *Mise en examen* défrichât sa méthodologie pour les très nombreux (de plus en plus) candidats des voies dites parallèles, mais si axiales, dans le recrutement des écoles de commerce. Encore fallait-il débusquer pour cela un pédagogue aguerri, sachant dégager le timing rigoureux de ce type d'épreuve, isoler les quelques recettes qui facilitent l'approche des textes, l'appréhension globale et immédiate de leurs enjeux, et canaliser une plume dans les normes strictes imposées. E. Crimail s'imposait de toute évidence pour ce projet : professeur à Intégrale et à Dauphine, routier de ces épreuves depuis plus d'une décennie, connaisseur et complice de ce public si différent de celui des prépas académiques classiques, fin limier de l'actualité politique et culturelle, et gardien du temple de l'expression écrite, il ne pouvait que rejoindre notre équipe rédactionnelle. Son ouvrage offre donc un panorama complet de ces épreuves, des techniques plus que des « trucs » plaqués, et il balise toutes les questions que se pose le candidat (gestion du temps, techniques de résumé, méthode de lecture, identification des nœuds de la démonstration, progression des idées...).

Ces annales écrites avec un refus de tout dogmatisme, avec une tendre ironie sur les défauts classiques des candidats, dépassent le registre des commentaires des rapports de concours, toujours sévères mais jamais instructifs sur le « comment et pourquoi des épreuves ». Il était facile de donner à ce manuel un visa de lisibilité, de clarté, de rigueur, d'utilité pratique qui est le label de la collection *Mise en examen.* Qu'il soit une invite à approfondir une épreuve sélective exigeante et rémunératrice et désormais installée dans le paysage des concours.

Non monsieur Oscar Wilde : « *donner des conseils est toujours bête, mais donner de bons conseils... n'est pas aussi désastreux* » que vous ne le prétendez...

Alain Nonjon

AVANT-PROPOS

La synthèse de textes ou de dossier est une épreuve obligatoire pour tout élève titulaire d'un Bac+2 (BTS, DUT...) désireux d'intégrer une école de commerce via les banques d'épreuves TREMPLIN ou PASSERELLE (pour les ESC), ou par le concours spécifique à l'EDHEC. Comme vous le savez, la synthèse de PASSERELLE porte sur le même dossier que vous présentiez l'examen à Bac+2 ou à Bac+3, après une licence, une maîtrise, un doctorat, ou un IEP.

Il ne s'agit pas (sauf dans la mini « réflexion personnelle » de TREMPLIN) de donner votre avis personnel, mais de rendre compte en temps limité d'un ensemble de textes qui peuvent aller du plus concret au plus abstrait, de l'Histoire des idées à l'actualité la plus brûlante. Nous avons cherché dans le présent ouvrage à rendre au maximum compte de cette diversité pour couvrir au mieux le champ des types de sujets possibles, d'où des dossiers datant de 1993 à 2004.

Ainsi, pour l'EDHEC, nous avons tenu à vous donner — car c'est une éventualité qui peut se présenter — un exemple de dossier réunissant quatre textes abstraits. En regard, vous avez un exemple de sujet de société abordé par la presse française, ainsi qu'un dossier contenant de nombreux articles de politique internationale, qui n'avaient pour certains que deux semaines lorsque l'épreuve a été soumise aux étudiants. Les dossiers EDHEC ont été reproduits en fac-similé d'après les sujets originaux imprimés par les services du concours des Écoles. L'éventuel défaut de lisibilité des documents est « d'origine » : il fait aussi partie de l'épreuve, et démontre bien qu'il ne s'agit pas, pour cet examen, de lire les textes dans leur intégralité.

Vous trouverez ici des sujets d'actualité typiques de PASSERELLE. Le sport est un thème susceptible de retomber sous peu, notamment au vu du colloque qui s'est tenu à l'UNESCO le 20 janvier 2005 sur la question du dopage. La violence télévisuelle n'est pas, elle non plus, démodée.

Pour TREMPLIN, il nous a semblé important de montrer une épreuve particulièrement abstraite et difficile, construite comme un emboîtement de poupées russes, suivant un plan chronologique.

Comment utiliser ce livre ?

La première section de cet ouvrage est constituée par une introduction méthodologique, que nous vous conseillons de lire attentivement avant d'affronter, stylo à la main, les épreuves proprement dites. La synthèse de textes ou de dossier est une épreuve bien spécifique pour laquelle la connaissance de quelques « trucs » (et des écueils à éviter) ne peut qu'être la bienvenue. D'abord, apprendre à lire les textes qui sont proposés ; puis, optimiser la prise de notes.

Ensuite, nous vous proposons pour chaque type d'épreuve (TREMPLIN, PASSERELLE, EDHEC) le sujet tel qu'il se présentait le jour dit, un exemple d'analyse du sommaire pour les épreuves à dossier, une prise de notes (dont trois à l'état brut, manuscrites, pour vous donner une idée plus claire de ce à quoi devra ressembler la vôtre le jour du concours), et enfin, notre corrigé.

Vous pouvez, pour votre première synthèse, vous accorder 10 % de temps supplémentaire ; dès votre deuxième ou troisième entraînement, le temps ne sera plus un problème, si vous avez bien assimilé la méthodologie. Prenez connaissance des documents proposés, consultez notre analyse du sommaire le cas échéant, et attelez-vous à la prise de notes. Celle-ci achevée, comparez-la avec la nôtre, complétez-la au besoin, puis procédez de la même manière pour la phase finale de rédaction.

Bonne lecture, et bonne chance !

Première partie

MÉTHODOLOGIE GÉNÉRALE

1

Lire les textes

Les épreuves de synthèse auxquelles vous vous préparez sont avant tout des épreuves de lecture. Vous allez être noté sur votre capacité à rendre compte de votre lecture par un écrit structuré. On peut en déduire qu'une mauvaise lecture (fauteuse de contresens, trop lente, trop superficielle, entravée par les détails) est un lourd handicap. À l'inverse, si vous réussissez dès les dix premières minutes de prise de contact avec le sujet à repérer des éléments essentiels, ce sera autant de gagné pour la prise de notes — et une bonne prise de notes est la garantie d'une synthèse réussie.

Des épreuves spécifiques

Deux types d'épreuves sont ici abordés :

- Dans l'épreuve de type TREMPLIN, vous n'avez que trois ou quatre textes à lire. À la différence du dossier précédemment évoqué, il s'agit le plus souvent de textes écrits par des auteurs (philosophes, historiens, écrivains...) connus, autrement dit, des textes de référence. Raison supplémentaire de les lire plus en profondeur que ceux du dossier.

  Le dossier est constitué en grande partie d'articles de presse, d'extraits d'essais sociologiques ou de textes de loi, mais les sources peuvent être très variées suivant les sujets. Il vous faudra y être attentif pour savoir comment distribuer votre attention et votre temps.
- Dans les épreuves de type PASSERELLE et EDHEC, vous avez un dossier complet d'une quinzaine de textes à lire et condenser. C'est beaucoup ! Il s'agit donc d'une épreuve de vitesse, ce qui ne veut pas dire qu'il faille renoncer à la justesse.

À textes et délai différents, modes de lecture différents. Pour TREMPLIN, vous aurez le temps de tout lire ; pour les deux autres concours, il va vous falloir survoler.

Qu'allez-vous chercher dans ces textes ?

- Des idées : par exemple, l'opinion d'un porte-parole d'un groupe religieux sur un fait de société.
- Des faits : par exemple, les chiffres du chômage en France en 2003.

Il importe de trouver des éléments rapidement et de ne pas s'arrêter sur des particularités de style ou sur des exemples superflus. Ainsi, du texte de Baudelaire sur la photographie (Épreuve TREMPLIN, *Art et avancées technologiques*), vous ne devez retenir que la critique du goût vulgaire pour un art qui ne serait que la reproduction du réel, sans vous attarder sur sa propre conception du Beau ni sur sa description chargée de dégoût des mises en scènes photographiques de l'époque.

Comment vous y prendre pour saisir au plus vite votre « proie » ?

➥ Vous pouvez parcourir très rapidement chaque texte à la recherche de l'idée principale, que vous pouvez par exemple surligner ; si certains passages semblent importants, marquez-les (avec une croix en marge, ou autre), vous y reviendrez ensuite pour une lecture plus lente.

➥ Des textes qui ne présentent aucune idée nouvelle ou aucune idée *nous intéressant directement* devront bien sûr être lus très rapidement. C'est par exemple le cas de plusieurs textes du dossier sur le PACS, apportant peu de « valeur ajoutée » par rapport à ceux qui les encadrent.

➥ Si par contre le texte offre une argumentation nouvelle et riche (par exemple le dernier texte de ce même dossier sur le PACS), il est bien évident qu'il faudra accorder plus de temps à la lecture de ce texte, quitte à accélérer sur certains passages secondaires.

Quelques trucs élémentaires peuvent vous être utiles lors de la phase liminaire de repérage.

➥ Dans les dossiers EDHEC et PASSERELLE, un sommaire vous est fourni, spécifiant, texte par texte, comme une bibliographie, le titre, l'ouvrage ou journal dont il est tiré, l'auteur (sauf lorsqu'il s'agit d'un journaliste obscur), la date et souvent le lieu d'édition. Autant d'indications précieuses à partir desquelles vous pouvez d'ores et déjà vous faire une idée de ce qui vous attend dans les textes proprement dits ! Avant de vous « lancer » dans la lecture des dits textes, il vous faut donc prendre le temps d'analyser cette page de sommaire avec une attention soutenue.

Peut-être connaissez-vous certains des auteurs, ce qui peut vous autoriser certaines présomptions quant aux idées qu'ils vont développer. De même pour les titres de journaux : dans le dossier sur le PACS, la plupart des articles sont tirés de *La Croix*, journal catholique dont vous pouvez aisément deviner qu'il n'a guère défendu ce projet de loi. Quant aux dates, vous pouvez constater dans ce même dossier que les textes couvrent quelques mois et apparaissent par ordre chronologique : vous pouvez y voir les fluctuations rapides d'un débat de société. Dans le dossier portant sur les enfants face à la violence télévisuelle, vous pouvez constater que plusieurs textes ont été écrits aux États-Unis, pays qui produit énormément de fictions télévisées ; d'autres sont français, un autre encore (portant sur l'étude menée par l'UNESCO) envisage le problème au niveau mondial. Observez ces éléments dans leur contexte, les uns par rapport aux autres ; ils peuvent vous permettre également de hiérarchiser, de déterminer par avance quels textes il faudra regarder de plus près : on ne lit pas de la même façon les Dix Commandements et un article du *Parisien*.

- Pour PASSERELLE, une formulation du thème général figure en titre du sommaire. Pour l'EDHEC, le thème du dossier ne vous est pas donné : c'est à vous de le dégager à partir des textes fournis, qui n'ont pas été choisis au hasard mais précisément pour vous permettre d'en faire une synthèse organisée. Dans un premier temps, chaque mot doit vous permettre de voir de quoi il est question, mais aussi d'élargir votre champ de pensée en procédant par association d'idées : un mot en appelle un autre et de mot en mot le thème étudié ouvre à de nouvelles idées. Dans un second temps, livrez-vous sur ce sommaire à une étude des champs lexicaux, c'est-à-dire de tous les mots se rapportant à un même thème. Les différents centres d'intérêt étudiés dans ce dossier vont ainsi se faire jour. Tous les textes, tournant autour d'un thème central, peuvent en effet se regrouper en sous-thèmes (3 ou 4). Attention, les sous-thèmes que vous déterminerez ainsi en étudiant les mots du sommaire ne correspondent pas nécessairement point par point au plan que vous allez adopter par la suite pour organiser votre synthèse. Toutefois, ces thèmes sont en quelque sorte une carte qui va vous permettre de vous orienter dans la lecture des textes : la lecture devient la recherche des mots clés repérés. De plus, si vous paniquez et être vraiment trop en retard pour raffiner sur l'élaboration du plan, ces thèmes peuvent constituer un « plan de secours ».
- Pour l'épreuve EDHEC, vous disposez d'autres outils qui peuvent vous permettre de cibler les informations essentielles : il s'agit des chapeaux et intertitres des articles de presse, prévus pour permettre une lecture rapide. Sans compter que ceux-ci sont parfois assortis d'illustrations, diagrammes ou tables de chiffres : un coup d'œil sur une courbe statistique peut aisément vous en dire autant que tout un article économique — ce que dans vos notes vous résumerez par exemple par : hausse ininterrompue du prix du pétrole ou : Wal-Mart est le premier employeur au monde.
- Pour l'épreuve TREMPLIN, l'outil qui peut vous aider est le sujet de réflexion personnelle, toujours très proche de la problématique émergeant de la confrontation des textes, autrement dit de ce qui sera la question directrice de votre synthèse. Vous pouvez ainsi voir tout de suite que ce qui va vous intéresser dans le texte de Baudelaire n'est pas le Beau en soi mais la photographie, innovation technologique, face à une certaine idée de l'art. Il peut être bon de commencer par réfléchir brièvement à ce sujet (consacrer 5 minutes au plus à noter ce qui vous vient à l'esprit) avant d'entamer la lecture des textes : lecture et réflexion s'enrichissent mutuellement, et ce sera autant de gagné quand il faudra rédiger ce petit paragraphe.
- En règle générale, vous observerez que les idées principales sont le plus souvent en début de paragraphe ; il convient donc de s'y attarder plus que sur le reste. À noter aussi que le plus important dans un texte de loi (Constitution d'un État, Déclaration des droits de l'homme et du citoyen, réforme du régime matrimonial...) est généralement l'article premier, parfois également le second. Dans le projet de loi sur le PACS, vous pouvez aussi constater que certains articles ont été annulés.

Lire un texte

Les textes sont la matière première que l'on vous soumet, qu'il va falloir apprivoiser pour, sinon la faire vôtre, du moins en rendre compte de la façon la plus claire et la plus synthétique possible. Grâce à l'indice que vous donne la question de réflexion personnelle (pour TREMPLIN) ou à l'étude du sommaire (pour les deux autres épreuves), vous pouvez aborder les textes avec à l'esprit une idée de ce que vous allez y trouver. Mais encore une fois, attention ! Ne vous enfermez pas dans cette idée avant de l'avoir confrontée au texte.

La première chose que vous devez avoir en tête au moment de vous lancer dans la lecture, surtout d'un dossier, c'est qu'il n'est pas infamant de ne pas en lire l'intégralité. Roland Barthes avouait sauter des passages de la *Recherche du temps perdu*, vous n'avez donc pas à avoir honte de passer un peu rapidement sur un article de presse ! Le tout est de savoir aller à l'essentiel, de trouver ce qui vous intéresse. Pour cela, il est important de savoir avant tout ce que vous cherchez et ce que vous voulez trouver.

Lorsque vous vous trouverez face aux textes, il vous faut tirer rapidement la « substantifique moelle » de chacun : d'abord les parcourir pour dégager l'articulation du texte et les informations principales, puis trouver le petit détail qui vous manque pour lier deux idées. Ne vous laissez pas distraire par des exemples ou des détails. Pour vous convaincre, faites une expérience : parcourez rapidement un article de journal suivant les méthodes que nous vous indiquons ici, puis lisez-le ensuite intégralement ; vous vous apercevrez que votre lecture intégrale et « lente » ne vous a rien appris de plus.

Le texte dans son ensemble est informatif dès le premier coup d'œil : vous pouvez repérer le titre, le nom de l'auteur, la date (comme dans le sommaire sauf que vous considérez cette fois le texte isolément), mais aussi le découpage en paragraphes qui rend compte d'une certaine structure argumentative : en général, si le texte est bien construit, chaque paragraphe est le développement d'une idée ou d'un exemple. Parfois, ces idées secondaires (filles de l'idée principale qui est le centre du texte) vous sont explicitement indiquées par des sous-titres. Certains mots peuvent apparaître en caractères gras : il va sans dire que vous devez leur accorder une importance particulière, car l'auteur du texte lui-même vous les désigne comme étant des mots clés ; mais ne perdez pas de vue ce que vous cherchez dans le texte. Un texte développe parfois conjointement plusieurs thèmes, dont un seul vous intéresse directement. Par exemple dans un article exposant les droits auxquels ouvrent respectivement le mariage, le PACS et le concubinage, si le thème du dossier est le PACS, c'est sur celui-ci que vous devrez vous concentrer.

Que veut démontrer l'auteur ? Sur quels arguments s'appuie-t-il ? Quel est le déroulement de sa pensée ? Telles sont les questions que vous devez vous poser avant de pouvoir répondre à cette dernière : que dois-je en retenir pour ma synthèse ?

Un texte bien construit offre une introduction et une conclusion susceptibles de vous renseigner sur les intentions de l'auteur. Dans les articles de presse, le chapeau joue souvent le rôle d'introduction (sous forme d'accroche, un peu comme le quatrième de couverture dans un livre). Les extraits d'ouvrages longs n'ont pas été écrits de façon à être ainsi fragmentés, mais sont découpés de telle façon que l'extrait que l'on vous propose forme généralement un tout bien rond, qui part d'un point de réflexion pour aboutir à un autre.

L'information générale dans un texte est entourée d'informations secondaires. Il importe de trouver rapidement dans un texte non seulement l'idée principale mais aussi la structure suivant laquelle l'argumentation de l'auteur s'articule, elle vous sera un support précieux pour comprendre le texte. Si les paragraphes nous aident dans cette recherche, il ne faut pas négliger les mots-outils utilisés par l'auteur, c'est-à-dire les locutions et adverbes qui lui permettent de structurer sa pensée. Les conjonctions de coordination, les « d'une part... d'autre part... », « premièrement », « par suite », « toutefois »... sont autant de chaînons auxquels il vous faut prêter attention.

Vous avez mené à bien cette première phase d'analyse du texte ; vous avez maintenant les éléments pour répondre à la fameuse question : que puis-je retenir de ce texte pour ma synthèse ? Dans une épreuve de synthèse de dossier, vous pouvez éventuellement conclure à l'inutilité du texte pour le travail à faire, s'il vous semble redondant par rapport à ceux que vous avez déjà lus — assurez-vous toutefois que vous n'avez pas laissé passer une information qui pourrait apporter une nuance intéressante.

Technique de lecture rapide

La lecture est le point de départ et la clé de voûte de l'épreuve de synthèse. Savoir lire vite et bien est donc un premier pas capital vers le succès. Le temps qui n'est pas perdu à la lecture est autant de temps gagné pour la phase de rédaction. Ces épreuves sont avant tout des épreuves de Français, aussi est-il important que vous puissiez soigner le plan et l'expression, et que vous ayez un peu de marge pour vous relire. Le jour du concours, vous allez être confronté à des textes denses (pour TREMPLIN) et nombreux (dans les dossiers) ; en aborder la lecture sereinement grâce aux quelques techniques de lecture rapide que nous allons évoquer ici peut vous donner une avance salutaire sur de nombreux candidats qui vont se noyer dans les textes et ne plus avoir assez de temps devant eux pour rédiger correctement.

Attention toutefois, car lire vite et donc mieux est un atout mais pas une fin en soi. Le but de l'épreuve demeure de comprendre les textes pour en faire une synthèse pertinente, pas de les lire tous en un minimum de temps. Le bon lecteur absorbe un grand nombre d'informations, dépouille une documentation, cherche rapidement un chiffre ou une information dans un texte ; mais il ne suffit pas de les enregistrer, encore faut-il les traiter correctement. D'où l'importance de la compréhension que vous devez avoir des textes.

Ce qu'il vous faut savoir faire le jour du concours — et c'est pourquoi l'épreuve est difficile — n'est pas seulement lire vite, mais aussi comprendre ce que vous lisez, soit pour chaque texte, acquérir une compréhension globale de la thèse de l'auteur et de la logique de sa pensée. Cette pensée n'est pas figée, elle évolue au fur et à mesure du texte : au fil de votre lecture, l'argumentation et la démonstration de l'auteur vont prendre forme. Un peu comme un dessin animé : des images figées prennent vie grâce à leur déroulement régulier, continu et rapide. La pensée d'un auteur, faite de mots, ne vient à s'animer et prendre sens que si, par votre lecture, vous lui donnez un mouvement régulier, continu et rapide.

Pour filer la même image : vous pouvez concevoir votre œil comme une caméra. Lorsqu'il lit, il ne se déplace pas en vérité suivant un mouvement continu mais par bonds successifs. Entre deux bonds, il s'arrête et fixe le texte : il prend une photo. C'est lors de ces points de fixation que l'œil travaille, englobant un certain nombre de signes. Votre lecture est donc une série de clichés, un peu comme une pellicule de film.

Ce qu'il faut vous dire, c'est que vous devez travailler en grand angle. Autrement dit : plus l'œil discernera de signes, plus la lecture sera rapide. Il est donc faux de croire qu'un bon lecteur déplace plus vite ses yeux. Simplement, il les économise : chaque fois que son regard se pose sur le texte, il a un champ de lecture très large.

Ainsi il ne faut pas lire mot par mot mais par groupes de mots en essayant à chaque point de fixation de voir le plus de signes possible.

Prenons un exemple. Voici une même phrase telle qu'elle est lue par trois lecteurs différents :

φ Tant va la cruche à l'eau qu'elle finit par se casser.

K Tant va la cruche à l'eau qu'elle finit par se casser.

λ Tant va la cruche à l'eau qu'elle finit par se casser.

- Dans la phrase φ l'œil s'arrête sur chaque mot, ce qui le fatigue et le freine.
- Dans la phrase K l'œil englobe plusieurs mots à chaque point de fixation, accélérant ainsi la lecture.
- Dans la phrase λ on n'a plus que 2 points de fixation mais à chaque fois l'œil agit comme un grand angle et voit le plus de signes possible.

Vous n'allez pas rencontrer deux textes pareils ; chacun comporte des passages plus ou moins importants. Comment voir les éléments essentiels d'un texte et adapter sa vitesse de lecture en fonction de l'intérêt du texte ? En jouant sur le nombre de points de fixation. Appuyez-vous sur la mise en page, son rôle est justement de faciliter la lecture en agissant elle-même comme « signe ».

Ainsi, pour un texte tiré d'un quotidien, avec une mise en pages en colonnes, on ne posera son regard que deux fois par ligne : on aura deux points de fixation. En revanche, pour un texte façon TREMPLIN ou PASSERELLE (en lignes), il faut compter 3 à 4 points suivant la longueur des lignes.

D'autre part, si le passage vous semble très intéressant, il ne faut pas hésiter à s'y attarder un peu. Ce sera compensé par le fait que, pour des idées plus secondaires ou déjà connues, vous pourrez aller plus vite et donc réduire le nombre de points de fixation.

Important :

- ➡ Quelle que soit la vitesse de lecture que vous avez adoptée, ne revenez jamais en arrière sur le texte, car cela casserait votre rythme et vous ferait perdre beaucoup de temps.
- ➡ Moduler sa lecture en fonction de l'importance respective de chaque idée ne veut pas dire que vous puissiez sauter des passages ; il faut tout voir, mais en

accordant à chaque passage plus ou moins d'intérêt suivant l'information que vous recherchez.

Outre le gain de temps qu'elle autorise, une lecture rapide vous permet une meilleure mémorisation de ce que vous lisez.

La mémoire humaine est constituée de deux types de mémoire :

- Une mémoire immédiate qui fonctionne pour quelques secondes ; c'est elle qui vous permet de composer un numéro de téléphone que vous venez de lire dans l'annuaire. Pour l'épreuve de synthèse, c'est elle qui retient le mot à mot.
- Une mémoire à moyen et long terme, qui ne s'attache pas au mot à mot mais permet de retenir le sens, la pensée globale, en s'appuyant sur les idées ou faits les plus importants.

Un bon lecteur est celui qui fait fonctionner plutôt sa mémoire à long terme que sa mémoire immédiate : il enregistrera le sens global de ce qu'il vient de lire, sans s'attarder sur des détails inutiles. Plus on lit vite, mieux on retient car on s'attache à l'idée générale et non simplement au mot à mot.

Un lecteur lent, au contraire, aura en tête les détails mais aucune vue d'ensemble du texte qu'il a parcouru, il n'aura pas non plus le recul nécessaire pour l'apprécier et le réutiliser pertinemment.

Il est aussi à noter qu'une lecture rapide facilite la concentration. En effet elle occupe l'esprit et le détourne de toute distraction.

Elle présente enfin un dernier avantage, lié à la compréhension et à la mémorisation : elle favorise grandement la capacité de rappel. Qu'est-ce que la capacité de rappel ?

On l'a vu, il est capital de comprendre et de retenir ce qu'on lit : c'est ce qui va vous permettre d'élaborer le plan de votre synthèse sans devoir être complètement absorbé dans vos notes. Mais le plus important est ce qui vient après la phase de lecture : traiter l'information, la critiquer, prendre du recul par rapport à elle. Il faut confronter les idées, les opposer, les rapprocher, afin d'en tirer le plus d'enseignements possible. Si vous avez bien compris, bien mémorisé, ce que vous avez ainsi correctement assimilé pourra refaire surface de façon sélective, en fonction de vos besoins pour concocter votre devoir.

2

PRENDRE DES NOTES

C'est la phase centrale de l'épreuve. Tout en lisant, vous prenez des notes, mais pour que ces notes soient directement opérationnelles au moment de rédiger, vous devez pouvoir vous y retrouver sans difficultés. Vous n'allez donc pas les prendre de n'importe quelle façon. Les documents des dossiers sont nombreux et votre objectif consiste, grâce à vos notes, à éviter (à de rares exceptions près) d'avoir à vous référer de nouveau au dossier proprement dit, ce qui serait une perte de temps bien inutile.

Dans cette course contre la montre, quelques recettes éprouvées vont vous permettre de mettre toutes les chances de réussite de votre côté. Là encore, la marche à suivre n'est pas exactement la même suivant les trois concours.

En règle générale

➥ Dans les épreuves de type PASSERELLE et EDHEC, vous avez un dossier complet d'une quinzaine de textes à lire et condenser. C'est beaucoup ! Il s'agit donc, sans perdre de temps à produire des notes rédigées, d'avoir sous les yeux, une fois cette prise de note finie, une vision d'ensemble des textes. L'idée est la même pour TREMPLIN, à la nuance près qu'il y a moins de textes mais que vous devez les regarder de plus près.

➥ Le résultat final doit donc tenir sur peu de pages : deux pour TREMPLIN, deux à trois pages pour les dossiers suivant la taille de votre écriture et la longueur du dossier.

➥ N'écrivez jamais recto verso ! Vous risqueriez d'oublier une partie de vos notes et n'auriez pas cette fameuse vision d'ensemble, faute de pouvoir tout avoir sous les yeux en même temps. Cela peut sembler évident, mais bon nombre de vos camarades sont tombés dans ce petit piège, par avarice ?

➥ Utilisez vos brouillons en format « paysage », autrement dit : prenez les feuilles en largeur. Vous pouvez alors adopter une disposition en colonnes comme dans les journaux quotidiens : on l'a vu, cette mise en page permet de limiter le nombre de points d'ancrage de l'œil, et donc d'accélérer la lecture. Il ne vous faudra de ce fait que quelques secondes pour repérer où vous avez écrit quoi.

➥ Écrivez en abrégé, cela prend moins de temps et de place. Mais n'allez pas inventer des abréviations pour l'occasion ! De même, prenez garde à bien écrire lisiblement, il serait catastrophique de ne pouvoir vous relire. Plus vous serez clair et simple, mieux vous vous en tirerez au moment d'exploiter ces notes, compte tenu de la fuite inexorable du temps et de l'éventuelle panique du concours ! Aussi, facilitez-vous la tâche.

- Allez à la ligne pour chaque nouvelle idée.
- Nous reviendrons pour chaque épreuve sur la méthode conseillée pour la prise de notes. Dans tous les cas, pensez à emporter des crayons ou stylos de couleurs différentes, bien contrastées. Une fois que votre prise de notes sera achevée, vous pourrez vous en servir pour entourer d'une même couleur toutes les idées que vous voulez regrouper dans la même partie ou sous-partie. Par exemple : en bleu tout ce qui a trait à l'aspect économique du sport, en rose pour le social… Vous pouvez même raffiner et entourer de bleu marine ce que vous destinez à votre première sous-partie, en bleu ciel ce que vous destinez à la seconde… et ainsi de suite ! Ce petit « truc » est un moyen presque infaillible de vous retrouver dans vos notes, il peut même s'avérer bien utile à ceux qui ont des difficultés à construire un plan. Important : une fois que vous avez utilisé l'idée pour votre synthèse, rayez-la. Cela vous évitera des redondances fâcheuses dans un exercice de synthèse, presque toujours limité en nombre de mots !

Deuxième partie

MÉTHODOLOGIE ÉPREUVE PAR ÉPREUVE ET ANNALES CORRIGÉES

1

TREMPLIN

MÉTHODOLOGIE

Des trois épreuves ici abordées, la synthèse TREMPLIN est celle qui ressemble le plus à celle que doivent subir vos camarades désireux d'entrer en première année à l'ESCP après une classe préparatoire.

Vous disposez de trois heures pour mener deux tâches à bien : une synthèse (I) et une réflexion personnelle (II), généralement liées par une communauté de thème. La synthèse porte sur trois ou quatre textes (exceptionnellement cinq), qu'il vous faut condenser en 550 mots plus ou moins 10 %. Attention, une copie trop courte ou trop prolixe sera pénalisée : c'est sortir des règles de l'exercice.

Comment vous y prendre ?

Gestion du temps

Vous avez 3 heures, pas une minute de plus, on vous enlèvera votre copie. Pire, il arrive qu'un surveillant pour le moins cruel vous laisse continuer au-delà du temps imparti, et refuse votre copie ! Il y a des sadiques partout... Méfiance.

Allez, au travail !

- 5 minutes pour bien lire les consignes, il peut y avoir du nouveau ! Puis repérez les noms des auteurs, le titre des ouvrages dont les textes sont tirés, qui permettent parfois de comprendre de quoi il est question. Soyez surtout attentif à la question, sujet de la réflexion personnelle, qui elle aussi pourra vous aider.
- 1 h 10-1 h 20 : prise de notes (cf. plus loin).
- 10 à 15 minutes : plan et structure (cette information ou idée, je la mets où ?).
- 35 à 45 minutes : rédaction, avec si possible introduction et conclusion au brouillon, le reste écrit au fil de votre brillante plume (évitez les stylos à bille, surtout de mauvaise qualité, qui bavent). Et l'encre noire est la bienvenue, elle facilitera le travail de votre correcteur et épargnera ses yeux...
- Une fois la synthèse rédigée, comptez vos mots et rectifiez si besoin la longueur de votre travail.
- 20 à 30 minutes : réflexion personnelle (voir plus bas).
- 10 minutes pour vous relire.

I. LA SYNTHÈSE

Prise de notes (cf. p. 32, 41, 52)

Après avoir parcouru les textes (en lecture rapide, pour repérer ce qu'il va vous falloir chercher et noter), prenez une feuille de brouillon horizontalement et tracez autant de colonnes qu'il y a de textes à synthétisez. Indiquez « texte 1 », « 2 »... ou les noms des auteurs si vous pensez mieux vous y retrouver ainsi. Il y a peu de textes, donc toutes vos notes doivent pouvoir tenir en une page, au plus deux.

Vous allez lire les textes avec d'autant plus d'attention qu'il y en a peu et tenter, pour chaque texte, d'en repérer la structure et les idées principales au regard de ce qui vous semble être le thème. N'oubliez pas que le sujet de la réflexion personnelle peut être un bon indicateur dudit thème. Autre rappel : les idées les plus importantes sont souvent ramassées en début et en fin de texte. Il faut voir aussi que certaines idées peuvent être intéressantes en confrontation avec celles qui sont développées dans les autres textes : c'est ce que votre survol préalable doit vous permettre de déceler.

Texte par texte, notez les idées principales en allant à la ligne : un paragraphe par idée essentielle. Cette page de notes doit être la plus claire possible. À ce stade, ne cherchez pas forcément à réécrire, peut-être y verrez-vous même plus clair en gardant les formules de l'auteur.

Le plan de la synthèse

Avec des stylos ou feutres de couleur, vous allez entourer les paragraphes de votre feuille de notes qui vous semblent se rattacher à une même idée, soit pour aller dans le même sens, soit justement pour s'opposer.

Il vous faut mettre au point un plan en deux ou trois parties, mais dans la mesure du possible, les textes doivent être présents dans chaque partie. Par exemple, soient 4 textes a, b, c, d :

I) a, b, c, d
II) a, b, c, d
III) a, b, c, d

Vous n'êtes néanmoins pas obligés de les faire toujours apparaître dans le même ordre ! L'essentiel est qu'au final cette confrontation de textes donne l'image d'une argumentation cohérente.

La rédaction

Soignez-la ! Pas tant pour orner votre copie de fioritures stylistiques (il s'agit avant tout de faire court et de rendre compte fidèlement des textes) que pour que votre synthèse soit la plus claire possible (en tout cas plus que celle de vos camarades-concurrents à ce concours !). Le style idéal pour ce type d'exercice est journalistique, c'est-à-dire visant d'abord à transmettre des informations, avec pourquoi pas de belles petites phrases percutantes (le poids des mots...).

Dans ce souci de clarté, utilisez des mots de liaison, adverbes et conjonctions.

N'écrivez pas « dans le premier texte... », mais citez le nom des auteurs : « selon Cicéron... », « ... en revanche, Husserl démontre que... ». Autant que possible, évitez de paraphraser les textes et d'en reprendre des phrases entières. Vous pouvez conserver des expressions-clés, mais dans l'ensemble, le jury préfère que vous réécriviez les idées exprimées, ce qui d'ailleurs peut vous aider à les condenser.

Compter les mots

Mal le faire, c'est perdre du temps bêtement, alors ne vous mélangez pas les pinceaux !

Attention :

c'est-à-dire = 4 mots
1789 = 1 mot
aujourd'hui = 2 mots
l'étoile = 2 mots
etc.

Pour vous aider, mettez une barre tous les 50 mots.

Il peut également être bon, avant de commencer à rédiger (si ce n'est la veille de l'épreuve), de voir en moyenne combien de mots vous écrivez par ligne avec votre écriture habituelle. Cela vous permettra de voir d'un coup d'œil, dans le feu de la rédaction, si vous devez réfréner vos élans dissertatifs, ou si au contraire vous avez un peu de champ.

Il arrive souvent que le nombre de mots auquel vous aboutissez excède (en plus ou en moins) la tolérance de 10 % qui vous est accordée au-delà des 550 mots requis. Dans ce cas, pas de panique ! Si vous êtes vraiment loin du compte, voyez si vous vous êtes vraiment concentré sur les idées essentielles. Autrement dit, si vous êtes dans l'excès, demandez-vous s'il n'y a pas moyen de supprimer un passage redondant ou secondaire. Si au contraire vous avez fait beaucoup trop court, voyez si vous ne pouvez pas réinjecter dans votre travail une idée ou un exemple que vous auriez trop hâtivement écarté.

Le plus probable est que vous aurez simplement quelques mots en plus ou en moins. S'il vous reste un peu de temps devant vous, essayez de jouer sur l'expression pour gagner des mots : rien de plus simple que de transformer un « de ce fait » en « ainsi » (ou l'inverse), ce qui vous permet de gagner deux précieux mots ! Même interchangeabilité entre « donc » et « par voie de conséquence », « autrefois » et « par le passé »... Vous pouvez aussi multiplier ou supprimer des périphrases.

Enfin, n'oubliez pas d'indiquer le nombre de mots en fin de copie. Ne vous amusez pas à tricher, le correcteur le prendrait très mal et votre note en pâtirait ! Il n'y a rien qui exaspère plus un correcteur que d'être pris pour un imbécile.

II. LA RÉFLEXION PERSONNELLE

Elle représente 40 % des points ! soit 8/20. Elle est donc d'autant plus primordiale que bien des candidats — vos rivaux ! — rendent des copies vierges de cet exercice…

De quoi s'agit-il ?

À la suite des textes à synthétiser, on vous pose une question à laquelle vous devez répondre en 100 mots maximum.

Contrairement à la synthèse, on n'a pas à trouver des idées présentes dans les textes fournis. Bien au contraire, on vous demande une argumentation nouvelle.

Comment faire ?

Avant tout, bien lire et comprendre la question posée, afin d'y répondre convenablement.

Gardez « la » question sous le coude, si je puis dire. Je m'explique. Maintes fois la question posée a un rapport avec les textes à synthétiser, il semble donc essentiel, pendant votre prise de notes sur les textes, d'avoir près de vous une page sur laquelle vous écrirez les idées qui ne manqueront pas de vous venir à l'esprit à propos de cette réflexion. Car l'intelligence peut aussi fonctionner par association d'idées.

Évidemment il ne s'agit pas d'aligner vos idées ou une suite d'affirmations plus ou moins péremptoires ou même des exemples bien choisis sans queue ni tête, mais d'une mini dissertation, c'est-à-dire un cheminement intellectuel qui tente de résoudre un problème posé. C'est une réflexion organisée qui procède par raisonnements, par confrontation, par argumentation.

Qu'est-ce que l'argumentation ?

L'argumentation est constituée comme son nom l'indique d'un ensemble d'arguments avancés pour faire valoir un point de vue et obtenir l'accord de celui ou de ceux à qui l'on s'adresse. Elle développe la justesse et l'utilité de la conception proposée.

Toute argumentation visant à convaincre suppose une préparation et ne saurait, de ce fait, se fonder sur les valeurs de l'improvisation, elle nécessite une méthode.

Il faut tenir compte du langage, du sujet, de la situation et des interlocuteurs. Cette préparation se fait en plusieurs étapes distinctes :

1. la recherche des arguments,
2. la mise en ordre des arguments,
3. la présentation des arguments,
4. le mode d'exposition des arguments.

Celui qui argumente doit toujours se poser un certain nombre de questions fondamentales vérifiant l'efficacité de sa démarche. Elles sont au nombre de quatre :

1. Qu'est-ce que je veux démontrer ?
2. Mes arguments sont-ils justes ?
3. Comment sont-ils reliés ?
4. Quels sont les faits pouvant appuyer mon argumentation ?

Selon la nature et l'utilisation des arguments, on peut distinguer plusieurs formes d'argumentation, dont voici quelques exemples :

- ➥ Celles qui privilégient la construction des raisonnements, l'enchaînement logique des arguments.
- ➥ Celles qui se réfèrent d'abord aux faits par l'intermédiaire d'exemples. Mais attention (comme disait une ancienne étudiante), un exemple n'est en aucun cas un argument !…
- ➥ Celles qui font intervenir des personnes impliquées dans le problème débattu.
- ➥ Celles qui évoquent principalement des hypothèses, des possibilités.

Voici comment vous pouvez procéder

D'une certaine façon on vous demande souvent votre avis : cette question implique une réponse précise, soit :

- ➥ Pour ou contre et votre position
- ➥ Avantage et inconvénient et votre avis

Peut-être y a-t-il moyen d'organiser vos idées suivant deux parties choisies parmi les possibilités suivantes, déjà vues pour la construction de votre synthèse :

1

- ➥ constat
- ➥ cause
- ➥ conséquence
- ➥ solution

Reste peut-être le plus habile (?) :

2

- ➥ thèse
- ➥ antithèse (avec l'objection principale à la thèse que vous avez proposée)
- ➥ synthèse

Le temps

L'idéal serait de garder 25 à 30 minutes, si possible.

Au pire 20 minutes.

Mais tout peut arriver, la vie (et surtout les concours) est pleine de surprises. Bref votre synthèse est finie, relue ; vous êtes content(e), car il a une belle allure votre travail !

Et patatras, tout s'écroule et vous avez oublié ou n'avez plus que quelques minutes pour rédiger cette réflexion personnelle.

Que faire ? L'écrire ! Ne serait-ce que 3, 4 lignes. Ce sera toujours mieux que rien : c'est un concours, il n'y a pas de point idiot. Bien de vos camarades-concurrents rendent des copies sans réflexion. Là où ils échouent, vous devez réussir !

La rédaction

Plus que jamais faites simple ! Phrase écrite au présent. Phrase courte. Soignez votre orthographe, quitte à recopier certains mots des textes, dont vous ne maîtrisez pas l'orthographe. Comptez vos mots.

Autorisez-vous, si besoin est, un léger dépassement : 110-115 mots. N'allez pas au-delà, car votre correcteur veut juger votre esprit de concision. Et il est bien placé pour se rendre compte de la difficulté de cette épreuve.

Un ou deux arguments, un ou deux exemples et la moyenne ne sera pas loin !

TREMPLIN
LE PARALLELE ECRICOME
Banque d'épreuves communes aux concours des Ecoles
ESC Bordeaux, ESC Marseille-Provence, ESC Reims, ESC Rouen, ICN Nancy

CONCOURS D'ADMISSION 1995

SYNTHESE DE TEXTES

Samedi 8 avril 1995 de 14h30 à 17h30

1) **SYNTHÈSE** (60% de la note)

Le candidat rédigera une note de synthèse présentant les idées essentielles des trois textes de ce dossier sans aucun jugement personnel ou en évitant toute citation ou toute paraphrase du texte. Il confrontera les points de vue exposés par les auteurs sur l'objet commun de leurs réflexions. Confronter signifie mettre en valeur les convergences et les divergences entre les auteurs, ce qui implique bien évidemment que chaque idée soit attribuée à son auteur désigné par son nom.

Cette note comportera 550 mots (+ ou - 50 mots). Toute tranche entamée de 25 mots, au-delà ou en-deçà de ces limites, entraînera une pénalisation d'un point avec un maximum de deux points retranchés. Le titre ne compte pas dans le nombre de mots. Les références aux textes cités sont comptabilisées dans le texte du rapport.

On appelle mot toute unité typographique limitée par deux blancs, par deux signes typographiques, par un signe typographique et un blanc ou l'inverse. Les lettres euphoniques ne sont pas considérées comme des mots. Un millésime (1993 par exemple) est un mot. Par exemple "c'est-à-dire" compte pour 4 mots, "aujourd'hui" pour deux mots et "va-t-on" pour deux mots.

Texte n°1

Dans les années qui suivent la mort de Hegel survenue en 1831, l'intérêt des débats philosophiques se concentre sur le problème de Dieu, et c'est à son sujet, non pas d'abord en matière politique ou sociale, que se produit la scission entre droite et gauche hégéliennes. Feuerbach apparaîtra vite comme le chef de la gauche. Son dessein est parallèle à celui de son ami Frédéric-David Strauss, l'historien des origines du christianisme. Comme Strauss tentait de rendre compte historiquement de l'illusion chrétienne, il tente de rendre compte psychologiquement de l'illusion religieuse en général, ou, comme il le dit lui-même, de trouver dans l'anthropologie le secret de la théologie. Dans la *Vie de Jésus* (1835), Strauss disait en substance : les Évangiles sont des mythes où s'expriment les aspirations du peuple juif, Feuerbach dira pareillement : Dieu n'est qu'un mythe où s'expriment les aspirations de la conscience humaine. "Qui n'a pas de désirs n'a pas non plus de dieux... Les dieux sont les voeux de l'homme réalisés".

Pour expliquer le mécanisme de cette "théogonie", Feuerbach a recours au concept hégélien d'aliénation. Mais tandis que Hegel l'appliquait à l'esprit absolu, Feuerbach, renversant le rapport de l'"idée" au "réel", l'applique à l'homme en chair et en os. L'aliénation selon lui, est pour l'homme le fait de se trouver "dépossédé de quelque chose qui lui appartient par essence au profit d'une réalité illusoire". Sagesse, vouloir, justice, amour : autant d'attributs infinis qui constituent l'être propre de l'homme, et qui l'affectent néanmoins "comme si c'était un autre être". Il les projette donc spontanément hors de lui, il les objective en un sujet fantastique, pur produit de son imagination, auquel il donne le nom de Dieu. Ainsi s'en trouve-t-il lui-même frustré. "C'est un même acte qui dépouille le monde de ce qu'il contient et qui transporte ce contenu en Dieu. L'homme pauvre possède un Dieu riche", ou, plus exactement, il s'appauvrit lui-même en enrichissant son Dieu, il se vide en le remplissant. Il "affirme en Dieu ce qu'il nie en lui-même". "La religion se change ainsi en un vampire de l'humanité qui se nourrit de sa substance, de sa chair et de son sang...

Dieu n'est donc, pour Feuerbach, que l'ensemble des attributs qui font la grandeur de l'homme. Le Dieu chrétien l'est à la perfection (et c'est pourquoi l'homme n'a jamais été plus aliéné que dans la christianisme, la pire des religions parce que la plus haute). Il est "le miroir de l'homme", il est "le grand livre où l'homme traduit ses plus hautes pensées, ses sentiments les plus purs. Dans une maxime qui rappelle d'assez près la loi des trois états d'Auguste Comte, Feuerbach a écrit : "Dieu fut ma première pensée, la raison ma seconde, et l'homme ma troisième et dernière". "C'est l'essence de l'homme, dit-il encore, qui est l'être suprême... Si la divinité de la nature est la base de toutes les religions, y compris le christianisme, la divinité de l'homme en est le but final! Le tournant de l'histoire sera le moment où l'homme prendra conscience que le seul Dieu de l'homme est l'homme lui-même. Homo homini Deus (L'homme est un Dieu pour l'homme)"

Cependant, remarquons-le, cet "humaniste" qu'est Feuerbach ne dit pas, comme dira bientôt Max Stirner : *Ego mihi Deus* (je suis pour moi-même Dieu). Il croit en effet que l'essence humaine, avec ses prérogatives adorables, ne réside pas dans l'individu considéré isolément, mais seulement dans la communauté, dans l'être collectif, et que c'est au contraire l'effet de la religion illusoire, en substituant à cet être collectif l'illusion d'un Dieu extérieur, de réduire l'humanité à une poussière d'individus, de laisser ainsi chacun de ces individus à lui-même, d'en faire un être naturellement isolé et replié sur soi; car, "l'homme conçoit spontanément son essence, en lui comme individu, en Dieu comme espèce; en lui comme bornée, en Dieu comme infinie". Mais dans la mesure où, abandonnant cette vue chimérique, on en vient à participer effectivement à l'essence commune, dans cette même mesure on se divinise réellement. Le principe qui condense la véritable religion est donc un principe d'action pratique : c'est une loi d'amour, qui arrache l'individu à lui-même pour l'obliger à se trouver dans la communion avec ses semblables. C'est le principe d'une morale altruiste. Car, en fin de compte, "la distinction entre l'humain et le divin n'est pas autre chose que la distinction entre l'individu et l'humanité". Feuerbach se défend donc de prôner l'égoïsme.

Source : Henri de Lubac, s.j., *Le drame de l'humanisme athée,* Paris, Éditions Spes, 1945, p.26-29.

Texte n°2

Voici le fondement de la critique de la religion : l'homme fait la religion, la religion ne fait pas l'homme. Et en effet, la religion est la conscience et le sentiment de l'homme qui ne s'est pas encore trouvé ou qui s'est déjà reperdu! Mais l'homme, ce n'est pas un être abstrait, extérieur au monde. L'homme, c'est le monde de l'homme, l'État, la société. Cet État, cette société, produisent la religion, conscience pervertie du monde, parce qu'ils sont un monde perverti. La religion est la théorie générale de ce monde, son compendium encyclopédique, sa logique sous une forme populaire, son point d'honneur spiritualiste, son enthousiasme, sa sanction morale, son solennel complément, sa raison générale de consolation et de justification. La misère religieuse est, d'une part, l'expression de la misère réelle, et, d'autre part, la protestation contre la misère réelle. La religion est le soupir de la créature accablée, le cœur d'un monde sans cœur, comme elle est l'esprit d'un temps sans esprit. Elle est l'opium du peuple.

Source : Karl Marx, in Contribution à la critique de la Philosophie du droit de Hegel, Oeuvres philosophiques, trad. Molitor, t.I, p.83-84.

Texte n°3

Le marxisme théorique a bien pris les caractères d'une conception du monde : l'énergie, la cohérence, l'exclusivisme et aussi une ressemblance étrange avec ce qu'il combat. Lui qui devait son origine et sa réalisation à la science, qui avait été bâti sur elle et d'après sa technique, a lancé une interdiction de penser aussi inexorable que le fut, en son temps, celle de la religion. Il est interdit de critiquer la théorie marxiste, et douter de son bien-fondé est un crime passible de châtiment, comme autrefois l'hérésie aux yeux de l'Église catholique.

Les œuvres de Marx ont, en tant que sources de révélation, remplacé la Bible et le Coran, encore qu'elles offrent autant de contradictions et d'obscurités que ces vieux livres sacrés.

Et tout en bannissant impitoyablement tous les systèmes idéalistes et toutes les illusions, le marxisme, mis en pratique, a lui-même créé de nouvelles chimères qui ne sont ni moins douteuses ni moins indémontrables que les anciennes. Il espère pouvoir en quelques générations, transformer la nature humaine de telle façon que les hommes puissent vivre en commun au sein d'une nouvelle organisation sans plus se heurter et en accomplissant, sans y être contraints, le travail nécessaire. (...) Tout comme la religion, le bolchevisme fournit à ses croyants, pour les dédommager de leurs souffrances, de leurs privations actuelles, la promesse d'un au-delà meilleur où nul besoin ne restera insatisfait. Ce paradis est, il est vrai, situé sur la terre même et c'est dans un avenir plus ou moins proche que les hommes y pourront pénétrer; mais souvenons-nous de ce que les Juifs eux-mêmes, dont la religion ne connaît pas de vie future, ont attendu la venue du Messie sur la terre et que le Moyen Age chrétien a toujours cru que le royaume de Dieu était proche.

Source : Sigmund Freud, D'une conception de l'Univers in *Nouvelles conférences sur la psychanalyse,* trad. Anne Berman, Gallimard, Coll. Idées, 1975, p.238-239.

Texte n°4

Si donc l'on compare les analyses de Freud sur l'Église et l'armée dans *Psychologie collective et analyse du moi* et le projet de constitution d'une société de psychanalyse exposé dans la *Contribution à l'histoire du mouvement psychanalytique,* on est obligé de constater entre eux une étrange relation. Fidélité au fondateur, allégeance à un seul chef, unité de doctrine, rejet des dissidents, etc., tous ces traits qui définissent la nouvelle société ne peuvent avoir d'autre explication analytique que l'identification au chef pris comme objet d'amour et tenant pour chacun la place de l'idéal du moi. Tout se passe comme si Freud, qui critique de façon radicale les fondements de deux sociétés types de notre civilisation, ne pouvait cependant trouver d'autres modèles pour mettre sur pied une société qui regroupe les tenants d'une pratique, d'une technique et d'une théorie qui pourtant défait les montages indispensables au fonctionnement de la société occidentale. (...) Ce n'est pas l'absence de dogmes, de rites et de morale qui peut faire dire que la psychanalyse est à l'abri d'une reprise subreptice du fait religieux. Il faut aller voir du côté de la foi et du transfert. La foi, telle qu'elle apparaît aujourd'hui chez certains chrétiens, réduite à sa plus simple expression, se définit comme une fidélité au Christ et comme fidélité à l'Évangile dépouillé de l'inflation interprétative des siècles précédents et réinterprété par chacun ou chaque groupe de croyants de façon différente. Peu importent ces interprétations diverses, l'essentiel c'est la référence toujours reprise au même texte et à la même personne en sa nomination. Le Christ est supposé avoir dit les paroles de vie, le texte est supposé contenir les paroles qui donnent sens à l'existence humaine.

Freud soulignait déjà le lien qui existe entre le transfert et la foi : «Dans la mesure ou le transfert est le signe positif, il revêt d'autorité le médecin, il se change en foi à l'égard des communications et des conceptions de ce dernier. Sans un tel transfert ou si le transfert est négatif, le malade n'entendrait rien du médecin et de ses arguments. La foi répète l'histoire de sa propre naissance; elle est un rejeton de l'amour et n'a pas besoin d'arguments. C'est seulement plus tard qu'elle les considère suffisamment pour les soumettre à un examen critique, s'ils sont présentés par une personne aimée.» Car le transfert a une histoire et se modifie au cours de l'analyse, se détachant progressivement de la foi qui fait l'autorité de l'analyste et plus encore conditionne la possibilité de parler. (...) Que la psychanalyse ne résiste pas à devenir une mythologie qui convienne à notre temps et qui puisse informer et transformer la société, on en avait déjà la preuve chez Freud. Il propose, en effet, dans les champs thérapeutique, pédagogique et même social, certaines applications des découvertes de la psychanalyse. Il ne faisait là que précéder la récupération fatale par le corps social des bouleversements qu'apportait sa théorie. On ne peut pas faire que ce qui, en un premier temps, ébranle le pouvoir ne soit repris par lui comme moyen de cohésion du groupe et donc de répression plus subtile. Le marginal renseigne toujours le politique avisé sur un fondement culturel ignoré, à combien plus forte raison si le marginal est le bord qui marque l'aliénation radicale de l'être parlant.

Source : François Roustang, *Un destin si funeste,* Éditions de Minuit, pp. 3 1-41.

Le candidat indiquera le nombre de mots à la fin de sa synthèse. Il mettra une marque dans le texte sur la copie et une autre marque en marge de 50 en 50 mots. Il donnera aussi un titre au résumé du dossier.

Les éléments de la notation seront les suivants :

- perception de l'essentiel, c'est-à-dire compréhension des idées et élimination de l'accessoire, aptitude à mettre en évidence les points communs et les divergences.

- création d'un compte-rendu aussi fidèle et aussi complet que possible (c'est-à-dire restitution de la confrontation). La synthèse doit être entièrement rédigée et ne pas comporter d'abréviations ou de noms d'auteurs entre parenthèses par exemple.

- clarté de la synthèse (c'est-à-dire aptitude à présenter clairement la question et à créer un plan rigoureux et pertinent envisageant successivement les différents aspects du thème, capacité à faire ressortir nettement le plan par la présentation des idées dans des paragraphes distincts, par exemple en ouvrant chaque partie par une question et par la présence de très courtes introduction et conclusion obligatoires).

- présentation matérielle et expression : orthographe, syntaxe, ponctuation, accentuation, qualité du style, vocabulaire (clarté et précision, absence d'impropriétés, maîtrise des polysémies). Un barème de pénalisation sera appliqué en cas d'inobservation des règles de l'expression écrite : 3 fautes = -1 point, 6 fautes = -2 points. Le retrait maximal de points pour la formulation est de deux points.

- respect des consignes données. En cas de non-respect des consignes autres que celles portant sur la formulation ou la quantité de mots, il sera enlevé au maximum 1 point.

2) **RÉFLEXION ARGUMENTÉE** (40% de la note)

Ensuite le candidat répondra en **100 mots** maximum à la question suivante : Peut-on critiquer une religion sans produire automatiquement une nouvelle religion ?

PRISE DE NOTES

T1

① Depuis la mort de Hegel en 1831, débat philosophique sur Dieu. Feuerbach même dessein que Strauss, l'historien du christianisme qui tentait de rendre compte historiquement de l'illusion religieuse. Selon Strauss, les Évangiles sont des mythes où s'expriment les aspirations du peuple juif. Pour Feuerbach Dieu n'est qu'un mythe où s'expriment les aspirations de la conscience humaine.

② Pour expliquer cette théogonie, F a recours au concept hégélien d'aliénation, pour lui l'aliénation est le fait d'être dépossédé de quelque chose au profit d'une réalité illusoire, d'une réalité illusoire, c.a.d : Dieu. L'homme projette ses attributs infinis : sagesse, amour, sur un pur produit de son imagination : Dieu. Ainsi se trouve-t-il frustré

③ Dieu n'est donc d'après

T2

① Fondement de la critique de la religion : l'homme fait la religion, la religion ne fait pas l'homme.

L'homme n'est pas un être abstrait, extérieur au monde. L'homme c'est le monde de l'homme, l'État, la société. Cette dernière produit la religion qui est la théorie générale du monde, son résumé, sa sanction morale, sa raison générale de consolation.

La misère religieuse est en même expression de la misère réelle et protestation contre la misère réelle.

Elle est le soupir de la créature accablée, le coeur d'un monde sans coeur, l'esprit d'un temps sans esprit. Elle est l'opium du peuple.

T3

① Le marxisme a pris les caractères d'une conception du monde. Il a une ressemblance étrange avec ce qu'il combat. Lui qui doit son origine à la science, a lancé une interdiction de penser aussi inexorable que celle de la religion. Il est interdit de critiquer la théorie marxiste, comme autrefois l'Église

② Marx et son oeuvre ont remplacé la Bible et le Coran

③ Bannissant les systèmes idéalistes, les illusions, le marxisme a créé de nouvelles chimères. Il espère pouvoir transformer la nature humaine.

Tout comme la religion le bolchévisme promet à ses croyants un au-delà meilleur. Ce paradis est, il est vrai, sur terre et non au ciel !

T4

① Si on compare les analyses de Freud sur l'Église et l'armée avec un projet de constitution d'une société de psychanalyse, on constate une étrange relation : fidélité au fondateur, unité de doctrine, rejet des dissidents etc.

Malgré l'absence de dogmes, de rites, la psychanalyse n'est pas à l'abri d'une reprise du religieux.

② Freud soulignait déjà le lien qui existe entre le transfert et la foi : « le transfert est le signe positif, il revêt d'autorité le médecin, il se change en foi à l'égard des communications et des conceptions de ce dernier »

que la psychanalyse ne résiste pas à devenir une mythologie qui

T1 (suite)

Feuerbach que l'ensemble
des attributs qui font
la grandeur de l'homme.
selon lui, c'est l'essence
de l'homme qui est
l'être suprême. L'homme
est un Dieu pour l'homme
④ contrairement à Stirner
qui dit : je suis pour
moi même Dieu, l'huma-
niste F pense que l'es-
sence humaine ne réside
pas ds l'individu mais
dans l'être collectif.
c'est une loi d'amour,
altruiste qui s'oppose
à l'égoïsme de Stirner

T2

T3

T4

convienne à notre
temps est chez Freud.
ce qui ébranle le
pouvoir est repris
par lui comme
moyen de cohésion
du groupe. Le mar-
ginal renseigne
toujours le politi-
que avisé.

CORRIGÉ TREMPLIN – 1995

Synthèse[1]

Henri de Lubac, Karl Marx, Sigmund Freud et François Roustang s'interrogent : peut-on critiquer une religion sans obligatoirement en proposer une autre ?

De Lubac, en épistémologue, analyse la pensée de Feuerbach, véritable chef de la gauche hégélienne. Pour lui, l'homme s'est dépossédé de ce qui fait sa valeur : l'amour, la sagesse, au profit de Dieu ; il s'est donc aliéné. Dieu n'existe pas, c'est l'essence de l'Homme qui est l'être suprême. Il est critiqué par Marx qui dénonce ces théoriciens de l'athéisme qui recréent un Dieu : l'humanité selon Feuerbach, l'individu d'après Stirner. L'homme fait la religion et non l'inverse ajoute Marx ; d'ailleurs la misère religieuse ne reflète que la misère réelle de l'homme. La religion n'est jamais qu'une illusion qui permet à l'homme de se consoler des déboires de la vie. Freud note une relation entre marxisme et religion : le marxisme est dogmatique, simplement les livres sacrés, Bible, Coran sont remplacés par les œuvres de Marx. Et malheur à celui qui critique, on se croirait revenu au temps de la toute puissante Église catholique : l'hérésie d'où qu'elle vienne est rejetée. Comme dans un emboîtement de poupées russes, Roustang accuse Freud, fondateur d'une nouvelle religion, la psychanalyse, qui suppose une allégeance au fondateur, un respect des concepts, un rejet des opposants.

De Lubac souligne une profonde divergence entre Feuerbach et Stirner, le premier croit en une morale altruiste, morale induite par une religion illusoire ; le second prône en divinisant l'individu (*ego mihi deus*) un égoïsme sans faille et sans mauvaise conscience. À l'opposé de ses deux contemporains dont il dénonce l'idéalisme, en particulier Feuerbach qui parle de l'essence de l'homme, Marx s'insurge : l'homme n'est pas un être abstrait et la religion est l'opium du peuple, conclut-il. Telle une grande religion, écrit Freud, le marxisme souhaite modifier la nature de l'homme, pensée chimérique s'il en est. Le marxisme qui se veut objectif, scientifique, n'est jamais qu'une illusion de plus. Les reproches que Marx fait à l'encontre de l'Église peuvent être retournés contre sa doctrine : un lendemain qui chante est prédit aux bolcheviques, véritables nouveaux croyants. À une différence près toutefois avec la religion catholique, ce nouvel eldorado sera sur terre et non au ciel, promis aux vivants et non après la mort ! Roustang lui aussi ne s'en laisse pas conter et accuse avec virulence Freud et la psychanalyse : les analysants sont livrés pieds et poings liés à leurs analystes, le transfert positif implique une foi absolue en un thérapeute. Il s'agit bien de croyance en l'occurrence. Et de la part de Freud, l'analyste subtil de l'Église et de l'armée, on pouvait espérer mieux… Pire, une fois de plus très pessimiste, Roustang nous prévient, le pouvoir gagne toujours, on le croit ébranlé, on a tort, il profite du marginal pour renforcer sa position. Le rebelle renseigne toujours l'homme politique averti…

Pour conclure, nous pouvons dire qu'à chaque fois qu'une religion est dénoncée, une autre vient la remplacer.

529 mots

1. Corrigé réalisé d'après le rapport du jury.

Réflexion personnelle en 100 mots[1]

Peut-on critiquer une religion sans produire automatiquement une nouvelle religion ?

À cette question ma réponse sera non. Auguste Comte et sa religion positive se fondant sur le culte de l'Humanité, seul objet de devoir et de dévotion pour les individus, commence à prendre la place d'un Dieu déjà défaillant.

Le communisme, autre idéologie relevant de la foi devait apporter le bonheur : que de croyances, l'une chassant l'autre, et leur cortège de désenchantements durant ce terrible XXe siècle.

Aujourd'hui, on entend dire : les gratte-ciel sont les cathédrales de l'époque. En l'honneur de quel Dieu ? Le seul qui importe : l'argent. Voilà le nouveau dieu.

101 mots

1. Corrigé réalisé d'après le rapport du jury.

tremplin 1

J. 1733

banque d'épreuves communes ecricome

aux concours des Ecoles
escbordeaux/escmarseille/icnnancy/escreims/escrouen/esctoulouse

CONCOURS D'ADMISSION 2002

SYNTHÈSE DE TEXTES

(Durée 3 heures — Coefficient 2)

Cet exercice comporte deux parties **obligatoires** :

1) SYNTHÈSE (60 % de la note)

Le candidat rédigera une **note de synthèse** présentant les idées essentielles des trois textes de ce dossier sans aucun jugement personnel ou en évitant toute citation ou toute paraphrase du texte. Il confrontera les points de vue exposés par les auteurs sur l'objet commun de leurs réflexions. Confronter signifie mettre en valeur les convergences et les divergences entre les auteurs, ce qui implique bien évidemment que chaque idée soit attribuée à son auteur désigné par son nom.

Cette note comportera **550 mots** (+ ou — 50 mots). Toute tranche entamée de 25 mots, au-delà ou en-deçà de ces limites, entraînera une pénalisation d'un point avec un maximum de deux points retranchés. Le titre ne compte pas dans le nombre de mots. Les références aux textes cités sont comptabilisées dans le texte du rapport.

On appelle mot toute unité typographique limitée par deux blancs, par deux signes typographiques, par un signe typographique et un blanc ou l'inverse. Les lettres euphoniques ne sont pas considérées comme des mots. Un millésime (2002 par exemple) est un mot. Par exemple « c'est-à-dire » compte pour 4 mots, « aujourd'hui » pour deux mots et « va-t-on » pour deux mots, car t étant la lettre euphonique, ne compte pas.

Le candidat indiquera le nombre de mots à la fin de sa synthèse. Il mettra une marque très visible, composée de deux traits// et faite à l'encre, dans le texte sur la copie et une autre marque en marge de 50 en 50 mots. Il donnera aussi un titre au résumé du dossier. Ce titre ne compte pas dans le nombre de mots et ne sera pris en compte que pour préciser la notation.

Les éléments de la notation seront les suivants :

- perception de l'essentiel, c'est-à-dire compréhension des idées et élimination de l'accessoire, aptitude à mettre en évidence les points communs et les divergences.

- création d'un compte-rendu aussi fidèle et aussi complet que possible (c'est-à-dire restitution de la confrontation). La synthèse doit être entièrement rédigée et ne pas comporter d'abréviations ou de noms d'auteurs entre parenthèses par exemple.

- clarté de la synthèse (c'est-à-dire aptitude à présenter clairement la question et à créer un plan rigoureux et pertinent envisageant successivement les différents aspects du thème, capacité à faire ressortir nettement le plan par la présentation des idées dans des paragraphes distincts, par exemple en ouvrant chaque partie par une question et par la présence de très courtes introduction et conclusion obligatoires).

- présentation matérielle et expression : orthographe, syntaxe, ponctuation, accentuation, qualité du style, vocabulaire (clarté et précision, absence d'impropriétés, maîtrise des polysémies). Un barème de pénalisation sera appliqué en cas d'inobservation des règles de l'expression écrite : 3 fautes = -1 point, 6 fautes = -2 points.
Le retrait maximal de points pour la formulation est de deux points.

- respect des consignes données. En cas de non-respect des consignes autres que celles portant sur la formulation ou la quantité de mots, il sera enlevé au maximum 1 point.

2) RÉFLEXION ARGUMENTÉE (40 % de la note)

Ensuite le candidat répondra en **100 mots** maximum à la question suivante :

Quel devrait être l'usage légitime de la mémoire historique ?

Il justifiera sa pensée, personnelle, avec un ou deux arguments essentiels qu'il peut éventuellement illustrer.

Texte n° 1

À peine achevons-nous de fêter le millénaire capétien que nous nous retrouvons déjà bien avancés dans la célébration des deux cents ans de la Révolution. On invoquera les hasards de la chronologie, qui font se succéder les grands anniversaires aux abords immédiats de l'an 2000. Reconnaissons pourtant que la chance a été saisie, mieux, sollicitée, exploitée, par une France qui, alors même qu'elle prétend résolument parler le langage d'après demain, semble s'investir tout entière dans les profondeurs de son passé. Ce qui va se dire, ce qui déjà se dit à l'occasion de ces grandes liturgies n'est pas clair, il s'en faut de beaucoup. Mais le message compte sans doute moins ici que le geste même de commémorer. Aux Français, il est redevenu essentiel de penser que leur présent est enraciné dans une histoire et dans une mémoire qui sont, tout à la fois, leur patrimoine et leur destin commun. (...)

Il y a bien des manières de raconter l'histoire d'un pays. Mais la France entretient avec son passé d'étranges rapports, tout à la fois impérieux et inquiets. Depuis le Moyen Âge, le roman de la nation assume une triple fonction : il affirme une identité ; il garantit une continuité ; il conforte une communauté de destins. Dans les moments d'euphorie, l'histoire de France se donne volontiers en exemple. Dans les temps d'incertitude ou de crise, elle vient nous consoler de nos doutes, corriger nos errances, restaurer notre confiance. C'est encore le cas aujourd'hui. Quarante ans de mutations accélérées ont ébranlé le vieux socle social, quinze ans de récession et de reconversions douloureuses ont lézardé notre optimisme et peut-être notre volonté. La France a-t-elle encore un avenir ? Sommes-nous bien tous des Français ? Parce que les raisons d'aujourd'hui ne permettent pas toujours de répondre à ces inquiétudes, c'est vers l'histoire qu'instinctivement l'on se tourne pour entrevoir des raisons d'espérer. Or tout se passe comme si l'on n'en recevait plus les leçons attendues, comme si le passé national n'était plus aussi évidemment garant de l'intelligibilité du présent.

Mais de quelle histoire parlons-nous ? D'un récit qui, sous des formes diverses, fondait une origine et y enracinait la genèse d'une expérience partagée. Gardons-nous bien de ne voir en lui qu'un genre littéraire : ce récit a, pendant des siècles, façonné en profondeur la conscience nationale des Français. Même lorsqu'il paraît se soumettre passivement à l'ordre du temps pour égrener les années, les règnes ou les générations, il impose d'emblée l'idée d'une continuité quasi biologique de l'être collectif qu'on appellera la nation. Celle-ci n'est-elle pas, précisément, un organisme qui est né (*nasci*) et qui doit vivre ? De là provient peut-être que l'on ait si facilement, si précocement glissé de la représentation biologique à l'imagination biographique, de la communauté à la personne.

André Burguière et Jacques Revel, *Préface à l'Histoire de la France*, vol. 1, *L'espace français*, Paris, 1989, © Éditions du seuil, pp. 9-13.

Texte 2

Des trois grandes crises de la conscience française depuis un siècle - l'affaire Dreyfus, Vichy, la guerre d'Algérie -, le drame qui continue de fouailler le plus durement et le plus durablement la mémoire nationale, c'est sans conteste le drame de la défaite et de l'Occupation. Car, à la différence de l'affaire Dreyfus, qui n'avait mobilisé qu'une fraction de l'opinion, et de la guerre d'Algérie, dont le souvenir s'est trouvé plus ou moins refoulé par le rythme des événements ultérieurs, les années Vichy ont atteint en profondeur l'ensemble des Français, dans leurs engagements et dans leurs choix éthiques comme dans leur vie quotidienne, tandis que se perpétuaient les clivages et les divisions entre pétainistes, collaborateurs, attentistes et résistants. De ces quatre années ne nous ont quitté ni le long cortège des souffrances et des humiliations, des lâches soumissions et des fiers refus, ni la mémoire des aspirations toujours déçues à l'union nationale, ni l'ombre de la guerre civile - larvée ou ouverte. L'actualité se charge d'ailleurs de nous rappeler cette empreinte indélébile, puisqu'à chaque instant les références à Vichy infiltrent et fraudent l'espace public, resurgissant à l'improviste, jetant du sel sur nos plaies mal refermées. (...)

En vue d'introduire quelque intelligibilité au milieu de ce dédale et de faciliter le travail de déchiffrement des historiens, la littérature consacrée à Vichy a eu recours à trois paradigmes : la conscience, l'identité, la mémoire. Trois données aux confluences manifestes, et que par conséquent on aurait tendance à confondre, alors qu'il convient au contraire de les situer chacune dans sa logique propre. Entre les déchirements de la conscience française, la quête de l'identité nationale, et les méandres de la mémoire, l'interface est là, qui s'impose comme un défi. Une interface réunissant des objets historiques à la fois proches et distincts, même si pour une part leurs contenus se recouvrent, même si s'opèrent entre eux ici ou là des synergies.

Premier élément de cette trinité : la conscience. Liée à l'univers des valeurs, elle relève, quant à elle, de l'éthique. Sa fonction est de juger d'une situation historique donnée au nom d'une loi morale. D'ordre normatif, elle induit des impératifs catégoriques. De là découlent *hic et nunc* des interrogations et des débats passionnés sur des notions telles que le devoir, l'honneur ou la mission de la France.

Avec l'identité nationale, on s'inscrit dans un registre tout différent. On est ici dans le domaine psychologique, celui du vécu et de l'existentiel. Système de références destiné à situer la personne ou le groupe dans un ensemble, le besoin d'identité commande le sentiment d'appartenance à la collectivité, mais il ne peut être satisfait qu'à deux conditions : *primo*, la continuité, la persévérance de l'être, la pérennité malgré les cataclysmes destructeurs ; *secundo*, la garantie que le sujet - individuel ou collectif - est bien celui qu'il affirme être. Permanence et fidélité à soi-même, voilà les deux piliers de l'identité nationale. On est donc là dans un processus de création continue et de résistance à l'épreuve du temps. Mais qui ne voit comment, à partir de cette démarche positive, d'ordre psychologique, des glissements peuvent aisément s'opérer vers une démarche normative, infiltrant par là le champ de la conscience - et vice versa ?

Quant à la mémoire, chacun sait qu'il s'agit d'un artefact. Une construction où se mêlent la réalité historique et l'imaginaire, la remémoration et le mythe, les jugements et les croyances. Prisme aux mille facettes, elle reflète, véhicule, déforme, reforme, transforme les ombres de la conscience aussi bien que les certitudes ou les doutes de la quête d'identité. Ici, on se trouve plongé dans l'univers de la représentation. L'événement s'y dédouble. Le passé s'y démultiplie.

D'où la difficulté qu'éprouve l'historien lorsqu'il tente d'utiliser ces outils conceptuels. Conscience, identité, mémoire : chacun des paradigmes est à employer dans son ordre. Mais en raison du jeu dialectique qui les réunit, on est obligé de les combiner tout en les distinguant, avec l'espoir d'aboutir *in fine* à une grille de lecture probante et raisonnée.

François Bédarida, « Vichy et la crise de la conscience française », in Jean-Pierre Azéma et François Bédarida (dir.), *Vichy et les Français*, Paris, © Librairie Arthème Fayard 1992, pp. 77 et 79-80.

Texte 3

En cette fin de millénaire, les Européens, et tout particulièrement les Français, sont obsédés par un nouveau culte, celui de la mémoire. Comme s'ils étaient saisis de nostalgie pour un passé qui s'éloigne irrévocablement, ils s'adonnent avec ferveur à des rites conjuratoires, censés le maintenir vivant. On inaugure, paraît-il, un musée par jour en Europe, et des activités naguère utilitaires deviennent maintenant objet de contemplation : on parle d'un musée de la Crêpe en Bretagne, d'un musée de l'Or en Berry..., il ne se passe pas de mois sans que l'on commémore quelque événement remarquable, au point qu'on se demande s'il reste suffisamment de journées disponibles pour que s'y produisent de nouveaux événements... à commémorer au XXIe siècle. Parmi ses voisins mêmes, la France se distingue par sa « maniaquerie commémorative », sa « frénésie de liturgies historiques ». Les récents procès pour crimes contre l'humanité, comme les révélations sur le passé de certains hommes d'État incitent à proférer de plus en plus souvent des appels à la « vigilance » et au « devoir de mémoire » ; on nous dit que celle-ci « a des droits imprescriptibles » et qu'on doit se constituer en « militants de la mémoire ».

Cette préoccupation compulsive du passé peut être interprétée comme le signe de santé d'un pays pacifique où il ne se passe, heureusement, rien (l'Histoire se fait tous les jours dans l'ex-Yougoslavie : qui voudrait y vivre ?), ou comme la nostalgie pour une époque révolue où notre pays était une puissance mondiale ; mais puisque nous savons maintenant que ces appels à la mémoire n'ont en eux-mêmes aucune légitimité tant qu'on ne précise pas à quelle fin on compte l'utiliser, nous pouvons aussi nous interroger sur les motivations spécifiques de ces « militants ».

Il faut d'abord noter que la représentation du passé est constitutive non seulement de l'identité individuelle - la personne présente est faite de ses propres images d'elle-même -, mais aussi de l'identité collective. Or, qu'on le veuille ou non, la plupart des êtres humains ont besoin de ressentir leur appartenance à un groupe : c'est qu'ils trouvent là le moyen le plus immédiat d'obtenir la reconnaissance de leur existence, indispensable à tout un chacun. Je suis catholique, ou berrichon, ou paysan, ou communiste : je ne suis pas personne, je ne risque pas d'être englouti par le néant.

Même si l'on n'est pas particulièrement perspicace, on ne peut manquer de s'apercevoir que le monde contemporain évolue dans le sens d'une plus grande homogénéité et uniformité, et que cette évolution porte atteinte aux identités et aux appartenances traditionnelles.

Une autre raison pour se préoccuper du passé est que cela nous permet de nous détourner du présent, tout en nous procurant les bénéfices de la bonne conscience. Qu'on nous rappelle aujourd'hui avec minutie les souffrances passées nous rend peut-être vigilants à l'égard de Hitler et de Pétain, mais nous fait aussi d'autant mieux ignorer les menaces présentes puisqu'elles n'ont pas les mêmes acteurs ni ne prennent les mêmes formes. Commémorer les victimes du passé est gratifiant, s'occuper de celles d'aujourd'hui dérange ; « faute d'avoir une action réelle contre le "fascisme" d'aujourd'hui, qu'il soit réel ou fantasmé, on porte l'attaque, résolument, sur le fascisme d'hier ».

Une dernière raison au nouveau culte de la mémoire serait que ses praticiens s'assurent ainsi certains privilèges au sein de la société. Un ancien combattant, un ancien résistant, un ancien héros n'a pas envie qu'on ignore son héroïsme passé, et cela est après tout bien normal. Ce qui est, au moins à première vue, plus surprenant, c'est le besoin éprouvé par d'autres individus ou groupes de se reconnaître dans le rôle des victimes passées, et de vouloir l'assumer dans le présent. Qu'y aurait-il d'agréable dans le fait d'être victime ? Rien, assurément. Mais si personne ne veut être une victime, tous, en revanche veulent l'avoir été, sans plus l'être ; ils aspirent au statut de victime. La vie privée connaît bien ce scénario : un membre de la famille s'empare du rôle de victime, car, partant, il peut attribuer à ceux qui l'entourent le rôle beaucoup moins enviable de coupable. Avoir été victime vous donne le droit de vous plaindre, de protester et de réclamer ; sauf à rompre tout lien avec vous, les autres sont bien obligés de répondre à vos demandes, il est plus avantageux de rester dans le rôle de victime que de recevoir une réparation pour l'offense subie (à supposer que cette offense soit réelle) : au lieu d'une satisfaction ponctuelle, on garde un privilège permanent, l'attention et donc la reconnaissance des autres vous sont assurées.

Tzvetan Todorov, *Les abus de la mémoire*, Paris, 1995, Arlea, pp. 51-56.

PRISE DE NOTES

Texte 1	Texte 2	Texte 3
▪Par le biais de « grands anniversaires », de « grandes liturgies », la France semble replonger avec délectation dans son passé. ▪Les Français éprouvent à nouveau la nécessité de se sentir enracinés dans une mémoire historique jouant le double rôle de patrimoine et de destin commun. ▪Depuis le Moyen Âge, le roman de la nation assume une triple fonction : il affirme une identité ; il garantit une continuité ; il conforte une communauté de destins. ▪On se tourne vers l'histoire pour entrevoir des raisons d'espérer face aux inquiétudes du présent. Mais tout se passe comme si l'on n'en recevait plus les leçons attendues. ▪L'histoire est un récit qui a façonné la conscience nationale des Français en fondant l'origine de la nation, et en inscrivant cette dernière dans une continuité.	▪Le drame de la défaite et de l'Occupation continue de fouailler péniblement la mémoire nationale française. ▪L'actualité se charge de nous rappeler cette empreinte indélébile par de continuelles références à Vichy. ▪La littérature consacrée à Vichy a eu recours à 3 paradigmes : la conscience, l'identité, la mémoire. ▪La conscience relève de l'éthique. Sa fonction est de juger d'une situation historique donnée au nom d'une loi morale liée aux notions de devoir, d'honneur ou de mission nationale. ▪L'identité nationale appartient à l'ordre psychologique. Le sentiment d'appartenance à la communauté nationale tient à 1/la continuité, la pérennité 2/la garantie que le sujet (individuel ou collectif) est bien celui qu'il affirme être = processus de création continue + résistance à l'épreuve du temps ; des glissements peuvent s'opérer vers une démarche normative. ▪La mémoire est un artefact ù se mêlent la réalité historique et l'imaginaire (dimension mythique). Univers de la représentation. ▪Ces concepts posent un problème à l'historien lorsqu'il essaie d'en faire usage : il s'agit de les combiner tout en les distinguant.	▪Les Européens, et tout particulièrement les Français, sont obsédés par le culte de la mémoire : on inaugure un musée par jour en Europe, on commémore. Les procès pour crimes contre l'humanité, les révélations sur le passé de certains hommes d'État sont autant d'appels au « devoir de mémoire ». ▪Ces appels à la mémoire n'ont en eux-mêmes aucune légitimité tant qu'on ne précise pas à quelle fin on compte l'utiliser. ▪La représentation du passé est constitutive de l'identité collective. Elle permet de ressentir l'appartenance à un groupe. Le monde contemporain est de plus en plus homogène et uniforme, au mépris des appartenances traditionnelles. ▪Se préoccuper du passé nous permet de nous détourner du présent, tout en ayant bonne conscience. Commémorer les victimes du passé est gratifiant, s'occuper de celles d'aujourd'hui dérange. ▪Les praticiens du culte de la mémoire s'assurent certains privilèges au sein de la société. Personne ne veut être une victime, mais tout le monde veut l'avoir été, pour avoir le droit de se plaindre. Aussi se reconnaît-on dans le rôle des victimes passées. Avoir été victime confère un privilège permanent, l'attention et la reconnaissance des autres.

CORRIGÉ TREMPLIN – 2002

Synthèse

Dans l'Europe d'aujourd'hui, et tout spécialement en France, un véritable culte est rendu au passé à travers d'innombrables manifestations de tous ordres. Qu'est-ce qui vient expliquer un tel phénomène, qui ne touche pas seulement les élites culturelles mais l'ensemble de la population ? L'histoire sait-elle vraiment quel rôle elle joue ? On peut s'interroger sur la légitimité d'une telle conservation et l'usage qui en est fait.

La prolifération des musées, les incessantes commémorations, la multiplication des grands procès pour crimes contre l'humanité, l'exhumation du passé des personnages publics sont autant d'éléments qui font dire à Todorov que les Français ont trouvé leur nouvel opium : une véritable religion de la mémoire.

Pour Bruguière et Revel, cela tient au fait que la population française éprouve à nouveau la nécessité de se sentir ancrée dans une Histoire commune. La nation trouve son origine, sa cohésion et sa continuité dans l'histoire, c'est-à-dire un récit qui vient cimenter la conscience nationale française.

C'est là qu'intervient une difficulté mise à jour par Bédarida : quelle place donner dans ce récit fondateur aux épisodes les moins glorieux de l'histoire moderne, notamment la défaite et l'Occupation, dont le spectre ne cesse de ressurgir ?

Pour répondre à cette question, Bédarida note que les textes traitant de Vichy s'articulent autour des notions de conscience, d'identité et de mémoire. Dans ce cadre, l'identité nationale notamment, qui implique que l'essence de la nation survive aux pires dévoiements, peut subir une dérive normative.

Selon Todorov, représenter le passé permet aux individus de se sentir partie intégrante d'une communauté. Dans un monde globalisé où les particularités locales se dissolvent, se tourner vers le passé permet de se définir encore comme français.

Plus largement, pour Bruguière et Revel, la référence au passé permet de se rassurer face aux difficultés du temps présent : l'histoire est censée nous donner les clés pour saisir ce qui se passe ici et maintenant.

Mais c'est là le hic : selon Bruguière et Revel, la mémoire peine à remplir encore cette mission. Aussi Todorov se montre-t-il très critique face à la manie historiciste : pourquoi faudrait-il obéir à un devoir de mémoire ? Scruter le passé évite de regarder en face un présent désagréable ; il est plus aisé de s'occuper de difficultés révolues que de résoudre les problèmes posés par une actualité forcément glissante. De même, en portant l'étendard des victimes passées, on gagne l'intérêt des gens et toute leur compassion, sans avoir à en passer par les souffrances de celui qui est présentement victime.

Dans ce contexte, pour Bédarida, l'historien qui aborde une question délicate comme celle de Vichy se doit de bien distinguer les notions de conscience (qui permet de « juger » moralement un événement), d'identité et de mémoire (mêlée de mythe), tout en les faisant jouer dialectiquement ensemble.

Le culte de la mémoire historique est donc avant tout un roman que la nation se raconte pour se rassurer sur sa permanence et son identité. C'est là le danger d'un tel ressassement : le pays court le risque de se mentir, d'oublier les exigences du présent. D'où l'intérêt d'un usage critique et mesuré de l'histoire.

504 mots

Réflexion personnelle

Quel devrait être l'usage légitime de la mémoire historique ?

Année Hugo, anniversaire de l'Entente cordiale : notre époque est rythmée par les commémorations. Mais pourquoi parler de « devoir de mémoire » ?

La mémoire historique ne peut être légitime qu'en définissant son but. En soi, elle peut être néfaste, bégayer. C'est mésuser du passé que d'en faire un cache-misère du présent, ou de s'approprier la gloire ou les plaintes de ceux d'hier.

Il serait légitime, au contraire, d'en tirer parti pour comprendre le présent et y agir, par exemple pour éviter l'ascension d'un nouvel Hitler.

L'Histoire est en marche : la mémoire doit nous permettre d'y faire nos propres pas, sans imiter fatalement ceux de nos pères.

116 mots

tremplin
banque d'épreuves communes
www.ecricome.org

Banque d'épreuves communes aux concours des Ecoles
escbordeaux/euromedmarseille/icnnancy/escreims/escrouen/esctoulouse

CONCOURS D'ADMISSION 2004

-

SYNTHESE DE TEXTES

-

Mardi 27 avril 2004 de 14h00 à 17h00
Durée : 3 heures

Coefficient 2

Cet exercice comporte deux parties OBLIGATOIRES

1 - SYNTHESE (60% de la note)

2 - REFLEXION ARGUMENTÉE (40% de la note)

Cet exercice comporte deux parties **obligatoires** :

1) SYNTHÈSE (60 % de la note)

Le candidat rédigera une **note de synthèse,** titrée, présentant les idées essentielles des quatre textes de ce dossier sans aucun jugement personnel ou en évitant toute citation ou toute paraphrase du texte. Il confrontera les points de vue exposés par les auteurs sur l'objet commun de leurs réflexions. Confronter signifie mettre en valeur les convergences et les divergences entre les auteurs, ce qui implique bien évidemment que chaque idée soit attribuée à son auteur désigné par son nom.

Cette note comportera **550 mots** (+ ou — 50 mots). Toute tranche entamée de 25 mots, au-delà ou en deçà de ces limites, entraînera une pénalisation d'un point avec un maximum de deux points retranchés. Le titre ne compte pas dans le nombre de mots. Les références aux textes cités sont comptabilisées dans le texte du rapport.

On appelle mot toute unité typographique limitée par deux blancs, par deux signes typographiques, par un signe typographique et un blanc ou l'inverse. Les lettres euphoniques ne sont pas considérées comme des mots. Un millésime (2004 par exemple) est un mot. Par exemple « c'est-à-dire » compte pour 4 mots, « aujourd'hui » pour deux mots et « va-t-on » pour deux mots, car t étant la lettre euphonique, ne compte pas.

Le candidat indiquera le nombre de mots à la fin de sa synthèse. Il mettra une marque très visible, composée de deux traits // et faite à l'encre, dans le texte sur la copie et une autre marque en marge de 50 en 50 mots. Il donnera aussi un titre au résumé du dossier. Ce titre ne compte pas dans le nombre de mots mais sera pris en compte pour affiner la notation.

Les éléments de la notation seront les suivants :

- perception de l'essentiel, c'est-à-dire compréhension des idées et élimination de l'accessoire, aptitude à mettre en évidence les points communs et les divergences, pertinence du titre.

- création d'un compte-rendu aussi fidèle et aussi complet que possible (c'est-à-dire restitution de la confrontation). La synthèse doit être entièrement rédigée et ne pas comporter d'abréviations ou de noms d'auteurs entre parenthèses par exemple.

- clarté de la synthèse (c'est-à-dire aptitude à présenter clairement la question et à créer un plan rigoureux et pertinent envisageant successivement les différents aspects du thème, capacité à faire ressortir nettement le plan par la présentation des idées dans des paragraphes distincts, par exemple en ouvrant chaque partie par une question et par la présence de très courtes introduction et conclusion obligatoires).

- présentation matérielle et expression : orthographe, syntaxe, ponctuation, accentuation, qualité du style, vocabulaire (clarté et précision, absence d'impropriétés, maîtrise des polysémies). Un barème de pénalisation sera appliqué en cas d'inobservation des règles de l'expression écrite : 3 fautes = —1 point, 6 fautes = —2 points. Le retrait maximal de points pour la formulation est de deux points.

- respect des consignes données. En cas de non-respect des consignes autres que celles portant sur la formulation ou la quantité de mots, il sera enlevé au maximum un point.

2) RÉFLEXION ARGUMENTÉE (40 % de la note)

Ensuite le candidat répondra en **100 mots** maximum à la question suivante :

La vérité de l'œuvre d'art exclut-elle les artifices technologiques ?

Il justifiera sa pensée, personnelle, avec un ou deux arguments essentiels qu'il peut éventuellement illustrer.

Texte n° 1

Chez nous le peintre naturel, comme le poète naturel, est presque un monstre. Le goût exclusif du Vrai (si noble quand il est limité à ses véritables applications) opprime ici et étouffe le goût du Beau. Où il ne faudrait voir que le Beau (je suppose une belle peinture, et l'on peut aisément deviner celle que je me figure), notre public ne cherche que le Vrai. Il n'est pas artiste, naturellement artiste ; philosophe peut-être, moraliste, ingénieur, amateur d'anecdotes instructives, tout ce qu'on voudra, mais jamais spontanément artiste. Il sent ou plutôt il juge successivement, analytiquement. D'autres peuples, plus favorisés, sentent tout de suite, tout à la fois, synthétiquement.

Je parlais tout à l'heure des artistes qui cherchent à étonner le public. Le désir d'étonner et d'être étonné est très légitime. *It is a happiness to wonder*, « c'est un bonheur d'être étonné » ; mais aussi, *it is a happiness to dream*, « c'est un bonheur de rêver ». Toute la question, si vous exigez que je vous confère le titre d'artiste ou d'amateur des beaux-arts, est donc de savoir par quels procédés vous voulez créer ou sentir l'étonnement. Parce que le Beau est *toujours* étonnant, il serait absurde de supposer que ce qui est étonnant est toujours beau. Or notre public, qui est singulièrement impuissant à sentir le bonheur de la rêverie ou de l'admiration (signe des petites âmes), veut être étonné par des moyens étrangers à l'art, et ses artistes obéissants se conforment à son goût ; ils veulent le frapper, le surprendre, le stupéfier par des stratagèmes indignes, parce qu'ils le savent incapable de s'extasier devant la tactique naturelle de l'art véritable.

Dans ces jours déplorables, une industrie nouvelle se produisit, qui ne contribua pas peu à confirmer la sottise dans sa foi et à ruiner ce qui pouvait rester de divin dans l'esprit français. Cette foule idolâtre postulait un idéal digne d'elle et approprié à sa nature, cela est bien entendu. En matière de peinture et de statuaire, le *Credo* actuel des gens du monde, surtout en France (et je ne crois pas que qui que ce soit ose affirmer le contraire), est celui-ci : « Je crois à la nature et je ne crois qu'à la nature (il y a de bonnes raisons pour cela). Je crois que l'art est et ne peut être que la reproduction exacte de la nature (une secte timide et dissidente veut que les objets de nature répugnante soient écartés, ainsi un pot de chambre ou un squelette). Ainsi l'industrie qui nous donnerait un résultat identique à la nature serait l'art absolu ». Un Dieu vengeur a exaucé les vœux de cette multitude. Daguerre[1] fut son messie. Et alors elle se dit : « Puisque la photographie nous donne toutes les garanties désirables d'exactitude (ils croient cela, les insensés !), l'art, c'est la photographie. » A partir de ce moment, la société immonde se rua, comme un seul Narcisse[2], pour contempler sa triviale image sur le métal. Une folie, un fanatisme extraordinaire s'empara de tous ces nouveaux adorateurs du soleil. D'étranges abominations se produisirent. En associant et en groupant des drôles et des drôlesses, attifés comme les bouchers et les blanchisseuses dans le carnaval, en priant ces héros de vouloir bien continuer, pour le temps nécessaire à l'opération, leur grimace de circonstance, on se flatta de rendre les scènes, tragiques ou gracieuses, de l'histoire ancienne. Quelque écrivain démocrate a dû voir là le moyen, à bon marché, de répandre dans le peuple le dégoût de l'histoire et de la peinture, commettant ainsi un double sacrilège et insultant à la fois la divine peinture et l'art sublime du comédien. Peu de temps après, des milliers d'yeux avides se penchaient sur les trous du stéréoscope comme sur les lucarnes de l'infini. L'amour de l'obscénité, qui est aussi vivace dans le cœur naturel de l'homme que l'amour de soi-même, ne laissa pas échapper une si belle occasion de se satisfaire. Et qu'on ne dise pas que les enfants qui reviennent de l'école prenaient seuls plaisir à ces sottises ; elles furent l'engouement du monde. J'ai entendu une belle dame, une dame du beau monde, non pas du mien, répondre à ceux qui lui cachaient discrètement de pareilles images, se chargeant ainsi d'avoir de la pudeur pour elle :

---

[1] Daguerre (1789-1851) perfectionna et surtout exploita la découverte de la photographie, due à Niepce (1765-1833).

[2] Fils du fleuve Céphise dans la mythologie grecque, Narcisse s'éprit de sa propre image en la contemplant dans le miroir d'une fontaine.

« Donnez toujours ; il n'y a rien de trop fort pour moi. » Je jure que j'ai entendu cela ; mais qui me croira ? « Vous voyez bien que ce sont de grandes dames ! » dit Alexandre Dumas. « Il y en a de plus grandes encore ! » dit Cazotte [3].

Charles BAUDELAIRE, *Salon de 1859*, éd. Seuil coll. L'intégrale, p. 395-396

Texte n°2

Les clichés de Daguerre étaient des plaques d'argent iodées et impressionnées dans la chambre noire ; elles devaient subir toute une série de manipulations avant qu'on puisse y reconnaître, sous le bon éclairage, une image d'un gris tendre. Il s'agissait d'exemplaires uniques ; une plaque, en 1829, coûtait en moyenne 25 francs-or. Il n'était pas rare qu'on les conservât dans des écrins comme des bijoux. Certains peintres s'en servaient cependant comme d'une simple technique d'appoint. De même que, soixante-dix ans plus tard, Utrillo devait exécuter ses vues fascinantes des maisons de la banlieue parisienne non d'après nature, mais d'après des cartes postales, David Octavius Hill, portraitiste anglais estimé, se servit d'une série de portraits photographiques pour peindre une fresque représentant le premier synode général de l'Église écossaise en 1843. Il prenait ces clichés lui-même. Et ces modestes auxiliaires, destinés à un usage purement interne, ont fait beaucoup plus pour conserver son nom que ses peintures aujourd'hui oubliées. Quelques études de Hill, il est vrai, nous font davantage encore que de telles séries pénétrer au cœur de la nouvelle technique : des images de personnes anonymes, pas des portraits. Depuis longtemps, la peinture connaissait des figures de ce genre. Tant que les tableaux restaient dans la famille, on s'enquérait encore de temps en temps des personnes représentées. Mais après deux ou trois générations, personne ne s'y intéressait plus : les tableaux ne durent que dans la mesure où ils témoignent de l'art de celui qui les a peints. Avec la photographie, cependant, on assiste à quelque chose de neuf et de singulier : dans cette pêcheuse de New Haven, qui baisse les yeux avec une pudeur si nonchalante, si séduisante, il reste quelque chose de plus qu'une pièce témoignant de l'art du photographe Hill, quelque chose qu'il est impossible de réduire au silence et qui réclame impérieusement le nom de celle qui a vécu là, qui est encore réelle sur ce cliché et ne passera jamais entièrement dans l'« art ».

[...]

Ou bien l'on découvre la photo du photographe Dauthendey, le père du poète, au temps de ses fiançailles avec cette femme qu'un jour, peu après la naissance de leur sixième enfant, il devait trouver les veines ouvertes dans la chambre à coucher de sa maison de Moscou. On la voit ici à ses côtés, il semble la tenir ; mais son regard à elle passe sur lui sans le voir, fixant avidement des lointains funestes. Si l'on se plonge assez longtemps dans une telle image, on reconnaît combien, ici aussi, les extrêmes se touchent : la plus exacte technique peut donner à ses productions une valeur magique qu'aucune image peinte ne saurait plus avoir à nos yeux. Malgré toute la maîtrise du photographe, malgré l'attitude composée de son modèle, le spectateur se sent forcé malgré lui de chercher dans une telle photo la petite étincelle de hasard, d'ici et de maintenant, grâce à laquelle le réel a pour ainsi dire brûlé un trou dans l'image ; il cherche à trouver le lieu imperceptible où, dans la qualité singulière de cette minute depuis longtemps révolue, niche aujourd'hui encore l'avenir, d'une manière si éloquente que nous pouvons le découvrir rétrospectivement. Car la nature qui parle à l'appareil photographique est autre que celle qui parle à l'œil — autre, avant tout, en ce qu'à un espace consciemment travaillé par l'homme se substitue un espace élaboré de manière inconsciente. »

Walter BENJAMIN, *Petite histoire de la photographie* (1931), trad. Pierre Rusch, éd. Gallimard, coll. Folio essais, *Œuvres*, t. II, p. 298-300

[3] Écrivain de talent (1719-1792), surtout connu par *Le Diable amoureux*, conte philosophique.

Texte n°3

En photographie, la plus petite chose peut être un grand sujet, le petit détail humain peut devenir un leitmotiv. Nous voyons et faisons voir dans une sorte de témoignage le monde qui nous entoure et c'est l'événement par sa fonction propre qui provoque le rythme organique des formes.

Quant à la façon de s'exprimer, il y a mille et un moyen de distiller tout ce qui nous a séduits. Laissons donc à l'ineffable toute sa fraîcheur et n'en parlons plus ...

Il y a tout un domaine qui n'est plus exploité par la peinture, certains disent que la découverte de la photographie en est la cause ; de toute façon la photographie en a repris une partie sous forme d'illustrations. Mais n'attribue-t-on pas à la découverte de la photographie l'abandon par les peintres d'un de leurs grands sujets : le portrait ?

La redingote, le képi, le cheval rebutent désormais le plus académique d'entre eux, qui se sentira étranglé par tous les boutons de guêtre de Meissonier[4]. Nous, peut-être parce que nous atteignons une chose bien moins permanente que les peintres, pourquoi en serions-nous gênés ? Nous nous en amusons plutôt car à travers notre appareil nous acceptons la vie dans toute sa réalité. Les gens souhaitent se perpétuer dans leur portrait et ils tendent à la postérité leur bon profil ; désir souvent mêlé d'une certaine crainte magique : ils donnent prise.

Un des caractères émouvants du portrait, c'est aussi de retrouver la similitude des hommes, leur continuité à travers tout ce qui décrit leur milieu ; ne serait-ce que dans l'album de famille, prendre l'oncle pour son petit-neveu. Mais, si le photographe atteint le reflet d'un monde tant extérieur qu'intérieur, c'est que les gens sont « en situation », comme on dit dans le langage du théâtre. Il devra respecter l'ambiance, intégrer l'habitat qui décrit le milieu, éviter surtout l'artifice qui tue la vérité humaine et aussi faire oublier l'appareil et celui qui le manipule. Un matériel compliqué et des projecteurs empêchent à mon avis le petit oiseau de sortir. Qu'y a-t-il de plus fugace qu'une expression sur un visage ? La première impression que donne ce visage est très souvent juste et, si elle s'enrichit lorsque nous fréquentons les gens, il devient aussi plus difficile d'en exprimer la nature profond à mesure que nous connaissons ceux-ci plus intimement. Il me paraît assez périlleux d'être portraitiste lorsqu'on travaille sur commande pour des clients car, à part quelques mécènes, chacun veut être flatté, il ne reste alors plus rien de vrai. Les clients se méfient de l'objectivité de l'appareil tandis que le photographe recherche une acuité psychologique ; deux reflets se rencontrent, une certaine parenté se dessine entre tous les portraits d'un même photographe, car cette compréhension des gens est liée à la structure psychologique du photographe lui-même. L'harmonie se retrouve en cherchant l'équilibre à travers l'asymétrie de tout visage, ce qui fait éviter la suavité ou le grotesque.

Henri CARTIER-BRESSON Préface à son premier album « *Images à la sauvette* » (1952) éd. Verve Paris reproduit dans le Hors-série de Télérama (2003) p. 26.

Texte n°4

Révolution dans le regard, en tout cas. *La simulation abolit le simulacre*, levant ainsi l'immémoriale malédiction qui accouplait *image et imitation*. Elle était enchaînée à son statut spéculaire de reflet, calque ou leurre, au mieux substitut, au pire supercherie, mais toujours illusion. Ce serait alors la fin du millénaire procès des ombres, la réhabilitation du regard dans le champ du savoir platonicien. Avec la conception assistée par ordinateur, l'image produite n'est plus copie seconde d'un objet antérieur, c'est l'inverse. Contournant l'opposition de l'être et du paraître, du semblant et du réel, l'image infographique n'a plus à mimer un réel extérieur, puisque c'est le

[4] Ernest Meissonier (1815-1891) peintre français qui eut un immense succès comme auteur de petits tableaux de genre et de scènes militaires.

produit réel qui devra l'imiter, elle, pour exister. Toute la relation ontologique qui dévaluait et dramatisait à la fois notre dialogue avec les apparences depuis les Grecs s'en trouve renversé. Le « re- » de *représentation* saute, au point d'aboutissement de la longue métamorphose où les choses déjà apparaissaient de plus en plus comme les pâles copies des images. Délestée de tout référent (en principe du moins), l'image autoréférente des ordinateurs permet de visiter un bâtiment qui n'est pas encore construit, de rouler dans une voiture qui n'existe encore que sur papier, de piloter un faux avion dans un vrai cockpit, par exemple pour répéter au sol une mission de bombardement. Voilà le visuel. Tel qu'en lui-même enfin.

Une entité virtuelle est effectivement perçue (et éventuellement manipulée) par un sujet mais sans réalité physique correspondante. Dûment équipé de senseurs et capteurs de position (« gants de données » et « casque de visualisation »), mon corps peut bouger dans un espace parfaitement immatériel, animé par une simulation numérique, et le faire bouger en retour. Le paradoxe est qu'Image et Réalité, alors, deviennent indiscernables : un tel espace est explorable et impalpable, à la fois non illusoire et irréel. Les expériences de « téléprésence » oscillent encore entre l'expérimentation en laboratoire et l'attraction foraine, mais les imageries virtuelles interactives équipent déjà avions, sous-marins, chantiers ou voitures de course. Les programmes informatiques produisent ainsi, par un traitement graphique de l'information, des *images intelligentes* susceptibles d'intégrer en situation des flux de données imprévues afin de répondre aux aléas d'une situation incontrôlée. « Les images savent maintenant qu'on les regarde » (Richard Bolt). Elles sont « responsables ». Platon et Pascal ont été mis la tête en bas, et nous devrions dire à leur place : « Quelle étrange chose que ce monde industriel où on admire les automobiles dernier modèle dont on n'admirait point les images de synthèse... »

La production industrielle rejoint par le biais de l'ordinateur la création artistique ; sonore, avec la musique électro-acoustique et électronique ; visuelle, avec l'infographie. Synthétiseur et palette graphique. On assiste ici comme ailleurs à la remontée du fait technique de l'aval à l'amont du fait culturel. Les machines ne sont plus seulement là pour *diffuser*, avec le magnétoscope, le lecteur hi-fi, etc. ; ou pour *stocker* et *archiver*, avec les mémoires numériques du C.D.-Rom ; mais pour *fabriquer*. Point d'aboutissement d'un long processus. Car la technicisation de l'esthétique remonte à la Renaissance : Léonard est le plus connu de ces artistes-ingénieurs, mais culture imaginaire et culture savante ont coïncidé plus d'une fois en Occident. Nos arts plastiques sont si peu incompatibles avec la machine que la coproduction a toujours été à l'ordre du jour des révolutions industrielles. L'électronique relaie avantageusement le fer et le béton du XIXe siècle. Disons que le mouvement d'hybridation de l'objet d'art se poursuit en avantageant le produit par rapport à l'œuvre et à travers une coopération accentuée entre industriels, ingénieurs, chercheurs et plasticiens. Chaque nouveau matériau ou support a engendré une innovation artistique, et on a peint autrement à l'huile qu'à la tempera [5], sur la toile que sur le papier, et sur le papier que sur le plâtre. Il n'est donc pas absurde d'attendre de l'écran d'ordinateur un style et un genre propres.

Régis DEBRAY *Vie et mort de l'image, III. L'après-spectacle, Chronique d'un cataclysme*, (1992), éd. Gallimard, coll. Folio essais, p. 386-390

[5] Tempéra : (Peinture) Détrempe dont le liant est une émulsion, spécialement à base d'œuf.

PRISE DE NOTES

Texte 1	Texte 2	Texte 3	Texte 4
▪Le public cherche le vrai et non le beau. Il veut être étonné par des moyens étrangers à l'art. ▪La photographie vient satisfaire ceux pour qui l'art absolu est la copie conforme du réel. ▪Elle comble le narcissisme et le goût de l'obscénité ▪Usage d'artifices (comédie).	▪La photographie a pu servir de modèle à des peintres. ▪Les tableaux ne durent que dans la mesure où ils témoignent de l'art de celui qui les a peints. En revanche, il reste sur la photo une part de réel qui ne passera jamais entièrement dans l'« art ». ▪La fidélité au réel confère à l'image photo une valeur magique : au-delà de l'art du photographe, l'effet de réel sera toujours recherché. ▪ « Â un espace consciemment travaillé par l'homme se substitue un espace élaboré de manière inconsciente ».	▪En photo, la plus petite chose peut être un grand sujet car a une valeur de témoignage. ▪La photo est cause de l'abandon du portrait par les peintres. ▪Elle atteint une chose bien moins permanente que la peinture. ▪Crainte magique des photographiés qui « donnent prise ». ▪C'est le fait que les gens soient en situation, oublient le photographe qui donne accès à un monde tant intérieur qu'extérieur. En l'absence d'artifices, on touche à une vérité humaine. ▪Il y a une parenté entre tous les portraits d'un même photographe, car sa compréhension des gens traduit sa structure psychologique propre.	▪L'infographie est une révolution dans le regard. ▪Par elle, l'image cesse d'être une illusion mimant le monde extérieur. Avec la conception assistée par ordinateur, c'est le réel qui doit imiter l'image. ▪Elle peut être aussi autoréférente = réelle mais non illusoire. ▪La production industrielle rejoint par l'ordinateur la création artistique. Les machines servent aussi à créer. La technicisation de l'esthétique remonte à la Renaissance (Léonard de Vinci). ▪Mouvement de coproduction + hybridation de l'œuvre d'art qui avantage le produit, à travers la coopération industriels/ingénieurs/chercheurs/plasticiens. ▪Les innovations techniques (matériau, support) engendrent des innovations artistiques. L'ordinateur a donc logiquement un style et un genre propres.

CORRIGÉ TREMPLIN – 2004

Synthèse

Que se passe-t-il lorsqu'une innovation technique vient donner naissance à une nouvelle pratique artistique ? Ce sont les rapports entre l'art et la technique et entre l'art et le réel qui se trouvent interrogés. Où commence l'art ? Qu'est-ce qui est visé, qu'est-ce qui est atteint, par exemple dans le cas de la photographie ou de la synthèse d'images sur ordinateur ?

La technique, par exemple photographique ou infographique, peut-elle produire des œuvres d'art ? Dans le monde moderne, écrit Debray, les machines servent aussi à créer ; l'infographie est l'un des derniers avatars de la marche conjointe de la technique et de l'esthétique, qui se poursuit depuis la Renaissance. Art et industrie s'entremêlent de plus en plus. Chaque nouveau support introduit un nouveau style.

Pour Baudelaire, qui assiste aux débuts de la photographie, cette dernière plaît au public car elle l'étonne, comble son narcissisme et son goût de l'obscénité. Elle ne saurait pour autant prétendre à l'art tel que Baudelaire le conçoit, qui a le Beau pour seule visée, et non le Vrai, que prise le vulgaire. Cartier-Bresson souligne la valeur de témoignage de la photographie, qui fait qu'un détail trivial peut présenter de l'intérêt. Cela explique qu'elle ait prise en charge la mémoire des visages, que gardait autrefois le portrait peint.

W. Benjamin rappelle même que la photographie naissante, se substituant au réel, a pu servir de modèle à des peintres. Il y a à ses yeux un art photographique, mais la force de l'image est aussi au-delà du travail de composition : elle repose sur un certain rapport au réel.

Les nouvelles techniques viennent en effet, selon Debray, bouleverser et le regard et la relation que l'art entretient avec le réel. Avec la conception assistée par ordinateur, l'image cesse d'être une illusion mimant le monde extérieur : c'est le réel qui doit imiter l'image. L'image de synthèse peut être également autoréférente, c'est-à-dire ne relevant ni de l'illusion ni du réel.

Pour Baudelaire, la photographie vient satisfaire ceux pour qui l'art absolu est la copie conforme du réel. Bien plus, pour W. Benjamin, l'effet de réel propre à l'image photographique exerce une fascination quasi magique qui dure là où la longévité d'un tableau est fonction du talent du peintre.

La même magie fait, selon Cartier-Bresson, l'effroi des photographiés redoutant d'être dévoilés. La photographie peut, si ces derniers gardent leur naturel, traduire leur vérité profonde (d'où le peu d'intérêt trouvé par Baudelaire à des scènes posées) mais aussi du photographe : on note en effet une certaine ressemblance commune à tous les portraits pris par un même artiste. C'est que, comme l'écrit W. Benjamin, l'image photographique ressort d'une élaboration inconsciente.

Une pratique artistique telle que la photographie a deux faces : la première est technique, l'autre esthétique. À un premier niveau, elle intéresse le public en l'étonnant par l'artifice technologique sur lequel elle repose. À un second niveau ; elle présente une valeur artistique.

516 mots

Réflexion personnelle

La vérité de l'œuvre d'art exclut-elle les artifices technologiques ?

Tout art est d'abord artifice : la glaise, la peinture sont déjà des artifices. La technologie n'est qu'une version moderne de ce qui autrefois était simplement technique.

Elle semble toutefois impliquer davantage la machine que l'artiste dans le processus de création. La vérité de l'œuvre, qui tient mois à une présentation du réel qu'à une représentation chargée de sens par la subjectivité du créateur, est-elle détruite ? Non, car même lorsque l'œuvre d'art est une vidéo projetée aléatoirement par un ordinateur, la volonté de l'artiste se trouve en amont, dans le projet, qui vient témoigner de la réalité technique du monde extérieur.

108 mots

2

PASSERELLE

MÉTHODOLOGIE

Il s'agit de la plus brève des trois épreuves : vous n'avez que deux heures devant vous pour synthétiser un dossier d'une dizaine de pages. Heureusement, cette fois-ci, on ne vous demande pas de compter vos mots, on vous demande simplement de ne pas écrire plus de trois pages. En revanche, il vous faut numéroter et donner des titres aux parties et sous-parties de votre synthèse, et après indiquer pour chaque idée de quel document elle est tirée. Autant dire que simplicité, clarté et structure doivent être vos mots d'ordre. Sans compter une célérité hors pair ! Travaillez méthodiquement, sans vous affoler, avec votre montre sous les yeux. Cette épreuve juge votre capacité à travailler vite, pas vos talents de réécriture : n'hésitez donc pas à profiter du fait que rien ne vous interdit de reprendre textuellement des phrases ou expressions des textes.

Que faire de vos deux heures ?

La pire des épreuves, véritable course contre la montre. Même l'immense Jacques Anquetil, vainqueur neuf fois du Grand Prix des Nations, aurait eu du mal, et pourtant lui, il avait une bicyclette !

Bref, c'est court, trop court pour une copie de 3 pages environ, avec indication des sources et des parties, histoire de corser une épreuve qui est du coup fort sélective.

Dieu merci on vous donne le thème et un sommaire pour vous défendre.

Pour organiser votre temps :

- 40 à 50 minutes : Prise de notes (2 pages). Commencez par jeter un coup d'œil au sommaire. Si vous êtes en retard, n'hésitez pas : oubliez en route votre perfectionnisme, qui exige que vous lisiez l'intégralité des documents : il a tort ! C'est le meilleur moyen d'échouer. Autrement dit, n'ayez pas peur, et en cas de retard, tenez-vous-en au premier et au dernier paragraphe, c'est suffisant, votre objectif n° 1 étant de rendre une copie finie.
- 5 à 10 minutes : Plan. Faites simple, par exemple deux ou trois parties, en choisissant parmi ces rubriques :

  constat
  cause
  conséquences
  solution

ou
aspect social
aspect économique
aspect juridique
...

- 40 à 45 minutes : Rédaction. Encore et toujours : faites simple. Écrivez au présent, des phrases courtes, et faites attention à l'orthographe.
- Et si possible quelques minutes pour vous relire.

Prise de notes (cf. p. 72, 92)

Vos feuilles de notes doivent vous permettre d'élaborer le plan de votre synthèse et de la rédiger sans avoir le moins du monde à revenir aux textes initiaux. Elles doivent donc être claires, lisibles, rapides à lire.

Une rapide lecture et analyse du sommaire doit vous permettre de cerner ce que vous allez devoir chercher dans le dossier. Une chance : le titre de la synthèse vous est donné ; de plus, les textes sont généralement regroupés de façon logique. Par exemple, dans le dossier portant sur les enfants et la violence télévisuelle, le document 9 donne la définition officielle de la violence à la télévision telle qu'elle est mesurée dans le document 8.

Prenez vos feuilles horizontalement, partagez-les en colonnes pour faciliter la lecture rapide. Pour chaque document que vous parcourez, recopiez les expressions ou phrases essentielles, qui se trouvent en général en début et en fin de texte. Il est très important que vous mentionniez bien sûr ce brouillon les numéros des documents, car l'épreuve exige que vous citiez vos sources. Devoir vous replonger au dernier moment dans le dossier pour retrouver d'où vient quelle idée serait une bien inutile perte de temps !

Rédiger la synthèse

Prévoyez une petite introduction présentant la problématique (par exemple sous forme de question) et une phrase de conclusion.

N'oubliez pas les titres ! Ils n'ont pas à être particulièrement recherchés, mais doivent en revanche donner une idée immédiate et nette du contenu des paragraphes, un peu comme les intertitres des articles de journal. Présentez votre copie proprement, en marquant des paragraphes et soulignant les titres. Évitez toutefois les encres rouge ou verte qui restent l'apanage du correcteur...

La synthèse doit être entièrement rédigée, mais peut parfaitement consister en un montage de phrases tirées des différents textes. N'hésitez pas à donner des éléments factuels, par exemple chiffrés, qui souvent valent mieux qu'un long discours.

Enfin, citez entre parenthèses le document d'origine à la fin de chaque idée citée.

Normalement vous ne devriez pas avoir pour cette épreuve de souci au niveau de la longueur, le nombre de mots n'étant pas limité. Faites en sorte d'écrire environ deux pages-deux pages et demie.

ESC AMIENS ESC CLERMONT ESC DIJON ESC GRENOBLE	ESC LE HAVRE ESC LILLE ESC MONTPELLIER ESC NICE-CERAM ESC PAU	ESC POITIERS ESC RENNES ESC TOULOUSE ESC TOURS

CONCOURS PASSERELLE ESC

SESSION 1998

SYNTHESE DE DOSSIER

Durée : 2 heures

Sujet et table des matières **page 1**
Documents 1 à 12 **page 2 à 13**

EPREUVE DE SYNTHESE DE DOSSIER

Durée : 2 heures

SUJET :

A partir des seuls documents ci-joints, relatifs aux « **Relations sport-société** », les candidats doivent rédiger une note de synthèse de **TROIS PAGES MAXIMUM**.

Il est rappelé que la Synthèse doit mettre en évidence les idées essentielles du dossier, sans aucun commentaire personnel, dans le cadre **d'un PLAN aux structures apparentes** (Ière Partie, A, B, IIème Partie, A, B) **comportant chacune un titre**, et traduisant une démarche réfléchie sur l'ensemble des éléments contenus dans le dossier.

Chaque fois qu'un candidat, dans la Synthèse, se réfère à un ou plusieurs documents du dossier, il doit **citer entre parenthèses le ou les numéros du ou des documents concernés** (exemple : doc. 1, doc.2...).

TABLE DES MATIERES

DOC. 1 : Le règlement des Jeux olympiques sous l'Antiquité, Extrait de B. MORLINO, Un siècle d'Olympisme, 1987
DOC. 2 : Les droits de retransmission les plus importants en 1993
DOC. 3 : Le marché des équipements sportifs, P-A. GAY, Le Monde, 13 sept. 1994
DOC. 4 : Sport et hormones, J-J BOZONNET Le Monde, 29 nov. 1994
DOC. 5 : Onze athlètes chinois convaincus de dopage, Le Monde, 30 nov. 1994
DOC. 6 : Le sport pour rebondir, M-C BETEEDER Le Monde, 8 fév. 1995
DOC. 7 : La pratique du sport s'éloigne de la compétition, J-M. N. Le Monde, 21 fév. 1995
DOC. 8 : J A. Samaranch, Président du CIO : Le bateau du mouvement olympique est dans le sens du vent, Propos recueillis par J-J BOZONET, Le Monde 30 mars 1995 .
DOC. 9 : Le retour à Pékin de He "la traîtresse", F. DERON, Le Monde, 3 mai 1995
DOC. 10 : Les fils du Heysel et la guérilla du football, P. BROUSSARD, Le Monde, 28-29 mai 1995
DOC. 11 : La Sécurité civile veut responsabiliser les amateurs de sports à risques, P. KRÉMER, Le Monde, 26 août 1995
DOC. 12 : La sécurité de la Coupe du monde 1998, Le Monde, 4 fév. 1996

DOC. 1 : Le règlement des Jeux olympiques sous l'Antiquité

· Sont exclus les repris de justice, les homicides par intention ou par imprudence, les sacrilèges, les particuliers ou les citoyens des Etats qui n'ont pas acquitté une amende à laquelle ils étaient condamnés.
· Les concurrents doivent se faire inscrire dans les délais légaux sur la liste spéciale appelée "leukoma", accomplir le stage réglementaire au gymnase d'Elis, subir les examens préalables et prêter le serment rituel.
· Tout retardataire est exclu du concours.
· Pendant les exercices du stade, les maîtres dévêtus sont parqués dans une enceinte particulière voisine du champ de course.
· Défense absolue de tuer un adversaire, volontairement ou involontairement, à la lutte ou au pugilat.
· Défense de pousser l'adversaire ou d'user à son égard de manoeuvre déloyale.
· Défense de recourir à l'intimidation ou à la corruption.
· Sera fouetté de verges quiconque aura cherché à corrompre les juges.
· Est déclaré vainqueur tout athlète contre lequel ne se présente aucun concurrent.
· Défense de manifester en public contre la décision des juges.
· Tout concurrent mécontent de cette décision peut en appeler au Sénat olympique et faire condamner les juges défaillants, mais à ses risques et périls.
· Sont déclarés hors concours tous les membres du collège des juges.

Extrait de Bernard MORLINO, *Un siècle d'Olympisme* La Manufacture, 1987

DOC. 2 : Les droits de retransmission les plus importants en 1993

Football : Il reçoit une manne d'environ 350 millions de francs:
· Coupe d'Europe: 60 millions par an (TF1)
· Equipe de France: 6 millions par match (TF1)
· Coupe de France:
- jusqu'aux 1/8 de finale: 2 millions par Match
- pour la suite: 3 à 7 millions par match (TF1)
· Championnats:
-1ere division : 93,5 millions par an (Canal Plus : 22 matchs)
- 2e division: 30 millions par an (France 2)
· Magazines:
- *Télé Foot:* 51 millions par an (TF1)
- *Jour de Foot:* 40 millions par an (Canal plus)

Rugby

Il encaisse environ 68 millions:
· Equipe France et Championnat de France: 40 millions par an (France 2)
· Coupe du Monde: 28 millions (TF1)

Cyclisme

· Le Tour de France, Paris-Roubaix et les classiques françaises: 60 millions (France 2)

Automobile

· Formule 1: 50 millions (TF1)

Tennis

· Roland Garros et les tournois français: 30 millions (France 2)

DOC. 3 : Le marché des équipements sportifs

Les trophées ne sont pas à la hauteur des dépenses. Les records ne sont pas à l'image du marché. Les Français, dont les prouesses sur les stades sont inégales, sont de vrais sportifs... en chiffres. Dans un marché européen évalué à 131 milliards de francs (chiffre d'affaires au détail), la France monte sur le podium et décroche une honorable médaille de bronze avec 21 % du marché (29 milliards de francs au total), distancée seulement par l'Allemagne, médaille d'or (24 % du marché, 32,5 milliards de francs) et l'Italie, médaille d'argent (22 % et 29,5 milliards).

En dépense par habitant, la France se classe même au premier rang, portée par l'engouement des Français pour les sports "verts" , la randonnée et la pratique du VTT, ainsi que l'essor continu du fitness. C'est ainsi qu'à côté du marché des chaussures de marche (de 600 800 paires vendues chaque année) se développe dorénavant celui des sacs à dos "techniques" et, dans une moindre mesure, des sacs de couchage et des tentes. Et si le marché du VTT est arrivé à maturité, celui du ... cerf-volant est désormais évalué à 150 000 ou 200 000 unités par an.

L'an dernier, chaque ménage a dépensé 1347 francs pour s'équiper et chaque sportif de plus de quatorze ans, 1326 francs. Par Français, les dépenses se sont élevées à 512 francs, quand chaque Allemand n'y consacrait que 507 francs, chaque Italien 500, chaque Britannique 438 et chaque Espagnol 202 francs seulement, selon la Fédération française des industries du sport et des loisirs (FIFAS). En 1992, les dépenses individuelles des Français s'étaient élevées à 477 francs, d'après Le *Monde-Economie* du 28 septembre 1993. Mais cette hausse, enviable en période de stagnation de la consommation, cache des situations extrêmement contrastées.

"Le consommateur fait du zapping", communique,de façon imagée, Nicole Berthier, déléguée générale du FIFAS, plus de 80 % des Français pratiquant le sport sur le mode du loisir. Et ce "zapping" s'exerce au détriment de certaines activités parmi les mieux établies, tennis en tête. Le marché de la chaussure, par exemple, en subit le contrecoup, victime d'un léger...coup de pompe.

Selon l'institut Nielsen, en effet, les Français ont acheté, de juin 1992 à juillet 1993, un peu plus de dix millions de paires, pour un montant de 4 milliards de francs. La baisse a été de 7 %, entraînée par un recul de 10 % des chaussures de tennis et de 11 % de celles de jogging. En revanche, les ventes de chaussures de basket se sont stabilisées (16,2 % du marché en volume, 19 % en valeur), quand celles de *cross-training* continuaient de croître (+ 7 %). Le consommateur s'est fait tout aussi imprévisible dans ses achats de vêtements de sport. Ceux de coupe-vent se sont littéralement envolés, progressant de 41% en volume et de 39 % en valeur. Les shorts, bermudas et *sweat-shirts* ont vu leur vente croître en nombre de pièces, mais baisser en valeur, quand celles des maillots de bain, de survêtements et de "bodies-justaucorps" ont tous chuté, parfois sensiblement.

Ces bouleversements, accentués par une pression sur les prix qui ne se dément pas, se retrouvent dans l'évolution de la production et du commerce extérieur des produits d'été. L'an dernier, les exportations françaises se sont élevées à 3,1 milliards de francs, quand les importations ont atteint le double, à 6,2 milliards. Mais, s'il était équivalent à 50 % pour l'ensemble des produits, le taux de couverture n'était plus que de 25,9 % pour les vêtements et de 44,3 % pour les chaussures., seuls les accessoires (gants et lunettes solaires) ont enregistré une balance commerciale positive, avec un taux de couverture de 121,1%.

Les Douze figuraient au premier rang de nos acheteurs (58,5 % de nos exportations), quand l'Asie se taillait la part du lion de nos importations (51%). Une évolution bien connue dans l'ensemble des produits de consommation. Inéluctable ?

Pierre-Angel GAY, Le *Monde,* 13 septembre 1994

DOC. 4 : Sport et hormones

L'aveu d'Olga Kovalenko, le 21 novembre, sur la chaîne de télévision privée allemande RTL, a soulevé le dégoût. Cette ancienne gymnaste soviétique, championne olympique de gymnastique par équipe en 1968, déclarait qu'on l'avait obligée à concevoir un enfant avec son petit ami, puis à avorter après dix semaines de grossesse, afin d'améliorer ses performances sportives à la veille des Jeux de Mexico. Elle avait alors moins de dix-sept ans, elle s'appelait Karaseva, et a gardé pendant vingt-six ans son terrible secret. La révélation de cette forme indécelable de dopage a causé un choc, en particulier dans le milieu de la gymnastique. Jusque là épargné par des rumeurs qui visaient plutôt l'athlétisme et le ski de fond.

Après la légitime émotion, des doutes se sont exprimés. Médecin de la Fédération internationale et de la Fédération française de gymnastique, Michel Léglise s'est efforcé, jeudi 24 novembre, dans un communiqué, de "mettre en garde le monde sportif et journalistique sur le fait que ces déclarations peuvent être associées à un contexte de règlement de comptes". "Depuis la chute du mur de Berlin, maintes paroles ont été prononcées dans un esprit de vengeance ou de révélation. Certaines sont vraies, d'autres non". Il est depuis longtemps démontré que la grossesse, par l'accroissement du transport d'oxygène, peut augmenter le rendement physique. Les exemples ne manquent pas d'exploits accomplis par des sportives enceintes, comme la skieuse autrichienne Ulrike Maier, championne du monde de super G en 1989, alors qu'elle était enceinte de trois mois. A-t-on imaginé de programmer des grossesses dans l'unique but du dopage ? Les premiers doutes datent de 1956, après les Jeux de Melbourne, lorsqu'on s'aperçut que dix des vingt-six médaillées soviétiques étaient enceintes. Raymond Pointu, journaliste à l'AFP et spécialiste de l'olympisme, rappelait récemment les propos tenus en 1988, lors d'un congrès de gynécologie à Strasbourg, par le médecin suisse Renate Huch : "des sportives utilisent la grossesse à son début pour améliorer leurs performances".

Des apprentis-sorciers de la performance ont-ils ensuite perfectionné le système, en interrompant volontairement les grossesses, comme l'a précisé le professeur Huch, entre le troisième et le sixième mois ? Un pesant silence avait suivi ces révélations. Que deviendront les accusations télévisées d'Olga Kovalenko ? A l'absence de preuves invoquées par Michel Léglise, s'ajoutent les objections de certains spécialistes, pour qui la mise en oeuvre de cette idée barbare est techniquement aléatoire. Le docteur Bruno de Lignières (service d'endocrinologie et de médecine de la reproduction de l'hôpital Necker, Paris) est de ceux-là: "Si l'hypothèse de base des soviétiques était l'augmentation du taux d'estradiol, l'hormone féminine principale, qui a tendance à diminuer avec le surentraînement, il reste très difficile de programmer une grossesse avec précision."

Il souligne que l'apport d'hormones femelles peut être réalisé en externe, ne serait-ce que par une pilule contraceptive fortement dosée. Est-ce la difficulté pour un pays de l'Est, de s'approvisionner en pilules à la fin des années 60, qui aurait conduit les entraîneurs de l'ex URSS à ces procédés moralement inadmissibles ? Les mêmes spécialistes évoquent les modifications cardio-vasculaires et les traumatismes psychosomatiques engendrés par l'avortement pour dénoncer l'inanité du raisonnement médical prêté aux Russes.

Défis endocriniens

Si tout le monde s'accorde à dire que de tels errements sont impossibles de nos jours, certains médecins s'inquiètent des anomalies hormonales auxquelles sont de plus en plus exposées les sportives de haut niveau, en particulier dans les disciplines où l'on est astreint très jeune à un entraînement quotidien de plus de quatre à cinq heures (natation, gymnastique, danse, etc.). Coauteur en 1992 d'un rapport intitulé *Pour une éthique de l'intervention médicale dans le sport*, Bruno de Lignières dénonce l'absence de suivi hormonal ou de densité osseuse chez les championnes adolescentes: "Certaines athlètes ont, à 18 ans, la structure osseuse de femmes de 60 ans". On oublie de les prévenir des conséquences possibles pour leur santé".

Dans son rapport au Comité national d'éthique, il préconisait d'administrer à ces athlètes des traitements hormonaux compensateurs. "Pas question", avait répondu en substance le Comité dans son avis du 18 mai 1993 : cela reviendrait à masquer les signes d'alarmes que sont les déficits endocriniens. Pour les sages du Comité d'éthique, c'est au milieu sportif et à son environnement qu'incombe la responsabilité de faire en sorte que la poursuite de la performance ne revienne pas à sacrifier la santé des athlètes". A la lumière des déclarations d'Olga Kovalenko, le propos apparaît naïf. Si les moeurs en vigueur dans le sport des pays de l'Est n'ont plus cours, les enjeux économiques actuels de la compétition peuvent laisser sceptique sur la capacité de sagesse du monde sportif.

Bruno de Lignières estime irréaliste d'espérer que les entraîneurs diminueront d'eux-mêmes les cadences d'entraînement. C'est pourquoi, malgré l'avis du Comité d'éthique, certains gynécologues proposent aujourd'hui une aide hormonale à des sportives. Au risque de voir bientôt ces traitements compensateurs pris au piège des contrôles antidopage.

Jean-Jacques BOZONNET Le Monde, 29 novembre 1994

DOC. 5 : Onze athlètes chinois convaincus de dopage

Onze athlètes chinois ont été contrôlés positifs lors des Jeux asiatiques qui ont eu lieu en octobre à Hiroshima (Japon), a révélé, lundi 28 novembre, Ushio Kuroda, président de la commission médicale du Comité olympique asiatique (COA). Un taux anormalement élevé d'une substance appartenant à la même famille que la testostérone, un produit anabolisant, a été détecté dans leurs urines et confirmé par des contre-expertises.

Onze d'un coup. Sur l'échelle de Richter des contrôles antidopage, le chiffre révélé par les officiels japonais, s'apparente à un séisme majeur pour la crédibilité du sport chinois. Bien qu'aucun nom n'ait jamais été rendu public officiellement, plusieurs organes de presse nippons se sont empressés de tirer des enseignements des confidences de M. Kuroda. Selon celui-ci, tous les sportifs contrôlés positifs ont obtenu des médailles lors des Jeux asiatiques d'octobre. Sept membres de l'équipe de natation figurent sur la liste, dont un recordman du monde.

Cette précision permet de penser que la nageuse Bin Lu, quatre fois médaillée d'or à Hiroshima après ses trois titres mondiaux obtenus quelques semaines plus tôt à Rome, fait partie des athlètes soupçonnés: elle a été la seule à améliorer un record du monde en natation lors des Jeux asiatiques. Selon l'agence Kyodo, Aiuha Yang, championne du monde du 400 mètres nage libre, déjà convaincue de dopage lors d'un contrôle inopiné avant la compétition, aurait fait l'objet d'un deuxième contrôle positif. Le quotidien *Yomiuri Shimbun* indique, lui, qu'outre les sept nageurs, deux canoéistes, un athlète et un cycliste, figureraient sur la liste.

Au-delà de la qualité des athlètes incriminés, c'est bien leur nombre qui accuse le sport chinois. Il apparaît comme le pendant obscur de la collection de médailles obtenues lors des dernières compétitions internationales: douze titres sur seize possibles en natation féminine lors des Championnats du monde de Rome en septembre: 289 médailles, dont 137 d'or, lors des Jeux asiatiques. Ces résultats avaient permis à la Chine de s'affirmer comme l'une des principales puissances du sport mondial. Depuis longtemps, ils avaient surtout alimenté les doutes sur les moyens mis en oeuvre pour les obtenir.

De nombreuses voix accusaient la Chine d'avoir repris à son compte les pratiques du dopage de masse, jadis en vigueur dans les pays de l'ancien bloc communiste. Toutefois, seuls cinq cas avaient été décelés ces dernières années. Après les championnats du monde de natation, des membres de la plupart des fédérations avaient demandé une augmentation du nombre des contrôles, sans oser s'en prendre ouvertement à la Chine. Seuls les Américains avaient rayé les records du monde établis par des nageuses chinoises de leurs statistiques de l'année.

Face à cette montée des récriminations, des contrôles plus nombreux avaient donc été instaurés pour les Jeux asiatiques. Cette sévérité accrue semble avoir payé. A moins de supposer une conjonction de tricheries individuelles, fortement improbable en Chine, c'est un système de dopage généralisé qui est mis en lumière. Les instances mondiales de la lutte antidopage en concluront que leur arsenal répressif fonctionne mieux que ce qu'on pensait. Mais ces résultats ne permettront pas d'éluder la question de l'efficacité des contrôles.

Bin Lu peut-elle être la seule *recordwoman* du monde dopée, alors que ses équipières arboraient à Rome des épaules souvent plus musculeuses que les siennes ? Faut-il croire que tous les athlètes attrapés lors des Jeux asiatiques n'avaient pas jugé utile de se doper lors des précédentes compétitions internationales ? Le sport mondial ne peut pas faire l'économie d'une réflexion globale sur les problèmes du dopage, en condamnant la caricature chinoise.

Le Monde, **30 novembre 1994**

DOC. 6 : Le sport pour rebondir

Ils sont vingt jeunes, sans bagage scolaire, issus des quartiers populaires des Hauts-de-Seine. Annad, Bachir, Nicolas, Fabrice, Magid, Djamel et les autres fréquentent les clubs de loisirs et de sport de leur quartier. Puis, un beau jour, la chance leur sourit. Grâce à un stage de formation de cinq mois en internat, l'an passé, ils ont pu accéder au brevet national de sauvetage et de secourisme aquatiques (BNSSA) pour devenir surveillants de plage, de plan d'eau intérieur ou de piscine.

Restés au nombre de dix-huit, ils ont tous obtenu leur diplôme et ont passé l'été à exercer leur nouveau métier. Aujourd'hui, neuf d'entre eux ont un emploi, dont quatre à durée indéterminée; un a réintégré le système scolaire et les autres font quelques heures d'une activité mêlant sport et animation. "Un travail impeccable, dans une bonne équipe" s'enchante Bachir qui a été recruté par l'acquaboulevard de Paris où il gagne un salaire brut de 7500 francs. Dans deux ans, il compte préparer, avec l'accord et aux frais de son employeur, un diplôme supplémentaire pour devenir un professionnel de l'éducation sportive. Nicolas n'a pas aimé son travail à l'Aquaboulevard. Il l'a quitté au bout de trois mois. Il est au chômage et prépare activement le concours d'accès au même diplôme. Annad travaille au Centre municipal de loisirs de Gennevilliers (Hauts-deSeine) où il espère devenir permanent. A Rueil, Djamel se contente, pour le moment, de "missions" épisodiques qui n'occupent guère qu'un quart de son temps. Un peu démoralisé? "Ah! non! Pas plus que mes camarades de stage encore sans vrai travail" assure-t-il.

Sortir de l'ornière, grâce au sport, après une scolarité ratée et une adolescence aux perspectives bouchées. Gagner sa vie en faisant ce que l'on aime. . . Des dizaines de milliers de jeunes font ou ont fait ce rêve. "Le sport, rappelait le ministre de la jeunesse et des sports; Michèle Alliot-Marie, est, pour ceux qui ont une perception négative de la société, l'une des rares réalités positives". D'où sa volonté de profiter de la forte diffusion des pratiques sportives en France pour conjuguer l'économique et le social, et développer au maximum l'emploi dans ce secteur.

Pour parvenir à cela, il faut d'abord faciliter la tâche des employeurs potentiels (le plus souvent de petites associations, mais aussi des collectivités territoriales, des comités d'entreprise ou des structures à caractère commercial) en les aidant à se procurer de manière simple le personnel dont ils ont besoin, en général pour quelques heures..

C'est le rôle de "Profession sport", dispositif imaginé dès 1990 par Roger Bambuck et destiné à structurer un marché particulièrement émietté. Des associations dotées de ce label se créent dans chaque département avec l'aide financière du ministère. Leur but: collecter et répartir offres et demandes d'emploi. En 1993, le réseau "Profession Sport" a géré l'activité de 3 200 salariés réalisant plus d'un million d'heures. En 1994, un peu moins d'heures ont été réalisées, mais elles ont concerné 4 600 emplois.

De nouvelles filières de formation (et donc de nouveaux diplômes) doivent répondre à la demande, notamment en matière de sport non compétitif et dans le secteur de la "multi-activité" : la pratique de plusieurs sports avec des enfants, par exemple. Un diplôme de niveau V, le BAPAAT (brevet d'aptitude professionnelle d'assistant -animateur -technicien), vient d'être créé pour permettre à de nombreux jeunes d'agir à un niveau plus modeste que celui des brevets d'Etat. D'autre part, un effort est fait pour développer les formations en alternance adaptées à un public brouillé avec tout ce qui rappelle l'univers scolaire. L'apprentissage est en cours d'implantation, mais sa progression (trois cents contrats signés en 1994) est lente tant il vient concurrencer la formule plus ancienne des contrats de qualification .

Ce sont là les premiers pas d'une démarche bien ciblée et riche de promesses, mais qui progresse difficilement: sur les seize mille emplois sportifs pour jeunes, recensés en 1994, douze mille étaient des contrats emploi-solidarité (CES).

Marie-Claude BETEEDER ***Le Monde,* 8 février 1995**

DOC. 7 : La pratique du sport s'éloigne de la compétition

Démodés, les vêtements aux couleurs criardes et fluorescentes; négligées les activités fondées sur l'image que l'on renvoie de soi-même: la planche à voile ou le surf des neiges résistent mal au retour du cyclotourisme, de la randonnée ou de l'escalade.

"Les Français, souligne une étude [1] que vient de publier le Centre de recherche pour l'étude et l'observation des conditions de vie (CREDOC), se préoccupent moins de compétition et d'apparence, mais davantage de convivialité et de valeur d'usage. La perception du sport renvoie désormais davantage à des valeurs d'hygiène de vie qu'à un besoin de performances et de se mesurer aux autres à travers la compétition". Or, le retour en grâce de la pratique en groupe et le besoin de trouver une certaine authenticité dans les activités sportives peuvent difficilement s'exprimer dans le cadre de la pratique en club. D'où le développement des "pratiques informelles", en dehors des fédérations sportives qui, estime le CREDOC, concernent "la quasi-totalité des disciplines, y compris les sports d'équipe ou l'athlétisme".

Ce phénomène, qui contribue à "une plus grande diffusion de l'activité sportive" est particulièrement sensible chez les seniors: 61% des cinquante-soixante-cinq ans sont des sportifs, toutes pratiques confondues. Une proportion à peine inférieure à celle des classes d'âges plus jeunes.

En revanche, les différences sociales induisent différences plus marquées et le taux de pratique sportive est proportionnel au niveau d'étude. Explication de Laurent Pouquet, l'auteur de l'étude : cela s'explique notamment par le nombre d'années passées dans le système scolaire et universitaire, périodes qui favorisent l'apprentissage" du sport. Au passage, le CREDOC constate que certaines disciplines restent "très marquées socialement", tel le golf, dont les adeptes représentent près de 30 % des individus appartenant aux ménages dont le salaire mensuel est supérieur à 36 000 francs.

---

[1] "Le sport en liberté", in *Consommation* et *modes de vie*, n° 94, janvier 1995

De même, "le passage dans la sphère marchande de certaines activités en forte croissance, comme celles que proposent les clubs de remise en forme, a conduit à leur renchérissements". Parmi les 1010 personnes interrogées par le CREDOC entre le 6 et le 27 octobre 1994, 15 % déclarent avoir renoncé à pratiquer une activité. Une décision qui, dans la moitié des cas, a concerné la gymnastique ou la musculation, citées plus souvent que le golf ou le tennis.

Cette évolution des valeurs sportives, devenues "plus conviviales" se traduit naturellement sur les décisions d'achat. Désormais, on ne jure plus que par la solidité et la sécurité, y compris pour l'achat d'un anorak ou d'un maillot de bain, deux produits qui ne constituent guère des produits "à risque".

A contrario, "les attributs symboliques des produits comme le look ou la marque, symbolisant la consommation individualisée des années 80 sont relégués à un rôle secondaire", note le CREDOC. L'importance croissante accordée à la solidité, à l'hygiène ou à la sécurité, serait l'expression d'un besoin de réassurance que l'on peut observer par ailleurs dans le domaine de l'automobile avec l'essor du diesel, nourri par le sentiment d'inquiétude qui anime le consommateur devenu précautionneux et raisonnable.

J-M. N. Le Monde, 21 février 1995

DOC. 8 : Juan Antonio Samaranch, Président du CIO : Le bateau du mouvement olympique est dans le sens du vent

- Le premier centenaire s'achève par une rénovation du CIO et des Jeux olympiques dont vous avez été l'instigateur. Comment sera le deuxième centenaire ?

L évolution du mouvement olympique et du sport vient du fait que notre société a changé. Aujourd'hui, le sport fait partie de notre vie de tous les jours. Nous sommes en train de vivre un âge d'or du sport. Et nous profitons de cette réalité. Dans le passé, le bateau du mouvement olympique allait toujours contre le vent. Nous l'avons mis dans le sens du vent et désormais ,ca va très vite. Mais le futur appartient aux autres. Le mouvement olympique que nous laisserons à une prochaine génération de dirigeants sera dans une situation meilleure que celle que nous avons trouvée. En signant avec les grandes chaînes américaines (NBC) et européennes (UER) un contrat jusqu'en 2008, nous avons garanti sa santé financière et économique jusqu'en 2012.

- Nouveaux enjeux financiers, critères de sélection: n'y a-t-il pas un risque pour la notion d'universalité de l'olympisme ?

Le Tiers monde ne peut pas organiser les Jeux olympiques, tout simplement parce qu'il ne peut rien organiser. Rien, même pas un championnat continental. Mais certains pays qui ne sont pas à la tête du monde ont tout de même organisé les Jeux avec grand succès: le Mexique, la Corée du Sud, l'Espagne, la Norvège. Pour éviter le gigantisme des Jeux, nous avons limité la participation à dix mille athlètes. Nous voulons les meilleurs et en même temps la présence de tous les comités olympiques nationaux au nombre de cent quatre-vingt dix-sept aujourd'hui. Leur droit de participer est dans la Charte olympique. Le CIO leur en donne la possibilité en payant, pour six athlètes et deux officiels, les frais de déplacement, de séjour et certains équipements. L'universalité de la participation est donc une réalité.

- Est-ce que les modifications en cours dans l'univers de la communication ne vont pas perturber le système, vous obliger à trouver de nouveaux équilibres ?

Le mariage entre le sport et la télévision est un mariage parfait. Nous avons besoin de la télévision et elle a besoin de nous. Mais nous signons, pour l'Europe en tous cas, avec les télévisions publiques car nous voulons que tout le monde puisse regarder les JO sans rien payer. Il peut y avoir ensuite une deuxième option avec une chaîne privée, à péage ou en *pay per view*. Dans ce cas, de manière à sauvegarder les intérêts du sport, nous stipulons toujours dans nos contrats que 50 % des bénéfices vont au mouvement olympique.

- Certains sports olympiques, vieillissants, semblent menacés par d'autres, plus adaptés au spectacle télévisé. Quel sera le programme des Jeux du troisième millénaire ?

Tous les grands sports sont au programme des Jeux. En raison de l'importance de la télévision, nous recommandons toutefois aux fédérations de se réunir avec des experts de la télévision pour améliorer le sport. Mais ce n'est pas une obligation. Le CIO ne les pousse pas. Si le sport veut garder ses traditions, c'est son affaire. Mais son avenir risque de ne pas être brillant. S'ils ne veulent pas d'évolution, ces sports s'éteindront d'eux-mêmes.

- Qu'est-ce que la nouvelle donne géopolitique change pour l'olympisme ?

Notre rôle est purement sportif, pas politique. Si nous pouvons aider les gouvernements à résoudre des problèmes, nous y sommes prêts. Mais ce n'est pas à nous de prendre l'initiative. Par exemple, nous aidons actuellement à la reconstruction des installations sportives à Sarajevo. Le sport a des possibilités que les gens ne peuvent imaginer. Par exemple, le CIO est la seule organisation internationale à avoir en son sein la Chine populaire et Taiwan.

Tout le monde avait dit qu'organiser les JO à Séoul était une erreur. Or, ils ont eu lieu sans problème et, d'après ce que j'ai lu et entendu, c'est grâce aux Jeux olympiques que la Corée est un pays complètement différent. Pas seulement sur le plan économique. Tout le monde reconnaît que c'est une vraie démocratie. Je crois que les JO ont servi de déclic. Avant eux, la Corée n'avait pas de relations avec la moitié du monde.

- Peut-on imaginer un contre-coup à la professionnalisation du sport, un retour à l'amateurisme?

Jamais, parce que l'amateurisme était synonyme de discrimination. Au début du siècle, le sport était réservé à l'aristocratie, aux gens aisés. Certaines compétitions étaient interdites aux travailleurs manuels. Nous récompensons les meilleurs athlètes qui représentent la pointe de la pyramide, mais le CIO a aujourd'hui les moyens d'aider les athlètes du Tiers monde en leur accordant des bourses.

Propos recueillis par J-J BOZONET, Le Monde 30 mars 1995 .

DOC. 9 : Le retour à Pékin de He "la traîtresse"

Les déboires récents des athlètes chinois avec les tests destinés à débusquer les substances dopantes ont défrayé la chronique, pour les méthodes de travail douteuses de cette machine à fabriquer des sportifs vainqueurs à des fins politiques qu'est, entre autres, le système communiste de Pékin. Néanmoins, s'il est un sport qui a été, de longue date, associé étroitement à la haute politique - intérieure comme extérieure -, c'est bien le tennis de table. La "diplomatie du ping-pong" sino-américaine a mené à la normalisation progressive des rapports gouvernementaux entre les deux pays à partir de 1972 à l'aide de rencontres bilatérales dans cette discipline.

Plus récemment, l'imbrication entre politique et sport a été illustrée par l'étonnante saga d'une pongiste chinoise, en révolte contre les pratiques du système, contraires aux notions sportives de surpassement individuel dans la loyauté. Il s'agit de He Zhili, qui se fait appeler aujourd'hui de son nom japonais, Koyama Chire .

Aux championnats du monde de New Dehli en 1987, He reçoit de son entraîneur l'ordre de perdre un match afin de favoriser l'une de ses coéquipières pour la finale. Quelque peu têtue, la demoiselle fait le contraire et domine son adversaire. A l'en croire, ses ennuis au sein de l'équipe nationale ne font que commencer. On la sermonne, on lui fait des difficultés et celle qui est une des meilleures pongistes du monde se voit empêchée de prendre part aux Jeux olympiques de Séoul en 1988.

He est décidée à se venger. Elle épouse un Japonais, émigre, change de nom et suit un entraînement pour infliger à l'équipe chinoise une défaite impitoyable aux derniers Jeux asiatiques de Hiroshima, en septembre. Et elle parvient à ses fins: en finale, la Chinoise Deng Yaping s'effondre devant Mme Koyama, qui arbore sur son maillot le drapeau du Soleil-Levant. L'affaire est reprise avec colère par la presse chinoise qui dénonce "la traitresse". L'entraîneur qui a porté la pongiste au pinacle est loin d'être, lui aussi, un inconnu à Pékin. Il s'agit de Zhuang Zedong, triple champion du monde de tennis de table (1961, 1963 et 1965),promu gloire nationale par cet exploit et devenu personnage politique en vue. Vice-ministre, puis ministre des Sports au sortir de la révolution culturelle, il passe pour avoir des accointances gauchistes prononcées, ce qui lui vaudra de passer à la trappe, à la mort de Mao en 1976.

Koyama l'a fait venir au Japon pour l'aider à mener à bien son triomphe, en sachant que pèse sur la carrière de l'ancien pongiste le doute d'avoir bénéficié des mêmes manigances contre lesquelles la star sino-japonaise de la raquette s'est révoltée, à savoir le truquage des compétitions à des fins de fierté nationale. Au demeurant, son rival malheureux de l'époque ne peut guère aujourd'hui se plaindre : Li Fuong est vice-président du Comité olympique chinois.

Amers échanges

Cette histoire illustre la place du sport dans l'organisation socio-politique chinoise, mais plusieurs autres tendent à montrer que les athlètes supportent de plus en plus mal pareilles contraintes. Or, leur statut de star et les avantages financiers qui l'accompagnent commencent à leur donner un poids individuel plus important face au système. Plusieurs ont fait défection en dépit des récompenses en espèces et en natures offertes par le gouvernement, parfois avec l'aide de financiers chinois d'outre-mer intéressés à se faire ouvrir des portes politiques par le biais de largesses étendues à la "nation chinoise".

La presse chinoise apprécie peu le retour en Chine de Koyama. La mésentente humaine qui a longtemps existé, derrière les formules de politesse et les déclarations officielles d'amitié, entre les peuples chinois et japonais resurgit. Mais les mentalités évoluent et la jeunesse chinoise est moins intéressée que le régime et la vieille génération à entretenir le souvenir douloureux du passé, qui sert à Pékin d'arme diplomatique face à Tokyo.

Et puis, il y a, chez les Chinois, cette capacité à contourner ce qui semble irréconciliable avec le dogme national. Certains commentateurs ont dit, sur un ton résigné, devant la victoire de la Sino-japonaise He-Koyama, qu'il s'agissait du triomphe d'"une chinoise", nonobstant son drapeau. La réflexion rappelle la remarque, rapportée par le général-sinologue Jacques Guillermaz, entendue dans la communauté occidentale de Pékin dans les années 30: "Quand un Japonais perd la face, il se fait hara-kiri. Quand c'est un chinois, il change de conversation".

Francis DERON, *Le Monde, 3* mai 1995

DOC. 10 : Les fils du Heysel et la guérilla du football

Le drame du Heysel, le 29 mai 1985, avec ses trente-neuf victimes et ses centaines de blessés, n'a pas échappé à l'usure du temps. Dix ans ont passé depuis cette soirée meurtrière dans les tribunes du stade bruxellois, une heure avant la finale de la Coupe d'Europe Liverpool-Juventus de Turin. Qui se souvient de l'ivresse des hooligans anglais chargeant la foule italienne, de l'incompétence des policiers belges, des corps amassés, étouffés, déchiquetés, au bas du bloc Z ? Dans l'urgence de l'indignation, sous le choc des images retransmises en direct sur les écrans du monde entier, le milieu du football s'était astreint à un examen de conscience. Il s'était trouvé bien des dirigeants, bien des joueurs, bien des supporteurs pour se retrancher derrière le traditionnel "Plus jamais ça". Et le spectacle avait continué, avec d'autres matches, d'autres violences.

Dix ans après, ces mêmes images sont sans doute rediffusées le 29 mai, au nom du devoir de mémoire. Mais l'indignation s'est émoussée. Le hooliganisme s'est imposé comme une fatalité de l'époque. Ces derniers mois, sur le front des stades, un jeune homme a été assassiné en Italie, un autre est mort en Angleterre; Londres, Dublin et Gênes ont vécu des soirs d'émeutes. Plus une grande rencontre sans des milliers de policiers, des hélicoptères, des hordes de supporteurs sous escorte.

Seules les méthodes ont évolué : les incidents les plus graves n'ont plus lieu dans les tribunes, placées sous surveillance vidéo, mais à l'extérieur, dans les rues environnantes, aux abords des gares. Le hooliganisme est devenu une affaire de groupes restreints, bandes contre bandes, une sorte de *West Side Story* du ballon rond. Chacun défend ses couleurs, son territoire, invente de nouvelles techniques pour déjouer les dispositifs policiers et commettre des actes de vandalisme.

Le football n'aurait-il pas retenu les leçons de Bruxelles? Les stades sont mieux équipés, les supporteurs mieux encadrés, les policiers mieux formés, mais la violence sévit toujours, en de brusques accès de fièvre, un jour à Paris, l'autre à Rome. Les instances du football, largement mises en cause en 1985, persistent à rejeter toute responsabilité dans cette évolution, à certifier que ces casseurs n'ont "rien à voir avec la famille du sport". Ils en font pourtant bel et bien partie, de cette famille. Ils en sont même les rejetons indignes, eux qui aiment autant la bagarre que le ballon. Ce sont, quoi qu'on en dise, les fils du Heysel.

Ils avaient entre huit et quinze ans le 29 mai 1985. Devant leur poste de télévision, ils ont vu leur "foot-passion" virer au "foot-assassin". De téléspectateurs ils sont devenus acteurs. A leurs yeux, le Heysel n'est qu'une lointaine bataille d'ancêtres, la préhistoire du hooliganisme, le "Marignan" des casseurs. Ils en connaissent le bilan, mais leur mémoire ne laisse pas prise aux scrupules. La télévision, dont tout le monde pensait qu'elle contribuerait à enrayer le mal par ces gros plans sur le bloc Z, a juste été un témoin passager et impuissant. Pis : elle a peut-être suscité des vocations.

Au-delà du sport et de ses dérives, l'attitude des hooligans actuels est révélatrice de l'évolution de toute une frange de la jeunesse européenne dans sa perception de la violence et de l'image. Des stades aux cités de banlieue, ces jeunes voient souvent l'émeute comme un plaisir ritualisé, une aventure renouvelée de semaine en semaine.

Pour cette génération des jeux vidéo et du multimédia, la violence s'est tellement banalisée qu'elle s'apparente désormais à un produit de *fast-food,* sitôt consommé, sitôt oublié. L'essentiel est d'avancer poing en avant, de saisir l'instant présent, d'avoir "tout, tout de suite" sans se soucier du passé ni de l'avenir, sans avoir conscience des dangers. le reste, l'histoire, Bruxelles, Liverpool, le bloc Z, c'était il y a dix ans, autant dire un siècle pour des mémoires oublieuses.

Les images ? elles aussi sont consommées mais pas retenues. Elles défilent, vieillies, sans les émouvoir outre mesure, comme si tout cela n'avait jamais existé, comme s'ils ne craignaient pas de mourir ainsi, un jour ou l'autre, au Parc des princes ou ailleurs. En renvoyant à l'actualité, aux journaux télévisés, aux films de fiction, ils répondent simplement : " Il y a pire, non ?".

Philippe BROUSSARD, Le Monde, 28-29 mai 1995

DOC. 11 : La Sécurité civile veut responsabiliser les amateurs de sports à risques

Trop souvent, durant la première quinzaine du mois d'août, des accidents sont venus rappeler que les sports "d'aventure" sont aussi des sports "à risques": noyade de trois adolescents partis faire du canyoning sur le tard, à la clue du Raton (Alpes-Maritimes); disparition, heureusement temporaire, de sept spéléologues dans un gouffre de Haute-Savoie ; décès d'un adepte du parapente ainsi que d'un alpiniste, à la mi-août, dans le même département.

La masse des secours mobilisés pour secourir ces "sportifs de l'extrême" et le coût, exorbitant, de ces interventions - l'hélitreuillage des treize rescapés de la clue du Raton, qui a mobilisé cinquante sauveteurs et quatre hélicoptères, aurait largement dépassé les 100 000 francs selon la Sécurité civile - amènent à se demander si, pour inciter les risque-tout à la prudence, il ne faudrait pas, à l'avenir, leur réclamer une participation financière aux secours, dont le poids est pour l'instant entièrement supporté par l'Etat et les collectivités locales, admet Daniel Canepa, directeur de la Sécurité civile au ministère de l'Intérieur.

Déjà une première liste de dix sports - alpinisme. canyoning, deltaplane, parapente, plongée sous-marine, *rafting*, randonnée à ski, spéléologie, surf des neiges, vol à voile - a été établie. "L'individu a la liberté de prendre des risques, mais pas celle d'en faire prendre aux sauveteurs, ni de faire payer « l'ensemble des contribuables" ajoute M. Canepa. La loi montagne de 1985 et un décret de 1987 avaient déjà constitué une première entorse à la règle de la gratuité du service public de secours : les municipalités de montagne se voyaient accorder le droit de faire payer aux skieurs accidentés sur leur domaine skiable tout ou partie des opérations de secours.

Si le débat est aujourd'hui rouvert, c'est que ces sports "à risques" connaissent un véritable engouement :"ils correspondent aux évolutions de la société : ils sont ludiques, "prêts à consommer", donnent aux vacanciers qui ne veulent plus restaurer statiques la possibilité d'éprouver des sensations fortes qu'ils n'ont pas nécessairement toute l'année», explique M. Canepa. Chaque week-end de plein été, quinze mille à vingt mille personnes s'adonnent au canyoning (descente d'un cours d'eau à pied, en nageant et avec des cordes d'escalade) et la spéléologie compterait quelque deux cent mille pratiquants. Mais l'aventure vécue dans des milieux naturels pouvant rapidement devenir hostiles se paie parfois au prix fort. Les opérations de secours en montagne et en mer de la seule gendarmerie ont ainsi crû de 52 % depuis 1981, atteignant, en 1994, le nombre de 3 996 et permettant de tirer d'affaire quelque 6 327 imprudents. Alors que les secours en mer ou sur plan d'eau demeurent stables -aux environs de 800 par an-, les secours en montagne progressent de façon spectaculaire : 1802 en 1981, 2 319 en 1987, 2 845 en 1992, 3 249 en 1993. .

A 13 000 francs l'heure d'hélicoptère, et sans même prendre en compte les frais d'ambulance puis d'hospitalisation à l'arrivée, "cela porte l'entorse en moyenne montagne aux alentours de 15 000 francs ; comptez le double pour une traumatologie plus lourde, pour laquelle on envoie un hélicoptère médicalisé", rappelle Lionel Le Cleï, responsable de la communication à la Sécurité civile. Quelque 240 gendarmes, 210 CRS, 300 pompiers et 19 hélicoptères sont sur le pied de guerre pendant l'été pour le secours en montagne. Guides de haute montagne, spéléologues ou plongeurs, les forces de secours doivent désormais se former à la pratique du raft ou du canyoning. "Dans notre société si sûre, les gens veulent prendre des risques, mais sont incapables de les assumer", analyse froidement Pierre-Henri Fontespis-Loste, le président du spéléo-secours français...

Pascale KRÉMER, *Le Monde,* 26 août 1995

DOC. 12 : La sécurité de la Coupe du monde 1998

Le comité d'organisation de la Coupe du monde de football 1998 en France a, d'ores et déjà, pris des dispositions pour tenter d'assurer la sécurité sur les dix stades qui accueilleront l'épreuve.

· 800 à 900 millions de francs seront investis pour rénover et sécuriser les installations déjà existantes.

· 62,2 millions de francs sont alloués à la direction de la sécurité (gardiennage et surveillance, contrôle d'accès, sécurité des équipes et des sites de résidence, protection des installations, secours médical).

· La sécurité dans les stades devrait être améliorée par la présence de systèmes vidéo, de postes de commandement pour coordonner les actions de police, des pompiers et de la sécurité civile. Toutes les tribunes seront sectorisées et, conformément à la loi, toutes les places seront assises afin de réduire les mouvements de foule.

· Gendarmes et CRS recevront une formation particulière. Des stages ont commencé pour une cinquantaine de commissaires appelés "correspondants hooliganisme". Des contacts ont été établis avec les polices allemande et anglaise ainsi qu'avec les clubs étrangers confrontés à la violence des hooligans.

· Les contrôles aux frontières seront renforcés pour empêcher les hooligans, fichés dans leurs pays, de pénétrer en France.

***Le Monde, 4* février 1996**

ANALYSE DU SOMMAIRE

Voilà un sujet clair et précis : les relations sport et société. Il ne vous étonnera pas, chères têtes blondes vieillissantes, car les sujets donnés à ce concours sont souvent liés à l'actualité.

Mais voyons le sommaire.

D'abord un document quasi historique : le règlement des Jeux olympiques sous l'Antiquité, suivi des documents 2 et 3, qui vous parlent d'économie.

Il semblerait aussi qu'il y ait une partie sur les risques (dopage, violence) : documents 4, 5, 9 à 12. Quant aux documents 6, 7, 8, *a priori* il est possible de les classer sous la rubrique sociologique.

Ce n'est pas toujours le cas, mais voilà notre plan !

En vous souvenant du document 1 pour l'introduction, le tour est joué.

PRISE DE NOTES

N° D1 : Réglement des J.O
-> Interdiction de tuer son adversaire ! de corrompre un juge etc.

D2 -> Droits de retransmission TV. 1993
Foot en totalité 350 MFrs dont + d'un 1/3 pour le championnat de France de 1re division, et 68 MFrs pour le rugby.

N3 D3 -> Marché européen 131 MFrs.
+ de 80 % des français pratique le sport sur le mode du loisir.
Part de la France 27 %
(par ex : l'Allemagne (24 %)
l'Italie 22 %.
Chaussure en baisse -7 %. Progression du marché des couvre vent +41 % en volume
Exportations françaises 3,7 MF. Importations 6,2 MFrs.
① 58 % environ de l'exportation est deux ceux douze.
Asie se taille la part du lion de nos importations (51 %.)

N4 Doc 4 : Sport et hormones
une ancienne gymnaste soviétique déclare qu'on l'avait obligée à concevoir un enfant puis à avorter 10 semaines plus tard, le tout pour favoriser l'apport d'hormones.
- Des spécialistes doutent de l'intérêt de cette attitude. une simple pilule contraceptive fortement dosée permet en externe un apport d'hormones.

N5 Doc 5 : 11 athlètes chinois convaincus de dopage dont un recordman du monde en natation.

N6 (suite du Doc 5).
le sport mondial doit mener une réflexion globale et pas seulement sur le cas de la Chine.

N6 D6 : le sport pour rebondir
20 jeunes sans bagage scolaire ont pu passer un brevet national de sauvetage pour devenir surveillants de plage entre autre...

N7 un effort est fait pour développer les formations en alternance adaptées à un public fâché avec l'univers scolaire

N7 Doc 7 : la pratique des sport s'éloigne de la compétition.
la pratique des sport renvoie davantage à une hygiène de vie qu'à un besoin de performance et de compétition.
certaines pratiques sont très marquées socialement, par ex, le golf. Plus que la marque, importent la solidité, la sécurité des produits vendus.

N8 D8 : Interview du président du CIO. Samaranch : "Ns vivons un âge d'or" "mariage parfait entre le sport et la TV." "Ns voulons que tt le monde puisse regarder les J.O en Europe."

N9 D9
Sport et politique en Chine. En 1972 diplomatie du ping-pong a permis la normalisation des rapports US-Chine.
une pongiste chinoise devenue japonaise est considérée comme

une traitresse par Pékin, car elle a battu une ancienne compatriote aux + derniers jeux asiatiques.
HE. la traitresse.

D10 N10 : Heysel -
Drame du Heysel en 1985, 39 morts n'a pas échappé à l'usure du temps. On n'avait proclamé plus jamais ça. Violence due aussi bien à des hooligans ivres qu'à l'incompétence d'une police belge dépassée.

N°? Malheureusement les jeunes d'aujourd'hui voient l'événement comme un plaisir ritualisé.

N11 Doc 11 : la sécurité civile veut responsabiliser les amateurs de sports à risques

N12 suite. les sports à risques connaissent un véritable engouement. Mais cela revient très cher, par ex en montagne et en mer les opérations de secours ont augmenté de 52 % depuis 1987, passant Ds notre société si sûre, les gens veulent prendre des risques mais sont incapables de les assumer.

K12 D12 : la sécurité de la coupe du monde 1998
K13 : 800 MF pour sécuriser les installations existantes
sécurité des stades améliorée par des systèmes vidéo. Ttes les places seront assises pour éviter les mouvements de foule.
gendarmes et CRS ont droit à une formation spéciale.
Des contacts ont été établis avec les polices allemande et anglaise.
Des contrôles aux frontières seront renforcés pour interdire aux hooligans fichés dans leur pays, de pénétrer en France.

CORRIGÉ PASSERELLE - 1998

Les relations sport-société sont complexes. L'impact économique (I), social (II) du sport est loin d'être neutre même si des dérives apparaissent : violence, dopage (III).

I) L'économique

A. Pour le seul équipement sportif, le marché européen est estimé à 131 milliards de francs, la France avec 21 % de parts de marché se retrouve troisième, derrière l'Allemagne (24 %) et l'Italie (22 %). Il est vrai que si nous exportons pour 3,1 milliards, nous importons pour 6 milliards de francs. 58 % environ de nos exportations sont dues à l'Europe des douze, en revanche l'Asie se taille la part du lion de nos importations : 51 % (D3).

B. Restent les droits de retransmission télévisuels (D2) : si monsieur Samaranch, président du CIO (Comité international olympique) parle de « mariage parfait entre le sport et la télévision » (D8), ce n'est pas par hasard : les droits pour le football représentent 350 millions de francs dont plus d'un tiers est consacré au seul championnat de France de première division. Le rugby avec ses 68 millions de francs fait figure de parent pauvre (D2) !

II) Le social

A. L'argent n'est pas tout, n'oublions pas qu'en 1972 la diplomatie du « ping pong » a permis la normalisation des rapports États-Unis-Chine (D9) ! La pratique sportive a des conséquences sur l'emploi : dans le secteur multi-activité (piscines et autres) 12 000 des 16 000 contrats signés sont des contrats emploi-solidarité. Le sport permet parfois de rebondir : par exemple, 20 jeunes sans bagage scolaire ont pu passer un brevet national de sauvetage et de secourisme pour devenir surveillants de plages entre autres possibilités. Et un effort a été fait pour développer des formations en alternance adaptées à un public fâché avec l'univers scolaire (D6). On voit que le côté social est loin d'être négligeable.

B. Le sport, comme tout secteur, évolue avec la société. Actuellement il relève plus de la convivialité que de la compétition, sa pratique renvoie davantage à une hygiène de vie (être en forme) qu'à un besoin de performance ou de se mesurer aux autres. Les acheteurs d'équipement sont moins sensibles à la marque qu'à la solidité des produits achetés. Certaines pratiques restent très marquées socialement, le golf par exemple (D7).

III) Les dangers et les dérives

A. Bien sûr tout n'est pas rose, le sport comporte des risques (montagne, sport extrême) qui mettent parfois en danger la vie des sauveteurs, et cela revient très cher, rien que pour la montagne, les opérations de secours ont augmenté de 52 % depuis 1981. Dans notre société si sûre, il semblerait que les gens veulent prendre des risques qu'ils sont incapables d'assumer (D11).

B. Et la violence ne date pas d'hier : le règlement des premiers jeux olympiques donne le ton, il précise qu'il est interdit de tuer son adversaire (D1) ! Même la tragédie du Heysel en 1985, et ses 39 morts, due aussi bien à des hooligans ivres, qu'à une police belge dépassée, n'a pas échappé à l'usure du temps. Malgré un plus jamais ça, les jeunes d'aujourd'hui semblent voir une émeute comme un plaisir ritualisé (D10). Cette violence justifie les précautions prises pour la coupe du monde 1998 (D12).

C. Le danger le plus inquiétant est le dopage. Que ce soit cette ancienne gymnaste soviétique qui déclare qu'on l'avait obligée à concevoir un enfant puis à avorter 10 semaines plus tard (D4) ou les onze athlètes chinois pris en flagrant délit de dopage, dont une recordwoman du monde en natation, il fait des dégâts. Et la moindre des choses serait de mener une réflexion globale et pas seulement sur le cas de la Chine (D5).

La fin de l'amateurisme et les enjeux financiers peuvent conduire au pire, comme nous l'avons vu ; il n'en reste pas moins que s'activer est pour des millions de personnes un délassement sans conséquences dramatiques.

CERAM SOPHIA ANTIPOLIS	ESC GRENOBLE	ESC PAU
ESC AMIENS	ESC LE HAVRE	ESC RENNES
ESC CLERMONT	ESC LILLE	ESCEM Tours-Poitiers
ESC DIJON	ESC MONTPELLIER	IECS Strasbourg

CONCOURS PASSERELLE ESC

SESSION 2004

SYNTHESE de DOSSIER

1ère et 2ème années

Durée : 2 heures

AUCUN DOCUMENT N'EST AUTORISE

Sujet n°1

LA VIOLENCE TELEVISEE ET LES ENFANTS

A partir des seuls documents ci-joints (**PRESENTES DANS CE DOSSIER PAR ORDRE CHRONOLOGIQUE**) tous les candidats doivent rédiger une note de synthèse **de 3 pages maximum**.

Il est rappelé que la synthèse doit mettre en évidence les idées essentielles du Dossier, sans aucun ajout personnel, dans le cadre d'un **PLAN aux structures apparentes** (Ière Partie : Titre –A : Titre – B : Titre ...) traduisant une démarche réfléchie sur l'ensemble des éléments du dossier. Chaque fois qu'un candidat dans sa synthèse se réfère à un ou plusieurs documents du dossier, il doit citer entre parenthèses le ou les numéros du ou des documents concernés (ex : Doc 1,ou Doc 3,4).

DOC 1	**CHOIX DE PROGRAMMES PAR LES ENFANTS ET SOCIALISATION** M WHITE RILEY et J WHITE RILEY Jr. Une approche sociologique de la recherche en communications, Public Opinion Quarterly, vol. XV, 1951, p. 449-453, 456 (extraits).
DOC 2	**LES RISQUES INDUITS PAR LA TELEVISION DE L'ADDICTION A L'IDENTIFICATION,** E-E. MACCOBY, L'impact de la télévision sur les enfants d'âge scolaire , Public Opinion Quarterly, vol. XV, 1951, p. 441-442 (extrait).
DOC 3	**LES RACINES DE LA DELINQUANCE JUVENILE : DES RELATIONS FAMILIALES PERTURBEES,** W SCHRAMM, J LYLE et E-B PARKER, La télévision dans la vie de nos enfants, Stanford Univ. Press, Stanford, 1961, p. 165-166 (extrait).
DOC 4	**QUEL LIEN ENTRE SCENES DE VIOLENCE ET COMPORTEMENT DES JEUNES SPECTATEURS ?** A GLUCKSMANN , Les effets sur les jeunes des scènes de violence au cinéma et à la télévision, Haut Comité de la jeunesse, Min. jeunesse et Sports,1965, p. 40-41, 64 (extraits).
DOC 5	**LE DÉCODAGE DES ÉMISSIONS TÉLÉVISÉES PAR LES ENFANTS,** A MARTINEZ, La violence à la télévision, état des connaissances scientifiques, Ottawa, 1991
DOC 6	**QUELLE PERCEPTION DE LA REALITE A TRAVERS LA TELEVISION ?** D BUCKINGHAM Children Talking Television : The Making of Television Literacy, Londres, Falmer Press, 1993, p. 240-241 (extraits).
DOC 7	**UNE CROISADE IDEOLOGIQUE CONTRE LA VIOLENCE DANS LES MEDIAS,** T GITLIN, Des images à tout casser, The American Prospect vol. 5, n°16, déc. 1994, p. 4-6 (extraits).
DOC 8	**INDICES DE VIOLENCE DES PROGRAMMES AMERICAINS,** G GERBNER Pouvoir et danger de la violence télévisée, Les Cahiers de la sécurité intérieure, Institut des hautes études de la sécurité intérieure (IHESI), Doc. fr., Paris, 1995, p. 38, 44-45
DOC 9	**UNE DÉFINITION DE LA VIOLENCE,** D FRAU MEIGS, Violence commise, violence subie in Violence et télévision, l'exemple canadien, Paris 1997
DOC 10	**L'EFFET DE LA VIOLENCE MEDIATIQUE SUR LES ENFANTS,** J GROEBEL, Etude mondiale de l'UNESCO sur la violence dans les médias, UNESCO, Paris, 19 fév. 1998, p. 1-5 (extraits).
DOC 11	**DENONCER LA TELEVISION, NIER LE MALAISE SOCIAL,** G DAGNAUD, La télé bouc-émissaire, Le Monde des débats, Paris, oct. 1999 (extrait).
DOC 12	**UN DEPLACEMENT DU DEBAT,** D BUCKINGHAM, Des abus informatiques ? Repenser les effets des médias sur les enfants, in M. Barker et J. Petley (dic), Des effets néfastes : le débat Médias/Violence, Londres, Routledge, 2001, p. 70, 75-76 (extraits).
DOC 13	**VIOLENCE TELEVISEE ET RISQUES DE DELINQUANCE ULTERIEURE,** J-G Johnson, P Cohen, E-M Smailes, S Kasen, J-S Brook, Consommation télévisuelle et comportement agressif à l'adolescence et à l'âge adulte, Science, vol. 295, n° 5564, mars 2002, p. 2469-2471 (extraits).

DOC 1 : CHOIX DE PROGRAMMES PAR LES ENFANTS ET SOCIALISATION

Une approche sociologique des attitudes de l'adolescent et du préadolescent doit prendre en compte au moins deux groupes sociaux importants : ses parents et ses amis ou pairs. À de rares exceptions près, tous les enfants sont membres de groupes familiaux. Mais ils n'appartiennent pas tous à des groupes de pairs, de sorte que nous avons distingué les enfants selon qu'ils étaient membres, ou non-membres d'un tel groupe.

Nos premières expériences indiquèrent, conformément à des hypothèses théoriques, qu'il pouvait exister des différences nombreuses et importantes entre les membres et les non-membres de groupes de pairs. Parmi les enfants les plus jeunes (de niveau scolaire CE2 et CM2), les dessins animés mettant en scène des animaux avaient plus de succès auprès de ceux qui n'appartenaient pas à des groupes d'amis.

Nous pensons qu'une telle différence s'explique par la structure sociale elle-même. Les enfants qui évoluent exclusivement au sein du cercle familial se voient proposés un ensemble de valeurs d'adultes par leurs parents. On attend généralement d'eux qu'ils aident à la maison, qu'ils soient bons élèves, qu'ils apprennent à se battre pour réussir et, d'une manière générale, qu'ils se préparent à leur future vie d'adulte. Pour de nombreux enfants de dix ou douze ans, ces objectifs peuvent souvent paraître difficiles à atteindre, voir totalement inaccessibles. Il n'y a donc rien de surprenant à ce qu'ils aiment lire les histoires de petits animaux comme Bugs Bunny, qu'ils perçoivent comme la négation complète des objectifs et conventions établis par les adultes. (...)

Cette frustration à l'égard des valeurs parentales peut également s'exprimer autrement à travers les sélections de programmes. Il s'agit d'une catégorie d'émissions de radio et de télévision particulièrement populaires auprès des 400 enfants interrogés, programme présentant des éléments de violence, d'action et d'agression et comprenant des westerns, des mystères, des crimes, jouant sur l'horreur et d'autres thèmes d'aventure de ce genre. Il apparaît clairement que ce type de programmes, comme les dessins animés mettant en scène des animaux, a plus de succès auprès des garçons que des filles et infiniment plus d'audience auprès des jeunes sondés qu'auprès de leurs camarades plus âgés. Au-delà de ce constat, l'analyse fondée sur l'appartenance à un groupe de pairs, à âge et sexe constants, permet de mieux comprendre les critères de sélection des programmes. Là encore, ce sont les non-membres de groupes de pairs parmi les plus jeunes enfants qui manifestent généralement la plus grande prédilection pour les programmes d'action et de violence et qui sont vraisemblablement dans une position sociale particulièrement propice à provoquer chez eux des sentiments d'hostilité et des comportements agressifs.

Afin de mieux cerner l'éventualité de telles différences sociologiques, nous avons subdivisé les non-membres des groupes de pairs en fonction de leurs « groupes de références » dominants. Dans la pratique, nous avons tenté d'apprendre des enfants eux-mêmes s'ils estimaient leurs propres valeurs plus proches de celles de leurs parents ou de leurs camarades de classe. Ceci nous a permis de classer grosso modo les enfants en deux groupes : ceux qui étaient les plus enclins à recourir à leurs parents comme groupe de référence (autrement dit, à partager les valeurs parentales) et ceux qui étaient le plus à même d'utiliser leurs pairs comme groupes de référence (autrement dit, d'épouser les valeurs de leur pairs telles qu'ils les perçoivent).

Quand on examine le rapport des enfants plus âgés aux émissions comportant des scènes d'action et de violence (...), on voit qu'au sein de cette population, qui en général s'intéresse moins qu'auparavant à ce genre d'émissions, l'intérêt demeure plus fort parmi ceux qui ne sont pas membres d'un groupe de pairs mais considèrent néanmoins leurs pairs comme un groupe de références. Même si le nombre de cas est trop faible pour avancer dans cette démonstration, nous devrions, en bonne logique sociologique, nous attendre à l'existence de fantasmes d'agression et de pouvoir parmi les enfants ainsi positionnés socialement. Ce sont, par définition, les enfants les plus frustrés en matière de relations avec leurs groupes de pairs : ils n'en sont pas membres tout en donnant des signes évidents de vouloir y appartenir. Même en se conformant aux normes des pairs, ils ont peu de chances d'être reconnus et appréciés du groupe de pairs, puisqu'ils lui sont extérieurs. Concernant leurs parents, ils sont également soumis à la plus grande difficulté puisque, par définition, ils ont tendance à soutenir non les valeurs de leurs parents mais celles d'un groupe de pairs qu'ils envient. (...)

Ce type d'analyse sociologique est susceptible de nous aider à découvrir pourquoi, au sein d'une population enfantine d'âge, de sexe, d'environnement social et éducatif comparables, certains individus aiment les programmes d'action et de violence et d'autres pas.

De plus, au cours des deux heures d'entretien avec les 400 enfants de l'enquête, certains signes suggéraient que la relation de l'enfant à la structure sociale pouvait affecter non seulement ce qu'ils aimaient mais aussi les raisons qui les poussaient à préférer tel ou tel programme. Il apparut que les mêmes médias étaient interprétés et utilisés différemment par des enfants diversement socialisés. L'enfant extérieur au groupe a tendance à percevoir les animaux drôles et les héros de westerns comme un monde imaginaire, lui permettant de s'évader d'un monde réel dont les standards à atteindre semblent par trop élevés. Le membre d'un groupe de pairs, de son côté, apprécie souvent ces thèmes, quand il les aime, parce qu'il peut convertir les histoires en un jeu quotidien au sein de son groupe. Parmi la cohorte des plus jeunes, 69 % des membres d'un groupe de pairs mentionnèrent par exemple leur goût pour les « Justiciers du Far-West », contre 85 % des non-membres. Si les non membres décrivaient souvent cette série en termes subjectifs, en indiquant que cela « fait peur », « donne la chair de poule », « vous empêche de dormir », les membres d'un groupe de pairs étaient plus aptes à associer leur interprétation des westerns à la perspective des jeux auxquels ils pourraient se livrer après l'émission. Ainsi, les membres d'un groupe de pairs, influencés par leur désir d'avoir de bonnes relations au sein de leur groupe, semblent juger les médias selon un critère « d'utilité sociale », en sélectionnant des matériaux qui seront en quelque sorte directement utile à la vie du groupe.

DOC 2 : LES RISQUES INDUITS PAR LA TELEVISION DE L'ADDICTION A L'IDENTIFICATION

D'après une théorie moderne sur la façon dont l'addiction s'installe, un enfant, accoutumé à un niveau soutenu d'excitation et qui organise la majorité de ses activités d'apprentissage à ce niveau d'excitation, verra son comportement perturbé en cas de baisse d'intensité de cette stimulation, deviendra turbulent, mal à l'aise et s'ennuiera jusqu'à ce qu'il retrouve le niveau d'excitation sur la base duquel il a organisé son comportement. L'exposition à la télévision, en élevant notablement ce niveau d'excitation, peut entraîner de la sorte une forme bénigne de dépendance ou « addiction », les parents et les enseignants ne pouvant intéresser l'enfant qu'en rendant les propositions qu'ils lui font aussi excitantes que les événements qu'il est accoutumé à regarder à la télévision.

Alors qu'on a étudié l'hypothèse selon laquelle l'expérience vécue par procuration réduirait les pulsions (au moins temporairement), on a peu réfléchi au fait qu'elle pourrait créer aussi des habitudes. Dans ce cas, l'expérience continuelle de la violence par procuration serait susceptible d'avoir le double effet de diminuer momentanément le besoin d'agressivité de l'enfant dans la vie réelle mais d'augmenter la probabilité d'un comportement violent s'il est confronté à un contexte agressif dans l'avenir. Certes, la télévision ne véhicule pas seulement des expériences fondées sur la violence et l'agression, mais ces dernières constituent le thème commun de toutes les histoires que les enfants sélectionnent parmi celles que leur proposent les médias. Dans la mesure où ce type de comportements ou d'autres formes d'action sont proposés par le système médiatique, la probabilité qu'ils soient effectivement mis en oeuvre dans la vie réelle est de toute évidence augmentée.

Cette forme de stimulation de l'imagination, déterminée par un agent externe, a pour particularité de créer et de satisfaire des motivations dans un laps de temps relativement court. Une des leçons que les enfants doivent acquérir au cours du processus de socialisation est d'accepter que leurs désirs ne soient pas immédiatement satisfaits, et donc de rester motivés durant de longues périodes. Il est possible que les expériences proposées par les médias aillent à l'encontre de cet apprentissage et créent des habitudes de démotivation prématurée.

La satisfaction par procuration : quels effets

Nous avons vu que l'imagination peut satisfaire certains besoins par procuration, bien que nous ignorions dans quelle mesure et dans quelles circonstances. Cette fonction de l'imagination peut la rendre bénéfique ou nuisible pour l'individu, en fonction des conditions dans lesquelles elle se substitue à la satisfaction réelle. Elle peut jouer le rôle de « soupape de sécurité » (ainsi que Freud le décrit des rêves) si les besoins sont trop forts et que l'environnement ne fournit aucune possibilité de les satisfaire. Mais elle peut par ailleurs avoir pour effet de réduire les motivations et empêcher que le mécanisme de la frustration remplisse sa fonction sociale, c'est-à-dire inciter l'individu à accomplir une série d'efforts pour résoudre le problème rencontré jusqu'à ce qu'il obtienne une solution acceptable. Les médias peuvent retarder chez l'enfant le développement de la responsabilité sociale en lui proposant trop d'« échappatoires » aux pressions sociales.

En relation avec ce qui précède, la question se pose de savoir si la pratique continuelle d'identification avec une figure fictive qui donne à l'enfant l'expérience du pouvoir augmentera la probabilité que ce même processus perdure dans la vie réelle. Nous savons que l'identification se produit à tout âge, dans la vie réelle aussi bien qu'au contact des médias. L'identification est-elle un mode de comportement qui peut être renforcé ou atténué comme d'autres habitudes ? Si tel est le cas, le fait de s'identifier fréquemment à une figure héroïque, qu'il s'agisse d'Hopalong Cassidy ou de tout autre, rendra l'enfant enclin à l'identification et pourra accentuer chez lui une tendance à trouver des satisfactions aux situations de pouvoir par l'intermédiaire de certains types de figures de pouvoir à une étape ultérieure de sa vie.

Diminution de certains apprentissages

Il est communément admis que le jeu a un rôle important dans le processus de croissance de l'enfant. jouer lui permet d'expérimenter des éléments sensoriels diversifiés, des pratiques de motricité et des capacités linguistiques et sociales qui vont fonder le répertoire de son comportement ultérieur. Certaines fonctions de base font probablement l'objet d'un apprentissage excessif pendant l'enfance, ou, en d'autres termes, pourraient être convenablement acquises à travers des pratiques plus réduites. Si tel est le cas, une pratique réduite de ces aptitudes par l'enfant n'engendrera aucun effet grave. Mais certaines aptitudes ne font pas l'objet d'un apprentissage excessif et la réduction du temps passé par l'enfant à les pratiquer constituera un obstacle à leur acquisition. Nous avons vu que l'exposition à la télévision diminue le volume des contacts sociaux interactifs de l'enfant, ce qui peut engendrer des déficits sociaux. Parallèlement, la télévision augmente la pratique des aptitudes que l'enfant exerce en regardant un programme télévisé. On peut en donner un exemple paradoxal : la télévision peut élargir le vocabulaire que l'enfant est capable de reconnaître tout en faisant obstacle au développement du vocabulaire mémorisé et à sa capacité de former spontanément des phrases avec les mots.

DOC 3 : LES RACINES DE LA DELINQUANCE JUVENILE : DES RELATIONS FAMILIALES PERTURBEES

La télévision est-elle à l'origine de la délinquance juvénile? Nous avons posé cette question à de nombreux psychiatres et juges. De façon récurrente, il apparaît que, parmi les jeunes délinquants, ceux qui rejettent la faute de leurs actes sur la télévision présentent de graves troubles sans aucun lien avec ce média. Ils vivent pour la plupart dans un environnement familial perturbé : famille brisée, parents les rejetant ou en donnant l'impression. Certains sont psychopathes et ont un Surmoi pour ainsi dire « déconnecté » du reste de leur schéma de comportement. A quelques rares exceptions près, ces enfants avaient déjà eu des problèmes avant même que la télévision ne leur apprenne quoi que ce soit.

Les propos de nombreux psychiatres, spécialistes du sujet, ayant étudié ce rapport nous ont d'ailleurs confortés dans notre analyse. Voici ce qu'a déclaré le Dr Otto Billing, de l'université Vanderbilt, à la Commission Kefauver sur le crime organisé aux USA :
« Mon expérience clinique m'amène à penser que les émissions de télévision, les films et autres fictions n'ont qu'une influence très limitée sur les jeunes enfants et les adolescents. Nous avons conduit des études psychiatriques et psychologiques exhaustives sur les adolescents délinquants. La majorité d'entre eux ne semble absolument pas être influencée par ces facteurs externes. Les personnalités normales peuvent les affronter et leur résister sans aucune difficulté. Les cas dans lesquels la télévision a un rôle déclencheur ou fournit des éléments d'information sur la réalisation d'actes criminels sont plus que marginaux. Seules les personnes caractérielles ou angoissées sont sensibles à ces facteurs externes. D'autres pressions extérieures, telles la reconnaissance par une bande de jeunes, l'absence d'activités collectives ou des activités inadéquates, ont certainement une incidence bien supérieure.
Que les valeurs éducatives ou artistiques de programmes de faible niveau soient perturbantes ne fait aucun doute. Mais, en faire l'explication causale de la délinquance juvénile n'apporte, à mon avis, rien au problème, bien au contraire. En effet, en raisonnant ainsi, nous risquons d'éluder les vrais problèmes. Nous devons nous concentrer sur les causes profondes et non sur les apparences. Nos expériences cliniques ont démontré que l'insécurité ressentie au sein de la cellule familiale est l'un des facteurs premiers de la délinquance juvénile.»
Le Dr Frank Coburn, de l'université de l'Iowa, a, lui, déclaré à ce même comité : « Le premier et principal facteur de la délinquance juvénile est, à mon sens, l'existence de relations familiales perturbées chez la personne qualifiée de délinquant »
Je pense donc que l'élément principal de la délinquance n'est pas la télévision en elle-même, mais les enfants qui la regardent. En l'état actuel de nos connaissances nous savons que l'enfant délinquant n'est (à moins qu'il ne soit psychopathe) en rien différent des autres individus de son âge en termes de standards, de connaissance ou d'intelligence. La différence se situerait plutôt au niveau de la rapidité avec laquelle s'éveille en lui l'agressivité, de l'intensité et de la violence de son hostilité. Il est généralement issu d'une famille qui ne lui a pas donné toute la sécurité et la chaleur dont un enfant a besoin. Il a souvent eu des difficultés pour s'intégrer et considère parfois qu'il lui a fallu fournir des efforts considérables pour être admis par ses pairs. Des difficultés de cette nature conduisent des enfants issus des classes moyennes à passer plus de temps devant leur téléviseur, ceux des classes plus défavorisées regardant déjà beaucoup la télévision. Le petit écran interagit alors avec les besoins et les émotions de ces jeunes spectateurs. Cela a plus pour effet de stimuler leur agressivité, que de l'extérioriser. On leur offre de la violence à regarder. Ils emmagasinent les informations et s'en serviront peut-être un jour. Il semble, cela dit, évident que si la télévision n'existait pas, l'enfant rechercherait le même bénéfice auprès d'un autre média de fiction. Les origines de la délinquance dépassent le simple cadre de la télévision. Il faut les chercher dans la vie familiale, dans les relations avec l'entourage et chez les individus ayant une personnalité perturbée. La télévision ne fait, tout au plus, qu'alimenter des pulsions déjà existantes.

DOC 4 : QUEL LIEN ENTRE SCENES DE VIOLENCE ET COMPORTEMENT DES JEUNES SPECTATEURS ?

Les études ont permis de distinguer différents types de relation et d'en rejeter certains :
- Il n'y a pas d'effet direct: le cinéma n'agit pas directement sur le comportement, l'effet des scènes de violence doit toujours se diffuser en fonction d'un certain nombre de relais (variables sociologiques ou psychologiques).
- Il n'y a pas d'effet autonome : il dépend des valeurs que « déplacent » le cinéma et la télévision et qui ne leur sont pas spécifiques. Un effet peut être inversé, la violence imaginaire pacifiant le comportement en provoquant une catharsis, des inhibitions ou une maîtrise « symbolique ».

- Il peut être mimétique, la violence filmique induit alors un comportement réel violent par le biais affectif de la « participation » ou par le truchement de l'information qu'elle transmet.

L'ensemble des études conduit à insister sur le caractère complexe de l'effet considéré et sur les difficultés méthodologiques qu'on rencontre à le vouloir isoler dans sa pureté. Les projets de recherche actuels semblent conduire à dissoudre la notion d'un effet spécifique des scènes de violence dans des enquêtes plus larges portant sur les normes et les goûts des adolescents. (...)
Il est évident que les statistiques ne disent rien de l'effet du culte de la vedette sur l'agressivité de la conduite : le phénomène est trop répandu pour qu'on puisse le mettre en relation avec l'extension de la délinquance. L'interprétation psychologique de ce phénomène peut être plus complexe qu'elle ne paraît. Ainsi E. Morin rend compte de cette « participation affective » du spectateur par deux mécanismes conjoints, l'identification et la projection. Tandis que l'identification conduirait le spectateur à imiter dans la vie réelle certains aspects de la conduite de ses héros, la projection lui permettrait de vivre comme par délégation certaines émotions qu'il ne peut exprimer que difficilement dans la réalité : « Ainsi, dans la production cinématographique occidentale, les deux grands pôles imaginaires dégagent une double aimantation : l'aimantation à dominante projective concerne l'aventure, l'exotisme, le meurtre, la violence, l'héroïsme et une liberté qui n'est pas la liberté politique mais la liberté existentielle, asociale ; l'aimantation à dominante identificative concerne l'amour, le bien-être et la réussite dans la solution des problèmes individuels et privés, le bonheur ».

L'admiration pour le héros ne semble effectivement pas ipso facto entraîner l'imitation de celui-là dans la vie réelle. Ce cas est réservé à des enfants par ailleurs prédisposés : « Il y a certes aussi de jeunes spectateurs aux tendances hystériques et dissociatives qui ont tendance à, s'identifier à leur idole facilement, et en général provisoirement, et qui assument, comme des histrions, leurs manières et leurs aventures imaginaires. C'est à la télévision que nous pourrons chercher leurs modèles mais pour ce qui est de leur prédisposition névrotique c'est probablement dans leur famille qu'il la faudra trouver ».

Ainsi le « culte des idoles » paraît avoir des effets ambivalents. L'imitation directe du héros est un symptôme de déséquilibre mental dont la source est à chercher non du côté de l'écran mais dans la vie du spectateur. Il n'est pas démontré que toute l'activité du héros tend à être « réalisée » par le jeune spectateur. L'imitation identificatrice peut se limiter à des comportements secondaires qui relèvent de la mode (habillement, rapports superficiels entre sexes) tandis que la projection permettrait au spectateur de vivre imaginairement des sentiments qu'il ne peut précisément pas libérer dans le réel. Si on limite ainsi la portée du culte des idoles il n'y a peut être aucune raison d'en faire un effet spécifique du cinéma et de la télévision.

DOC 5 : LE DÉCODAGE DES ÉMISSIONS TÉLÉVISÉES PAR LES ENFANTS

B. Hodge et D. Tripp ont observé pendant trois ans le phénomène du décodage des émissions télévisuelles par les enfants. De facture sémiotique, leur analyse tente de varier selon l'âge, l'expérience et les conditions sociales.
Renouveler la problématique des usages de la télévision : « Bien des préoccupations sur les effets de la violence télévisée reposent sur une incompréhension de l'interprétation que font les enfants des aspects les plus inquiétants de cette violence. Non pas que toutes les formes de violence télévisée soient inoffensives pour les jeunes, indépendamment de leur âge et de leurs caractéristiques personnelles. Nous soutenons plutôt qu'il convient de saisir les interactions entre contenus qualitatifs, telle la violence, et sens du réel ou encore attitudes et relations sociales en général. La violence n'est pas le simple fait d'une émission de télévision qui incite irrésistiblement les téléspectateurs à commettre des actes violents. Elle fait partie d'une structure complexe de significations, lesquelles sont interprétées, médiatisées et actualisées de diverses façons. »

Dix propositions d'application pratique viennent conclure cette recherche :
- « Les enfants peuvent en général se montrer des décodeurs actifs et puissants, et leurs émissions sont potentiellement riches en significations et en valeur culturelle, quoique tous les programmes et habitudes d'écoutes ne profitent pas également à chacun d'entre eux. »
- « les systèmes cognitif et sémiotique des enfants se développent au moins jusqu'à l'âge de 12 ans, de sorte que, non seulement préfèrent-t-ils des émissions différentes de celles des adultes, mais aussi réagissent-ils et les interprètent-ils différemment : à partir de neuf ans, cependant ils démontrent une compréhension singulière (la leur) de la plupart des programmes du flot régulier. »
- « Habituellement la télévision pour enfants véhicule des formes idéologiques dominantes, auxquelles s'ajoute paradoxalement un répertoire de significations opposées. »
- « On sait depuis longtemps que le facteur réalité, la perception du lien entre télévision et monde réel, varie selon l'âge, l'expérience et les conditions sociales. De fait, il constitue un facteur décisif pour déterminer la nature des réactions aux médias et les effets médiatiques. Cependant, l'habileté à porter des jugements justes et nuancés sur la télévision est le fruit d'un processus important du développement de l'enfant qui s'acquiert seulement par exposition au petit écran. »
- «Tous les enfants ont besoin d'émissions fantastiques, comme les dessins animés pour les tout-petits. Tous les enfants, en particulier les plus âgés, ont besoin également d'émissions qui correspondent de plus près à leur réalité ».
- « La violence médiatique est qualitativement différente de la violence sociale: elle est un signifiant naturel du conflit et de la différence ; sans la représentation du conflit, l'art du passé et du présent en serait gravement appauvri. ».
- « Les significations apprises à la télévision sont renégociées et modifiées dans le processus des discussions interpersonnelles, acquérant sous cette forme, statut social et effets. »
- « Les formes idéologiques dominantes exercent une influence globale sur les interprétations de la télévision ».
- « La famille n'est pas simplement un lieu de discussion des contenus télévisuels : elle s'active également à déterminer les significations desdits contenus. »
- « Le milieu scolaire devrait favoriser la compréhension approfondie de la télévision, en l'intégrant de façon constructive à ses divers programmes. »

DOC 6 : QUELLE PERCEPTION DE LA REALITE A TRAVERS LA TELEVISION ?

Le pouvoir social du discours sur le mode de fonctionnement de la télévision provient en grande partie du fait qu'il établit une distinction implicite entre celui qui s'exprime derrière l'écran et la masse anonyme des téléspectateurs qui le regardent - ces individus assez stupides pour croire que ce qu'ils voient est réel. Si les adultes prennent souvent les enfants pour des êtres crédules, les enfants ont eux aussi tendance à reproduire le même schéma avec leurs cadets. Par ce transfert, ils cherchent à échapper aux reproches des adultes. En réalité, c'est la peur des effets négatifs de la télévision qui engendre ce type de discours.

Cette peur s'exprime clairement dans les travaux de recherche réalisés jusqu'à présent sur le sujet. Ainsi, les principaux courants de recherche en psychologie ont eu tendance à concevoir la «réalité perçue» comme une variable d'intervention dans une relation qui reste essentiellement définie en termes de cause et d'effets. Leurs défenseurs semblent supposer que plus un programme est perçu comme réaliste, plus il est susceptible d'influencer les téléspectateurs. Pourtant, les preuves qui viennent appuyer cette hypothèse ne sont pas concluantes, même dans les ouvrages censés en démontrer la validité.

Pour les théoriciens de la « variable d'intervention », ce qui est perçu comme « imaginaire » aurait un effet très limité sur l'attitude et le comportement des gens. Pourtant, la théorie psychanalytique suggère que la relation entre le fantasme et la réalité est beaucoup plus complexe, et que dans la vie de tous les jours, notre sens de la réalité est loin d'être figé. On peut en effet émettre de sérieux doutes quant à la capacité des adultes à percevoir invariablement la réalité d'un oeil mature.

De même, la relation entre l'information, les attitudes et le comportement social est peut-être beaucoup plus compliquée - et donc moins rationnelle - que ces théoriciens ne semble le suggérer. Le fait que nous puissions considérer certains types de représentations comme irréalistes ne signifie pas nécessairement qu'elles ne jouent pas un rôle dans notre perception du monde social. Le pouvoir des stéréotypes, par exemple, est lié à une combinaison complexe de vérités et de contre-vérités, ainsi qu'à notre volonté de croire ou de comprendre quelque chose.

Enfin, le fait de présenter la notion de modalité de fonctionnement de la télévision ou de réalité perçue comme une variable clé tend à simplifier de façon excessive le processus par lequel les enfants émettent des jugements sur la télévision. Aussi, ceux qui tentent d'« immuniser » les enfants en suivant cette logique s'exposent à des résultats inattendus. En privilégiant le discours de modalité, on risque de s'enfermer dans une vision rationaliste du spectateur critique. Comme je viens de l'expliquer, cette vision normative de la télévision est basée sur une conception des effets de la télévision qui est à la fois excessive et simpliste sur le plan théorique.

DOC 7 : UNE CROISADE IDEOLOGIQUE CONTRE LA VIOLENCE DANS LES MEDIAS

La volonté politique fait défaut lorsqu'il s'agit de lutter contre la pauvreté, les armes et l'effondrement de la famille. En revanche, nous avons droit à une croisade contre la violence dans les médias, destinée en grande partie à se donner bonne conscience, un vent de panique morale l'emportant sur tout sens pratique. (...) Cela relève d'une propension très américaine que le sociologue Philip Slater appelle « toilet assumption » (ou présomption de propreté) : une fois hors de vue, un problème social n'est plus un problème. Et une croisade ne coûte rien.

Certains libéraux ont à cela un intérêt supplémentaire : en faisant campagne contre la violence à l'écran, ils espèrent ravir aux conservateurs le monopole des « valeurs de la famille ». L'actuel mouvement de nettoyage culturel comporte bien entendu un aspect idéologique. Les Républicains sont, dans leur grande majorité, choqués par les images à caractère érotique, et les Démocrates, par la violence. Les premiers, comme George Bush père par exemple, auraient réfléchi à deux fois avant d'apparaître aux côtés de Madonna ou de Warren Beatty. Ils n'ont par contre aucun état d'âme à se montrer en compagnie d'Arnold Schwarzenegger, champion des valeurs familiales. Les seconds espèrent que leur plaidoyer contre la violence télévisuelle les hissera au rang des plus fervents défenseurs de la « vraie » famille, leur permettra de se détacher d'Hollywood et de dissuader Dan Quayle de poursuivre sa croisade contre Sin City. Mais la cape de l'anti-violence dans laquelle ils se drapent est élimée et leurs nouveaux atours ne suffiront pas à les protéger.

Cette croisade symbolique contre la violence télévisuelle est un aveu de désarroi. Ceux qui se rallient à cette cause reconnaissent en réalité qu'ils ne savent pas ou n'osent pas s'attaquer réellement à ce mal dont souffre l'Amérique. Ils cèdent devant les images. Si Janet Reno cite le rapport de l'APA (American Psychological Association), elle devrait surtout prendre bonne note de l'extrait suivant : « Outre la psychologie, de nombreuses sciences sociales ont clairement établi que la pauvreté et les conditions de vie qu'elle implique font partie des facteurs déterminants de la violence... Il est plus que probable que les inégalités socio-économiques (et non la race) soient à l'origine des forts taux de violence enregistrés au sein des minorités ethniques... De très nombreux indices laissent à penser que l'augmentation du nombre d'homicides commis par de jeunes individus est en relation directe avec la possibilité qu'ils ont d'acquérir une arme à feu ». On constate par contre que l'expression « facteur déterminant » n'est pas reprise dans les passages consacrés à la violence dans les médias.

Les réformateurs doivent donc s'interroger sur les mesures adéquates à mettre en oeuvre et sur les objectifs à fixer. S'il n'y avait rien d'autre à entreprendre pour lutter contre cette violence télévisuelle qui tue aux États-Unis, cette croisade trouverait alors une légitimité bien supérieure à celle qui est la sienne aujourd'hui. Les arguments des plus fervents défenseurs du droit à la liberté de parole inscrit dans le premier amendement de la Constitution américaine n'auraient d'ailleurs que très peu de poids. Cette campagne, largement relayée par les images, autorise les politiciens à fulminer, tout en restant photogéniques, et leur évite de s'occuper de l'Association nationale des armes à feu, du problème de la prolifération de la drogue, de la crise de la famille ou bien encore de la disparition d'un nombre considérable d'emplois fixes. Au grand étonnement du reste du monde, notre culture politique est telle que ce sont les partisans du contrôle des armes qui peuvent se féliciter d'imposer des limites à la vente des armes semi-automatiques, ou d'obtenir la mise en place d'un délai de 5 jours pour l'achat d'une arme de poing.

Les images, composante incontournable de la vie politique, sont aujourd'hui une préoccupation telle, qu'elles ont fini par se substituer à la véritable politique. Ceci est plus particulièrement exact pour la gauche, divisée en clans, obsédés par un respect des principes plutôt surprenant et un sentiment de persécution. Quel que soit l'état de la gauche américaine, une chose est sûre : elle ne peut pas se passer d'un credo démocratique. En admettant que les médias font obstacle à l'égalité, à la justice et à la tranquillité domestique, ils se privent d'arguments comme si les personnes à qui ils s'adressent n'étaient que de simples marionnettes. Ne naissent de cela que rancœur et futilité. Rien d'autre.

DOC 8 : INDICES DE VIOLENCE DES PROGRAMMES AMERICAINS

Depuis les premiers rapports de la National association of educational broadcasting (Association nationale de la télévision éducative) en 1951, l'excès de violence auquel on assiste à la télévision a échappé à tout contrôle démocratique. Les premières enquêtes du Congrès furent conduites en 1954 par le sous-comité à la délinquance juvénile du sénateur Estes Kefauver, suivies par nombre d'autres au cours des années soixante et soixante-dix. Malgré l'accumulation de résultats alarmants par les chercheurs, bien que condamnée par des commissions gouvernementales et par la quasi-totalité des organisations médicales, parentales, scolaires et policières, la violence n'a cessé d'envahir les ondes depuis presque trente années que nous l'étudions dans le cadre de notre projet sur les indicateurs culturels (Cultural Indicators).

La fonction de la violence dans le monde de la télévision peut s'analyser dans la démographie et la répartition des rôles dans les émissions aux heures de grande écoute. Depuis trente ans, celles-ci suivent un modèle très stable.

Les personnages masculins de race blanche, appartenant à la classe moyenne, dominent par leur nombre et leur pouvoir. Les femmes représentent un tiers des personnages. Les jeunes et les personnes du troisième âge sont fortement sous-représentés par rapport à leur nombre dans la population réelle. Les minorités sont encore plus sous-représentées. Cette distribution offre un cadre idéal à des scénarios conflictuels et violents, et favorise la toute puissance de l'homme blanc dans la force de l'âge. La plupart des personnages sous-représentés sont aussi ceux qui, lorsqu'ils apparaissent, subissent les pires sorts.

Les fictions diffusées aux heures de grande écoute (dramatiques ou comédies) présentent une moyenne hebdomadaire de vingt et un criminels face à une « armée » de quarante et un représentants de la loi, publics ou privés, encadrés par quatorze docteurs, six infirmières, six avocats et deux juges. Une moyenne de 150 actes de violence et une quinzaine de meurtres divertissent chaque semaine les téléspectateurs et leurs enfants, sans compter les dessins animés et les informations. Ceux qui regardent la télévision plus de trois heures par jour (plus de la moitié des téléspectateurs) en absorbe beaucoup plus. Au cours d'une semaine ordinaire, environ un tiers (31 %) de l'ensemble des personnages et plus de la moitié (52 %) des personnages principaux sont impliqués dans des actes violents en que victimes ou en tant qu'agresseurs voire les deux.

DOC 9 : UNE DÉFINITION DE LA VIOLENCE

La définition de la violence, telle qu'elle existe dans le projet "Indicateurs Culturels", tient compte du rapport spéculaire à la réalité tout en intégrant certaines articulations logiques de la mise en intrigue. La violence se définit comme l'expression ouverte de la force physique (avec ou sans arme, contre soi-même ou autrui) obligeant à l'action contre son gré par peur d'être blessé et/ou tué ou menacé de violence comme partie intégrante de l'intrigue, ou le fait de blesser ou tuer. Elle doit être plausible et crédible. Les menaces en l'air, les insultes verbales ou les gestes non accompagnés de conséquences violentes crédibles ne sont pas codées comme violence. Cependant, la violence "accidentelle" et naturelle (actions dramatiques toujours intentionnelles qui s'acharnent contre certains personnages) fait bien sûr, partie de la définition. Cette définition de la violence commise, qui inclut en son sein, comme un négatif, celle de la violence subie, se veut résolument opératoire, et pour cette raison n'inclut pas de caractéristiques psychologiques à proprement parler. Il s'avère, en effet, très difficile de coder la violence de type argumentatif car elle ne prend de sens, dans l'économie des drames télévisuels nord-américains, que lorsqu'elle est accompagnée de la violence par force physique.

DOC 10 : L'EFFET DE LA VIOLENCE MEDIATIQUE SUR LES ENFANTS

Ce rapport présente les résultats de l'étude mondiale de l'UNESCO sur la violence dans les médias, réalisée en 1996 et 1997 comme projet de recherche commun par l'Organisation mondiale du mouvement scout et l'Université d'Utrecht sous la direction du Prof. Jo Groebel. Il s'agit de la plus vaste étude interculturelle jamais réalisée sur le rôle de la violence médiatique pour les enfants, avec la participation de plus de 5 000 élèves de 23 pays différents dans le monde entier. (...)
La méthodologie employée est unique du fait que tous les enfants participants, âgés de douze ans, ont répondu à un questionnaire standard de 60 questions traduit dans les différentes langues comme, par exemple, le japonais, l'anglais, le russe, le français, l'arabe, etc. Les enfants ont décrit leur comportement face aux médias, leurs habitudes, leurs préférences, mais aussi leur environnement social. (...)
Les résultats font apparaître les aspects suivants
- 93 % des enfants de cette étude ont accès à un poste de télévision. La fourchette va de 99 % dans la partie occidentale de l'hémisphère nord à 83 % en en Afrique, avec, entre ces deux valeurs, l'Asie et l'Amérique latine. Dans les régions prises en compte dans l'étude, la télévision est presque devenue un médium universel. Pour les écoliers, c'est la plus puissante source d'information et de distraction. Même la radio et les livres ne sont pas aussi également distribués dans le monde.
- Les enfants du monde passent en moyenne trois heures par jour devant la télévision avec, bien entendu, une grande diversité dans leurs comportements individuels de téléspectateur. Cela signifie qu'ils consacrent au moins 50 % de temps de plus à ce médium qu'à toute autre activité extra-scolaire, notamment les devoirs à la maison, le temps passé avec la famille ou les amis, ou encore la lecture.
- La télévision est donc devenue un facteur de socialisation de première importance et elle domine la vie des enfants aussi bien dans les zones urbaines que dans les régions rurales du monde.
- En particulier les garçons sont fascinés par les héros agressifs des médias. Certains d'entre eux, comme le personnage de "Terminator" joué par l'acteur Arnold Schwarzenegger, sont devenus des icônes mondiales ; 88 % des enfants du monde le connaissent. 51 % des enfants des environnements de forte agression (en guerre, ou bien où la criminalité est importante) voudraient être ce personnage, contre 37 % dans les environnements de faible agression. Les enfants manifestement ont besoin des héros des médias et se servent d'eux comme de modèles pour faire face à des situations difficiles - et elles abondent pour les enfants du monde.
Un nombre important d'entre eux se trouve dans un état émotionnel qui pose problème. Près de la moitié des enfants disent être anxieux la plupart du temps ou très souvent ; 9 % ont dû fuir le lieu où ils vivaient au moins une fois dans leur vie ; 47 % affirment qu'ils voudraient vivre dans un autre pays. Dans les régions de forte agression, 16 % des enfants disent que la plupart des gens de leur quartier meurent parce que d'autres les tuent. 7,5 % des enfants se sont eux-mêmes déjà servis d'une arme contre quelqu'un.
Face à cette situation, les enfants trouvent dans les héros des médias des moyens de s'évader de leurs problèmes réels, ou de les compenser. Pour les garçons, ce sont principalement des modèles agressifs (30 % nomment un héros de film d'action), et pour les filles, des stars et des musiciens de la pop. Des

différences régionales apparaissent dans le choix des héros. L'Asie arrive en tête pour ce qui est des héros de films d'action (34 %), et l'Afrique en queue (18 %) ; la région Europe/Canada et l'Amérique latine se situent entre les deux (25 % chacune). (...)
L'impact de la violence dans les médias peut s'expliquer principalement par le fait que le comportement agressif est récompensé. 47 % des enfants qui préfèrent un contenu médiatique agressif aimeraient aussi se trouver impliqués dans une situation à risque (contre 19 % qui préfèrent d'autres contenus médiatiques). Cela est aussi plus particulièrement valable pour les garçons. De plus, les pays dont le niveau de développement technologique est élevé renforcent la tendance à rechercher le risque.
Le large éventail des différents moyens de communication audiovisuels disponibles a accru le désir de satisfaire en permanence des besoins de stimulation physiologique que le contenu agressif des médias excite.
On arrive dans l'ensemble aux conclusions suivantes.
• La violence médiatique est universelle et se trouve principalement présentée dans un contexte de récompense.
• En fonction des caractéristiques de la personnalité des enfants, mais aussi de leurs expériences quotidiennes, la violence médiatique satisfait des besoins différents. Elle "compense" les propres frustrations et déficits des enfants des régions à problèmes, et procure des "sensations" à ceux qui vivent des environnements moins difficiles. Elle offre aux garçons un système de référence où trouver des "modèles séduisants".
• Il existe de nombreuses différences culturelles, et pourtant les schémas de base des répercussions de la violence médiatique sont les mêmes dans le monde entier.
• Le problème ne réside pas dans les films pris individuellement. C'est plutôt l'ampleur et l'omniprésence de la violence dans les médias (avec une moyenne de 5 à 10 actes d'agression par heure de programmation télévisée dans de nombreux pays) qui contribue au développement d'une culture mondiale de l'agression.
• La "normalité" de l'agression, mais aussi "l'aspect de récompense" auquel l'agression se trouve associée sont plus systématiquement mises en avant que des façons non agressives d'affronter la vie. De ce fait, à l'échelon planétaire, le risque de la violence médiatique prédomine.

DOC 11 : DENONCER LA TELEVISION, NIER LE MALAISE SOCIAL

Un débat sur la présence d'images violentes sur les écrans n'est pas injustifié. La multiplication des chaînes a ouvert un formidable débouché pour Hollywood, principal exportateur d'une vision violente de la société. La fiction produite dans ses studios compose près de la moitié de la fiction diffusée sur les chaînes françaises ; sur celles-ci, on remarque que 80 % des oeuvres comportant des séquences traumatisantes proviennent des Etats-Unis. Le cinéma hollywoodien - qui contamine les séries américaines de télévision, et même le cinéma français - promeut un type de violence gratuite, extrême, apocalyptique, une violence sans objet autre qu'elle-même, qui, contrairement aux scénarios classiques des westerns ou des policiers, n'est pas nécessairement fondée sur le conflit entre adversaires.
Dans le domaine de l'information, l'évolution va dans le même sens. La concurrence entre les chaînes incite à une surenchère d'images « fortes » pendant les journaux télévisés : entre voyeurisme et liberté d'informer, la ligne n'est pas toujours clairement définie.
Cependant, un pas est franchi lorsqu'on impute la criminalité des jeunes à ce développement de la violence à l'écran. Certes, la télévision valorise des modèles de comportement, véhicule des modes, instille des messages et une façon de se représenter le monde ; elle peut donc fournir une légitimité, une source d'inspiration. Il ne s'agit pas de plaider son innocuité. Mais il existe une différence entre imiter Bruce Willis dans une cour de récréation et pratiquer le racket, entre singer une attitude machiste et commettre un viol.

Transgresser la loi suppose un substrat social ou psychologique qui en ouvre la voie. Désigner la télévision comme l'instrument de la délinquance revient à nier le déchirement du tissu social que provoque la crise, les frustrations et les révoltes qu'elle engendre chez les jeunes, le sentiment de menace qui pèse dans certains quartiers, et qui pousse à la détention d'armes. Pourquoi ce média joue-t-il si aisément un rôle de cache-misère à une analyse critique de la société, pourquoi concentre-t-il nos hantises et nos rancœurs ?

Des discours justiciers

La télévision n'a toujours pas de légitimité sociale auprès des élites, ce qui explique sa faculté à donner prise à l'indignation et aux discours justiciers. Tout le monde regarde le petit écran, mais à des doses extrêmement variées. Ce média est le passe-temps de ceux qui disposent de beaucoup de temps, les inactifs et les retraités, et il constitue l'occupation essentielle de ceux qui, pour des motifs économiques ou culturels, n'ont pas accès à d'autres loisirs. Finalement, dans l'échelle des valeurs attribuées aux diverses pratiques de loisirs, la télévision est au plus bas...

L'idée que certains adolescents désœuvrés s'adonneraient à des overdoses de séries policières ou de jeux vidéo violents est une antienne du discours sur les banlieues. Mais, d'une part les statistiques audio-métriques ne permettent pas de le vérifier parce qu'elles ne cernent pas de micro-espaces, et d'autre part il est difficile de mettre cette pratique en relation avec certaines formes de délinquance.

Le discours sur la violence à la télévision est souvent tenu par des « autorités » qui n'ont qu'une connaissance confuse des programmes. Une lecture dépassionnée des grilles signale que le menu quotidien est composé de jeux, émissions de plateau et fictions plutôt gentillets, illustrant cette tonalité débonnaire, complice et consensuelle qui fait le succès de ce média. Une démarche critique pourrait tout autant s'attarder sur le creux des propos, la vulgarité ou la bêtise que sur la violence qui, de fait, ne concerne que quelques émissions. Mais peut-on incriminer l'abêtissement comme facteur de criminalité?

Reste la séduction d'un discours, en dépit de son simplisme, ou plutôt grâce à lui. La télévision, objet de consommation de masse, fournit une proie aux divagations sur la société, car on peut facilement lui imputer une responsabilité d'ordre général. Mal aimée et mal connue, elle est ainsi apte à servir de bouc-émissaire au mal-être des jeunes.

DOC 12 : UN DEPLACEMENT DU DEBAT

Il est nécessaire de préciser quels sont les effets en jeu dans la violence médiatique. Pour commencer, la violence à la télévision peut agir sur le comportement des individus et les inciter à être agressifs ou, au contraire, à se protéger. Elle peut également influencer leurs émotions (provoquer un choc, susciter du dégoût ou un sentiment d'excitation). Enfin, elle peut avoir un effet idéologique ou modifier leurs réactions, les encourageant à croire qu'ils ont plus de risques d'être agressés par certaines personnes ou dans certaines situations, et que, de fait, des lois ou une politique sociale ciblées sont indispensables au maintien de l'ordre. Ces différents « effets » se conjuguent parfois, une émotion pouvant, par exemple, conditionner un comportement donné, mais leurs influences sont diverses et complexes. La question de savoir si l'un ou l'autre de ces effets est, en définitive, bénéfique ou néfaste, l'est d'ailleurs tout autant puisque la réponse dépend du critère initialement retenu.

Je me suis récemment consacré à l'étude de l'impact « émotionnel » qu'a la télévision sur les enfants. Il est, au moins en ce domaine, évident que ce média a parfois une influence considérable et que le jeune public regarde le petit écran dans le but même d'éprouver certaines sensations. La télévision peut donner naissance à des réactions « négatives », telles l'angoisse, la peur et la tristesse. Elle peut tout aussi bien engendrer des réactions « positives » comme la distraction, l'excitation ou le plaisir. Mais, de toute évidence, les deux aspects - négatif et positif - sont généralement mêlés.

Cela étant, il n'est pas facile de dire si ces réactions doivent être considérées comme bénéfiques ou néfastes. En effet, il arrive que certaines d'entre elles, perçues comme « négatives », aient des conséquences « positives », en terme d'apprentissage notamment. S'il est vrai que les enfants, et les adultes, sont parfois très affectés par la diffusion aux informations télévisées des images d'une catastrophe ou d'un conflit social, beaucoup affirment la nécessité d'informer les citoyens. Cet argument a d'ailleurs été avancé par les enfants eux-mêmes. La peur d'un meurtre, peur que l'on pense parfois induite par les reportages, est susceptible de donner une envie irrationnelle à certains de se couper du monde extérieur. Cela étant, elle peut tout autant servir à prévenir la criminalité. Ainsi, les fictions destinées aux enfants ont de tout temps joué sur les réactions négatives, telles la peur et la tristesse, selon l'argument qu'un enfant confronté à certaines émotions par le biais d'une fiction serait par la suite plus à même les surmonter dans la vraie vie. Il est donc difficile de ranger les effets «émotionnels » du petit écran dans des catégories strictement qualifiées de positive ou négative.

Cela étant, ce que les enfants perçoivent comme pénible (et plus encore comme violent) varie considérablement d'un individu à l'autre. (...)

Comme je l'ai laissé entendre, le débat sur les enfants et la violence dans les médias porte sur tout autre chose, notamment sur des considérations sans rapport, ou presque, avec les médias. Il met en jeu des principes moraux profondément ancrés et des convictions politiques, il trouve ses origines dans l'expérience qu'à l'homme des bouleversements sociaux ainsi que dans son incertitude de l'avenir. Le problème de la « violence » est un substitut à des angoisses très variées, mais pourtant fondamentales, que sont le déclin de la famille et de la religion, l'évolution de la littérature et de la culture contemporaines, les défaillances du capitalisme...

DOC 13 : VIOLENCE TELEVISEE ET RISQUES DE DELINQUANCE ULTERIEURE

Pour déterminer si le temps passé devant la télévision au cours de l'adolescence et à l'âge adulte représente un facteur d'agressivité, il convient d'évaluer périodiquement l'assiduité télévisuelle et les manifestations agressives, à l'adolescence et à l'âge adulte, de même que les caractéristiques personnelles et environnementales qui pourraient soustendre cette association, sur la base d'un vaste échantillonnage, représentatif, d'une population locale. Nous rapportons ici les conclusions d'une enquête longitudinale locale sur des enfants au sein d'une communauté (Children in the Community Study).

L'enquête portait sur 707 familles comportant un enfant âgé de un à dix ans (de sexe masculin à 51 %), choisies au hasard dans deux comtés du nord de l'État de New York. Elle permit de rassembler des données sur le comportement télévisuel des jeunes en 1991-93 et des manifestations agressives commises en 2000. Des entretiens furent conduits en 1975, 1983, 1985-86, 1991-93 Les jeunes retenus pour l'enquête, sélectionnés au hasard sur des critères d'âge, répondirent à des questionnaires évaluant une vaste gamme d'actes agressifs qu'ils avaient commis en 2000, d'après des données recueillies auprès de l'État de New York et du FBI qui fournirent des dossiers sur les arrestations et les plaintes concernant des violences commises. Du point de vue de leur statut socio-économique et de la plupart des variables démographiques, les familles participantes étaient généralement représentatives des ménages du nord-est des États-Unis et de la région, avec une forte proportion de catholiques (54 %) et de Blancs (91 %).

L'âge moyen des jeunes sondés était de 5,8 en 1975, 13,8 en 1983, 16,2 en 1985-86, 22,1 en 1991-93 et 30 ans en 2000. Les jeunes et leurs mères furent soumis à des entretiens séparés par des sondeurs non-professionnels, nantis d'une solide formation et sérieusement encadrés, chacun d'eux ignorant les réponses de l'autre partie. Si les réponses des deux séries d'interviewés sur les comportements télévisuels différaient, la fréquence la plus élevée était retenue. (...)

Le Programme d'entretiens en vue d'un diagnostic (Diagnostic Schedule for Children - DISC) fut administré aux enfants et aux parents pour évaluer les désordres psychiatriques et les comportements criminels ou agressifs de la génération étudiée en 1983 et 1985-86. (...) Mères et enfant furent interrogés en 1983 et 1985-86, le recours à de multiples interlocuteurs étant de nature à accroître la fiabilité et la validité des diagnostics psychiatriques. La présence d'actes d'agressivité et de symptômes psychiatriques était attestée dès lors qu'elle était rapportée par l'un ou l'autre des interviewés. (...)

L'enquête définissait comme économiquement faibles les familles dont le revenu moyen était inférieur au seuil de pauvreté américain. Le niveau d'instruction des parents était qualifié de bas lorsque aucun des deux n'avait fréquenté le lycée. (...)
L'indifférence parentale, l'insécurité des quartiers, la faiblesse du revenu familial, le faible niveau d'instruction des parents et les troubles psychiatriques entretenaient un rapport étroit avec le temps passé devant la télévision à l'âge moyen de 14 ans et avec un comportement agressif rapporté à l'âge moyen de 16 ou 22 ans. À l'âge moyen de 14 ans, les critères d'âge et de sexe étaient fortement associés aux manifestations agressives, mais non au comportement télévisuel.
Après un contrôle statistique des co-variables les plus sensibles à l'assiduité télévisuelle et aux manifestations d'agressivité, l'enquête établit un lien tangible entre le comportement télévisuel au début de l'adolescence et l'apparition d'actes agressifs, plus tard, à l'encontre d'autres personnes. (...)
Les résultats indiquent que les adolescents et les jeunes adultes qui passent de longues heures devant la télévision sont plus susceptibles de commettre des actes agressifs à l'encontre d'une tierce personne. (...)
On a donc pu établir un lien entre le temps passé devant la télévision, qui va de moins d'une heure à trois heures ou plus et une agression ultérieure, avec ou sans précédent de comportement agressif. Cependant, s'il se peut que les individus agressifs passent plus de temps à regarder la télévision que les autres, cette tendance n'explique apparemment pas la prépondérance de l'association entre assiduité télévisuelle et comportement agressif.

ANALYSE DU SOMMAIRE

- Textes par ordre chronologique (de 1951 à 2002).
- Textes français ou anglo-saxons (majorité).

DOC 8, DOC 9 : statistiques sur la violence à la télévision américaine, définition.

DOC 1 : choix des programmes par les enfants.

DOC 5, DOC 6 : décodage de la violence, perception de la réalité.

DOC 10, DOC 2 : effets sur les enfants : risques, addiction, identification.

DOC 3, DOC 4, DOC 13 : impact sur le comportement, délinquance juvénile et ultérieure.

DOC 7, DOC 11, DOC 12 : croisade idéologique contre la violence, déplacement du débat, dénoncer la télévision — nier le malaise social.

Violence télévisée : constatation, choix par les enfants.

Effets : perception, risques, délinquance.

Croisade : idéologie, déplacement.

PRISE DE NOTES

DOC 1

p. 3

Frustrés à l'égard des valeurs parentales, les enfants (surtout jeunes) n'appartenant pas à un groupe de pairs apprécient plus que les autres les programmes d'action et de violence. Plus tard, ce goût demeure plus marqué chez ceux qui ne sont pas membres d'un groupe mais considèrent leurs pairs comme référence.

p. 4

Ce sont les plus frustrés en matière de relations avec leurs pairs et leurs parents. Les non-membres voient dans ces programmes un monde imaginaire, les autres jugent les médias selon un critère d'utilité sociale.

DOC 2

p. 4

La TV, en habituant l'enfant à une forte excitation, peut créer une dépendance. Si l'expérience de la violence par procuration semble diminuer le besoin d'agressivité réelle, elle peut augmenter la probabilité d'un futur comportement violent.

p. 5

Les médias peuvent créer des habitudes de démotivation en habituant à une satisfaction immédiate. La satisfaction par procuration peut retarder le développement de la responsabilité sociale et rendre enclin à l'identification. Comme elle empiète sur le temps de jeu la télévision peut engendrer des déficits sociaux. Ainsi, paradoxalement, elle élargit le vocabulaire reconnu mais n'apprend pas à l'utiliser.

DOC 3

p. 5

La délinquance juvénile trouve sa source dans un environnement familial perturbé.

p. 6

Le petit écran ne fait qu'alimenter des pulsions déjà existantes, comme le ferait tout autre média de fiction.

DOC 4

p. 6

Pas d'effet direct ni autonome des scènes de violence sur le comportement des jeunes spectateurs. La violence imaginaire peut pacifier le comportement ou induire un comportement mimétique par participation ou par l'information transmise.

p. 7

L'identification conduit le spectateur à imiter, la projection lui permet de vivre par délégation. La projection concerne plutôt la violence et l'identification le bonheur. L'admiration pour le héros ne devient imitation que dans le cas d'un déséquilibre mental né de la vie du spectateur. L'imitation identificatrice peut se limiter, par exemple, à l'habillement.

DOC 5

p. 7

Les enfants ont leur propre interprétation de la violence télévisuelle, qui fait partie d'une structure complexe de significations.

p. 8

Le facteur réalité (perception du lien entre TV et réalité) varie selon les individus (âge, conditions sociales). Les significations apprises à la télévision acquièrent par les conversations statut social et effet. Les interprétations sont influencées par les formes idéologiques dominantes. La famille discute et détermine les significations de ces contenus. L'école devrait travailler à cette compréhension.

DOC 6

p. 8

On a peur des effets négatifs de la télévision. Les psychologues ont eu tendance à considérer sans preuves concluantes que ce qui est perçu comme « réaliste » serait plus susceptible d'influencer que ce qui est perçu comme « imaginaire ». Mais notre sens de la réalité n'est pas figé.

p. 9

Des perceptions que nous considérons comme irréalistes (par exemple les stéréotypes) peuvent jouer un rôle dans notre perception du monde social.

DOC 7

p. 9 & 10

La croisade idéologique contre la violence dans les médias aux États-Unis permet aux politiciens de se donner bonne conscience tout en évitant de s'occuper des véritables problèmes sociaux générateurs de violence (pauvreté, armes à feu).

DOC 8

p. 10

Sur les chaînes américaines, en moyenne hebdomadaire : 150 actes de violence, une quinzaine de meurtres diffusés aux heures de grande écoute. 31 % des personnages et 52 % des héros sont impliqués dans des actes violents.

DOC 9

p. 10

Définition de la violence pour obtenir ces indices. (projet « Indicateurs culturels »)

p. 11

Violence = Expression ouverte de la force physique obligeant à l'action contre son gré par peur d'être blessé ou tué comme partie intégrante de l'intrigue, ou fait de blesser ou de tuer. Inclut aussi la violence accidentelle et naturelle mais pas la violence verbale ou argumentative plus difficile à coder.

DOC 10

p. 11

Étude mondiale de l'UNESCO sur la violence dans les médias faite sur 5 000 élèves dans 23 pays du monde entier. Pour les écoliers, la télévision est la plus importante source d'information et de distraction : ils y consacrent au moins 50 % de temps en plus qu'à toute autre activité extra-scolaire. Facteur de socialisation. Les garçons sont fascinés par les héros agressifs comme Terminator, s'en servent comme modèles face à des situations difficiles.

p. 12

La violence médiatique est universelle. Elle « compense » les frustrations dans les régions à problèmes et procure des « sensations » à ceux dont l'environnement est moins difficile.

Problème : omniprésence (5 à 10 actes d'agression par heure) contribuant au développement d'une culture mondiale de l'agression (apparaît plus systématiquement normale et rémunératrice que d'autres façons d'affronter la vie).

DOC 11

p. 12

Sur les chaînes françaises, 80 % des programmes à séquences traumatisantes viennent des États-Unis. Type hollywoodien de violence gratuite et extrême, relayée par les images « fortes » des journaux télévisés.

p. 13

Pourquoi la télévision sert-elle si aisément de cache-misère à une analyse critique de la société ? Au plus bas de l'échelle des loisirs, le média de masse sert facilement de bouc émissaire au mal-être des jeunes.

DOC 12

p. 13

Les enfants regardent la télévision pour éprouver des sensations dont il est difficile de dire si sont bénéfiques ou néfastes.

p. 14

Rôle d'apprentissage de la peur et la tristesse. Mais le débat sur les enfants et la violence télévisée porte sur tout autre chose : substitut à angoisses sur l'évolution de la culture et de la société contemporaines.

DOC 13

p. 14

Children in the Community Study.

p. 15

Les adolescents et jeunes adultes qui passent de longues heures devant la télévision sont plus susceptibles de commettre des actes agressifs à l'encontre d'un tiers.

CORRIGÉ PASSERELLE 2004

Quand on voit le temps passé par les enfants devant la télévision et le nombre de programmes violents, il y a de quoi prendre peur. Faut-il pour autant y voir la source de la délinquance juvénile ?

I) Les enfants face à la violence télévisuelle

A. *Omniprésence de la violence à la télévision*. En moyenne, en 1995, 150 actes de violence et une quinzaine de meurtres étaient diffusés à la télévision américaine aux heures de grande écoute, 52 % des personnages principaux des fictions étant impliqués dans des actes violents (D8). Ces chiffres prennent en compte la violence physique (même accidentelle), mais pas verbale ou psychologique (D9). Largement diffusés dans le monde, les produits d'Hollywood promeuvent un type de violence extrême et gratuite, qui apparaît même dans les journaux télévisés qui rivalisent d'images « choc » (D11).

B. *Forte audience auprès des enfants*. Pour les écoliers, la télévision est la plus puissante source d'information et de distraction (ils lui consacrent 50 % de temps de plus qu'à toute autre activité extrascolaire), un facteur capital de socialisation dans le monde entier, en zones rurales comme urbaines (D10).

C. *Qu'en retirent-ils ?* La télévision compense les frustrations dans les régions à problèmes et fait éprouver des sensations fortes aux enfants grandissant dans un environnement moins difficile (D10). En règle générale, si les enfants regardent la télévision, c'est pour éprouver des sensations dont il est difficile de dire si elles sont néfastes ou bénéfiques : les programmes tristes ou effrayants peuvent les éduquer aux difficultés de la vie (D12). Ceux qui aiment le plus les programmes violents sont les enfants n'appartenant pas à un groupe d'amis de leur âge, mais prenant néanmoins leurs pairs comme référence : ils voient dans ces images un monde imaginaire où s'évader (D1).

II) Les risques

A. *Le réel et l'imaginaire*. Les enfants ont leur propre interprétation de la violence télévisuelle, inscrite dans une structure complexe de significations. Le lien entre télévision et réalité est perçu de façon variable suivant l'âge et les conditions sociales. Il ne faut d'ailleurs pas croire que ce qui est perçu comme « réaliste » soit plus susceptible d'influencer les comportements que ce qui est perçu comme « imaginaire ». Les conversations, l'idéologie dominante, la famille déterminent la signification attribuée par les enfants aux programmes télévisés (D5, 6).

B. *Addiction, identification*. La télévision, en habituant l'enfant à une forte excitation, peut créer une dépendance, elle peut aussi créer des habitudes d'identification et de satisfaction immédiate par procuration, entraînant un retard dans l'apprentissage de la responsabilité sociale. Sans compter qu'elle empiète sur le temps de jeu, ce qui peut engendrer des déficits sociaux (D2).

C. *La criminalité*. Les garçons sont fascinés par des héros agressifs comme Teminator, dont ils se font des modèles face à des situations difficiles (D10).

Si l'expérience de la violence par procuration semble diminuer à court terme le besoin d'agressivité réelle, elle peut augmenter la probabilité d'un futur comportement violent (D2). L'omniprésence de la violence dans les médias contribue au développement d'une culture mondiale de l'agression, d'autant plus que cette dernière apparaît normale et plus systématiquement rémunératrice que d'autres façons d'affronter la vie (D10). *La Children on the Community Study* réalisée aux États-Unis en 2000 établit que les adolescents et jeunes adultes qui passent de longues heures devant la télévision sont plus susceptibles de commettre des actes agressifs à l'encontre d'un tiers (D13).

III) L'essentiel n'est pas là !

A. *Pas d'effets directs.* Les scènes de violence n'ont pas d'effet direct ni autonome sur le comportement des jeunes spectateurs. Elles peuvent tantôt pacifier le comportement (par projection), tantôt induire un comportement mimétique par identification ou par l'information qu'elles transmettent. L'admiration pour le héros ne se mue en imitation que dans le cas d'un déséquilibre mental — elle peut d'ailleurs rester superficielle, par exemple cantonnée à l'habillement (D4). La délinquance juvénile trouve sa source dans un environnement familial perturbé. Le petit écran ne fait qu'alimenter des pulsions déjà existantes, comme le ferait tout autre média de fiction (D3).

B. *Un débat cache-misère*. En fait, le débat sur les enfants et la violence dans les médias vient traduire des angoisses diverses concernant l'évolution de la culture et de la société contemporaines (D12). Ainsi, dans les États-Unis des années 1990, la croisade idéologique contre la violence dans les médias permet aux politiciens de se donner bonne conscience tout en évitant de s'occuper des véritables problèmes sociaux générateurs de violence, tels que la pauvreté et la prolifération des armes à feu (D7). En France aussi, la télévision sert aisément de cache-misère à une analyse critique de la société. Média de masse déconsidéré, on peut facilement lui imputer une responsabilité d'ordre général : elle est toute désignée pour servir de bouc émissaire au mal-être de la jeunesse (D11).

Si c'est plutôt le ton débonnaire de la télévision qui fait sa popularité, on ne peut nier que la violence y soit largement présente ; banalisée, elle peut inspirer des comportements agressifs. Mais halte au feu : avant d'accuser les images, il faut commencer par regarder en face la crise sociale.

3

EDHEC

MÉTHODOLOGIE

L'épreuve qui peut vous permettre d'intégrer l'école lilloise tient à la fois de la synthèse TREMPLIN et de la synthèse PASSERELLE.

Comme pour PASSERELLE, vous avez devant vous un dossier d'une vingtaine de pages assorti d'un sommaire. Toutefois, à la différence de PASSERELLE, le titre du dossier ne vous est pas donné ; le sommaire est légèrement moins détaillé et les documents vous sont généralement donnés bruts, avec leur mise en page d'origine. Il s'agit le plus souvent d'articles de presse, mais ce n'est pas toujours le cas : en 1993 par exemple, le dossier était composé de quatre longs textes d'auteurs connus.

Comme pour TREMPLIN, la difficulté est de produire une synthèse en un nombre limité de mots.

Gestion du temps

Curieux, étonnant même, l'école la plus prestigieuse propose une synthèse de documents en 450 mots plus ou moins 10 %, c'est-à-dire de 405 à 495 mots, qui n'est en rien une course contre la montre : vous avez 4 heures devant vous.

Mais il ne faut rien exagérer, vous n'avez pas non plus le temps de rêvasser.

- 10 à 15 minutes pour lire les consignes, bien comprendre ce qu'on vous demande, et analyser le sommaire, s'il y en a un… Sinon feuilleter l'ensemble des documents en étant attentif aux titres, sous-titres et sources.

  Ce petit travail vous permettra d'avoir une idée sur le thème commun aux différents textes proposés.
- 1 h 40 à 1 h 50 : Prise de notes.
- 15 à 20 minutes : plan et structure.
- 1 h à 1 h 10 : brouillon et réécriture avec ses retouches. Comptez vos mots.
- 25 à 30 minutes : mise au propre.
- 10 minutes : vous relire attentivement.

Prise de notes (cf. p. 115 et 116)

Prenez une feuille de brouillon horizontalement et partagez-la en quatre ou cinq colonnes pour pouvoir la relire plus vite. Pour chaque texte notez, au fil de votre lecture, les idées principales, en abrégé et sans chercher à rédiger à ce stade. Le plus simple est de recopier des phrases ou groupes de mots des textes que vous n'aurez plus qu'à « copier-coller » quand la phase de rédaction sera venue. Notez bien (pour vous y retrouver) le numéro de chaque texte et faites un paragraphe par idée. Attention, en règle générale, le dossier n'est pas paginé : il peut être bon d'ajouter vous-même les numéros de page et de textes (certains couvrent plusieurs pages).

Le résultat final de votre prise de notes doit couvrir deux à trois pages, qui doivent vous suffire à rédiger votre synthèse sans vous référer à nouveau au dossier.

La synthèse

Utilisez un code de couleurs pour repérer, sur votre feuille de notes, les idées proches. Si deux idées vous semblent faire double emploi, vous pouvez d'ores et déjà en rayer une.

Le plan n'a pas à être particulièrement subtil, mais cohérent et suit une progression logique. On ne vous demande même pas expressément de faire une introduction et une conclusion. Pour plus de clarté et d'équilibre rédactionnel, il peut être mieux de faire une phrase introductive et une phrase conclusive, montrant au correcteur quelle a été pour vous la problématique qui se dégageait des textes.

Les sources n'ont pas à apparaître nécessairement dans votre synthèse finale : ce sont les idées qui comptent. Toutefois, si vous vous trouvez dans le cas du dossier 1993, avec des auteurs connus (comme André Comte-Sponville), mentionnez leur nom. Il est certain que dans ce type de cas votre travail se rapproche plus de celui à réaliser pour TREMPLIN. Ainsi, si vous n'avez que trois ou quatre textes à condenser, votre synthèse sera plus équilibrée si tous les textes apparaissent dans chacune des parties de votre plan.

Profitez de l'importante plage de temps qui vous est impartie pour vous montrer particulièrement attentif aux qualités rédactionnelles de votre travail. Fuyez la lourdeur, la redondance et l'imprécision. Essayez de structurer au maximum votre synthèse par des expressions marquant la différence entre deux idées, l'induction, le changement de point de vue... Faire un effort d'écriture vous aidera à y voir plus clair vous-même !

Compter les mots

On retrouve ici la petite difficulté de l'épreuve TREMPLIN : le nombre de mots est strictement limité, tout débordement (en plus ou en moins) des limites fixées étant sanctionné par le correcteur.

Pour cette raison, n'allez pas croire que vous avez le temps de somnoler ! Une fois la première mouture de votre synthèse achevée, il va falloir vérifier qu'elle n'est pas trop courte ou trop longue, ce qui peut entraîner une réécriture partielle sinon une refonte totale. Vous êtes déjà un peu avancé si vous avez pu voir, en cours de rédaction, si vous cadriez à peu près dans la longueur prévue — par exemple, si vous écrivez en moyenne 10 mots par ligne, votre synthèse devrait faire environ 45 lignes, soit à peu près deux pages de brouillon.

Les principes du comptage des mots sont les mêmes que pour TREMPLIN :

- Gratte-ciel = 2 mots
  4,2 millions = 2 mots
  jusqu'à = 2 mots
- Pour aller plus vite, faites une barre au crayon tous les 50 mots.
- Même si les consignes ne le précisent pas, il va de soi que vous devez indiquer le nombre de mots en fin de copie.
- Changez plutôt l'expression que les idées.

GROUPE edhec

CONCOURS D'ADMISSION SUR TITRES EN 1ERE ANNEE

12 MAI 1993

EPREUVE DE SYNTHESE DE TEXTES

Durée de l'épreuve : 4 heures
Coefficient : 4/12

Vous réaliserez une note de synthèse sur la problématique dont les éléments sont fournis par les textes joints.
Vous en dégagerez le thème que vous annoncerez en début de copie.

Votre travail tiendra en 450 mots (tolérance + ou - 10 %).

Une synthèse doit être concise, objective et ordonnée. Aucune appréciation personnelle ne sera tolérée.

Aucun document, autre que les textes joints, n'est autorisé.

La qualité d'expression, le soin et l'orthographe seront pris en compte dans l'évaluation.

Descriptif des textes

"Le Capitalisme est-il moral ?"	Pages 2 à 7
"Capitalisme contre capitalisme"	Pages 8 à 12
"Il n'y a pas un "bon" et un "mauvais" capitalisme"	Pages 13 & 14
"Centesimus annus"	Pages 15 & 16

Inscrivez l'intitulé de l'épreuve en tête de copie, EN LETTRES CAPITALES.

N'oubliez pas de compléter et coller le coin droit de la copie, et de reporter votre numéro de candidat dans la case prévue à cet effet : "N° de candidat à reporter lisiblement par le candidat".

Tout manquement à ces consignes peut entrainer la non correction de votre copie.

"Le Capitalisme est-il moral ?"

André COMTE-SPONVILLE

L'Expansion, 9/22 Janvier 1992

La déconfiture du socialisme marxiste est évidemment l'un des événements majeurs de cette fin de siècle : un monde s'écroule, et l'on en conclut que l'autre – qu'on appelait le monde libre – a triomphé. C'est peut-être aller un peu vite en besogne. Rien n'interdit que deux systèmes concurrents échouent l'un et l'autre, et l'on n'a jamais vu qu'une civilisation, même invaincue, soit immortelle.

Au reste, à quoi bon vaincre, si l'on ne sait pour quoi vivre? Et à quoi bon lutter, si l'on n'a plus d'adversaires? La défaite du communisme accroît, plutôt qu'elle ne le soulage, le malaise du monde libéral : combattant ce qui lui semblait un mal absolu (le collectivisme, le totalitarisme...), l'Occident pouvait trouver là comme une raison d'être, et la preuve, faute de mieux, de sa propre vertu. Voilà le capitalisme sans ennemis, et partant sans justifications. Son triomphe n'a d'égale que sa déréliction, et le soupçon naît qu'il ait vaincu « pour rien ». Lendemains de fêtes... Que l'Occident était beau, sous Brejnev! Le voilà seul, avec ses millions de chômeurs, et ces milliards d'affamés, tout autour, qui ne sont même pas une menace. Economiquement, militairement, l'Occident n'a jamais été aussi fort. Mais à quoi bon la force quand on n'a plus la foi? Le capitalisme est nu : il a triomphé du communisme, mais qui le sauvera de lui-même?

Un tel bouleversement géopolitique remet au premier plan – après le heurt des systèmes et des idéologies – la concurrence des économies (la montée en puissance de l'Asie) et la juxtaposition, ou l'interpénétration, des civilisations. L'Occident a-t-il encore quelque chose à proposer au monde? Croit-il assez à ses propres valeurs pour les défendre? Ou bien, incapable lui-même de les respecter, ne sait-il plus que consommer et faire du « business » en attendant la mort?

L'Occident chrétien a vécu : la religion a cessé de faire un monde, et Dieu n'est plus – quand il est encore quelque chose – qu'une croyance privée. Si la religion est ce qui relie, l'Occident n'en a plus, et le voici peut-être voué, comme dirait Michel Serres, à la « négligence » (l'absence de lien) généralisée... Dieu est socialement mort. Les églises se vident, et l'on ne sait plus remplir, le dimanche matin, que les supermarchés. Comment croire que ceux-ci remplacent celles-là? Une société peut sans doute vivre sans Dieu, mais pas sans liens spirituels : pas sans culture, pas sans valeurs, pas sans idéaux. De là peut-être le retour de la morale, comme on dit. Dieu ne répond plus (ou la société ne sait plus l'entendre), ni aucune des divinités de remplacement que le XIXe siècle nous avait léguées : la science échoue à dire le bien, et l'histoire à faire sens. Exit le scientisme, exit le messianisme... Il n'y a plus que le réel, et le réel ne juge pas. Il faut donc autre chose. Quoi? Des valeurs, des principes, des commandements : une morale. La vérité ne répond plus, ni personne à notre place. A nous de le faire, si nous voulons rester au moins fidèles à ceux qui nous ont faits. La fidélité, c'est ce qui reste de la foi quand on l'a perdue : nous avons d'autant plus besoin de morale que nous avons moins de religion.

Mais quelle morale? Quelles valeurs? C'est à chacun d'en décider : cependant, il ne pourra le faire qu'au nom de valeurs qui sont déjà les siennes. Cercle de la culture : cercle de l'esprit. Comment juger à partir de rien? Tout jugement de valeur présuppose les valeurs mêmes qu'il défend, et c'est en quoi l'esprit se précède toujours lui-même. Que saurions-nous de la morale, et comment pourrions-nous forger la nôtre, si nous ne l'avions d'abord reçue (fût-ce pour la transformer) de nos parents? Il s'agit de n'être pas indigne de ce que l'humanité a fait de soi, ni de ce que nos maîtres ont fait de nous.

Il n'y a donc pas de nouvelles valeurs à inventer, ou guère. Les valeurs, pour l'essentiel, sont toujours les mêmes: la loi est toujours la même. Voilà plus de deux mille ans qu'elles ont été formulées, et qu'à peu près tout ce que l'Occident compta de grands esprits s'efforce de les respecter, de les entretenir et de les transmettre. Cela doit-il s'arrêter avec nous? Je ne peux parler que pour mon propre compte : les valeurs de Montaigne ou de Spinoza sont toujours les miennes, et c'étaient celles déjà, pour l'essentiel, de Socrate ou de Jésus-Christ. Ce n'est pas de nouvelles valeurs que nous avons besoin, mais de réinventer une fidélité aux valeurs anciennes. Du passé, ne faisons pas table rase : il ne s'agit pas d'abolir, mais plutôt d'accomplir.

Donc, une morale – et c'est sur quoi, aujourd'hui, presque tout le monde s'accorde. L'immoralisme des années 60-70 fait sourire : mis à part dans la vie sexuelle, qu'il a heureusement libérée, qu'a-t-il changé aux valeurs qui sont les nôtres ou à celles de la jeunesse? Ne soyons pas dupes des manières, bonnes ou mauvaises. Quoi de plus traditionnel (disons le mot : quoi de plus judéo-chrétien?), quant au fond, que la morale d'un Georges Brassens, d'un Coluche ou d'un Jean-Jacques Goldman? Et pourquoi faudrait-il s'en offusquer? On n'invente pas une nouvelle morale comme une nouvelle danse, on ne change pas de valeurs comme on change de look. D'ailleurs, la morale revient aussi dans les entreprises, à ce qu'on raconte, en costume-cravate et attaché-case, et c'est la même morale, et c'est tant mieux.

Reste à savoir, c'est où je voulais en venir, quelle est la place de la morale dans une société et, spécialement, dans une économie ou dans une entreprise. Dès lors que « la morale revient », au moins dans les discours, il est tentant de la mettre à toutes les sauces. C'est le gadget à la mode : chaque entre-prise veut avoir son éthique, et se flatte de n'en réussir que mieux. *Ethics pay*, disent les Américains : l'éthique améliore la production, l'éthique enrichit les relations humaines, l'éthique fait vendre, l'éthique est performante... Une telle convergence d'intérêts me paraît suspecte : la morale n'est guère coutumière du fait, et ce serait bien la première fois, en tout cas à cette échelle, que la vertu ferait gagner de l'argent... Peut-être est-ce là le dernier acquis de l'*american way of life*? Regardons-y de plus près.

Je ne doute pas que la morale et l'économie puissent parfois faire bon ménage : pourquoi ne pourrait-on s'enrichir honnêtement? Ne confondons pas trop vite, pourtant, la « moralité » et la « légalité ». Qu'on puisse s'enrichir en respectant la loi, c'est assez clair. Mais connaissez-vous beaucoup de saints milliardaires? Et comment concilier jusqu'au bout la logique du profit avec celle, pardonnez-moi, de la justice ou de la charité? « Dans nos entreprises, me dit un jour un patron, il y a plus d'amour que vous ne croyez! » J'en suis fort aise, mais quel amour? Amour de soi, ou amour de l'autre? Amour de concupiscence, comme dirait saint Thomas (aimer l'autre pour son bien à soi), ou amour de bienveillance (aimer l'autre pour son bien à lui)? Ne réduisons pas trop facilement l'amour à la gestion efficace des narcissismes – ni l'éthique au management!

Bref, une fois qu'on a compris qu'on ne pouvait se passer de morale, la tentation est de la mettre partout. C'est un fait d'époque, et il n'est pas sans signification. La chose est surtout spectaculaire pour quelqu'un de ma génération. Il y a vingt ans, nous faisions profession d'immoralisme : la politique suffisait à tout (c'est ce qu'on peut appeler l'idéologie du tout-politique), et une bonne politique nous paraissait la seule morale acceptable. Les jeunes d'aujourd'hui, semble-t-il, feraient plutôt l'erreur inverse, et au fond c'est ce qu'on a appelé la génération morale : tout est moral, pour eux, et une bonne morale est la seule politique nécessaire. Contre la misère? Les Restaurants du cœur. Pour résoudre les problèmes de l'immigration? L'antiracisme. Pour la paix du monde? Les actions humanitaires. Qu'il y ait là beaucoup de générosité, je n'en doute pas. Mais où a-t-on vu que la générosité faisait une politique? Toujours est-il qu'on est passé, en l'espace de vingt ans, du tout-politique au tout-moral, et que c'était rater, dans les deux cas, ce que ces deux ordres ont de spécifique et d'irréductible l'un à l'autre. Deux générations, deux erreurs...

Mais revenons à l'économie. Qu'elle puisse s'accorder avec la morale, disais-je, c'est peut-être le plus fréquent. Le problème n'est toutefois vraiment intéressant – et même vraiment moral – que quand ce n'est pas le cas. Qu'une bonne éthique puisse être un facteur de qualité, donc un argument de marketing, cela paraît vraisemblable. Mais il s'agit alors de marketing, non d'éthique! La morale est désintéressée, c'est même à cela qu'elle se reconnaît. Le commerçant qui n'est honnête que pour garder ses clients, explique Kant, quand bien même il agit en tout « conformément » à la morale, n'agit pas pour cela « moralement ». Qu'il soit de l'intérêt de l'entreprise d'avoir une éthique, je veux bien le croire; mais que ce soit son intérêt interdit de considérer cette éthique comme une morale. Un art de vivre? Soyons sérieux : tout au plus un art de travailler, de diriger, de gérer... Le mot de « management » est maintenant disponible, même en français, pour dire ces choses : pourquoi prendre celui d'éthique, qui, dans ce registre, ne peut apporter qu'illusions et confusions?

Au fond, il s'agit de ne pas tout confondre, et pour cela, avant tout, de distinguer des ordres différents. C'est la grande leçon de Pascal : « Le cœur a son ordre, l'esprit a le sien, qui est par principe et démonstration... On ne prouve pas qu'on doit être aimé en exposant d'ordre les causes de l'amour; cela serait ridicule. » Le ridicule, c'est de confondre des ordres différents. Et c'est aussi ce que Pascal appelle la tyrannie : « La tyrannie consiste au désir de domination, universel et hors de son ordre. » On voit que la tyrannie c'est le ridicule au pouvoir, comme le ridicule est une tyrannie virtuelle ou déchue. Mais chaque époque a ses ridicules, chaque époque ses tyrans. Quels sont les ordres, aujourd'hui, qu'il importe surtout de disjoindre?

Le premier d'entre eux, le plus évident, c'est l'« ordre techno-scientifique». Je l'ai appelé ainsi à force de travailler avec des médecins et de réfléchir avec eux aux problèmes dits de bioéthique. Que la biologie n'ait pas de morale, voilà qui m'a toujours paru clair, et c'est bien pourquoi la notion même de bioéthique, si on voulait la prendre au pied de la lettre, serait le type même du ridicule. Mais cet ordre va bien au-delà. Si l'on y inclut, comme il convient, les techniques de production, de vente et de gestion ainsi que les sciences humaines (parmi lesquelles l'économie), on constate aussitôt que cet ordre regroupe en fait la totalité du monde social, considéré dans son objectivité et dans sa rationalité immanentes. On pourrait aussi l'appeler l'ordre horizontal, en ceci qu'il est dépourvu de toute normativité ou transcendance. « En logique, disait Carnap, il n'y a pas de morale. » Et il n'y en a pas davantage en biologie ou en économie. On dira qu'un logicien ne doit pas truquer ses démlonstrations; sans doute, mais cette proposition n'est pas susceptible d'une démonstration logique. Qu'un économiste ou un biologiste ne sauraient se passer d'éthique; certes, mais pour des raisons qui ne tiennent ni à la biologie ni à l'économie. A le considérer en lui-même, cet ordre techno-scientifique est donc sans morale : c'est l'ordre des faits, et tous les faits sont au même niveau. Au fond, c'est l'ordre que décrit adéquatement le « gros livre » qu'imagina Ludwig Wittgenstein, qui contiendrait toutes les propositions vraies, mais dans lequel, expliquait-il, on ne saurait trouver aucun jugement de valeur absolu : « Il y aura là seulement des faits, des faits – des faits, mais non de l'éthique. » (1)

Cet ordre est structuré pour nous, d'un point de vue théorique, par l'opposition du vrai et du faux, et, d'un point de vue pratique, par l'opposition du possible et de l'impossible. Scientifiquement, il y a ce qui peut être vrai et ce qui ne le peut pas; techniquement, ce qui est possible et ce qui ne l'est pas. Ces frontières, bien sûr, se déplacent historiquement : telle théorie qu'on croyait vraie est infirmée par l'expérience, et ce qui est impossible aujourd'hui sera possible demain. C'est pourquoi cet ordre techno-scientifique, s'il est bien structuré, en son intérieur, est incapable de se limiter lui-même : il n'y a aucune raison scientifique d'arrêter le progrès des sciences, aucune raison technique de limiter les techniques. Si bien que, si on laisse cet ordre à sa seule spontanéité interne, chacun devine ce qu'il adviendra : on en saura de plus en plus, et c'est tant mieux, mais surtout, et c'est plus inquiétant, « tout ce qui est techniquement possible sera fait ». On sait les problèmes que cela pose aux biologistes, et à nous tous. Mais n'en va-t-il pas de même dans l'économique? Il n'y a aucune raison économique de limiter le jeu des mécanismes économiques : qu'est-ce d'autre que le marché, et la loi du marché? Mais qui peut croire que cela suffise à faire un monde – du moins un monde qui soit humain? Le travail des enfants, au XIXe siècle, était aussi soumis à la loi du marché : fallait-il s'y résigner?

Si l'on refuse d'abandonner cet ordre à son développement indéfini et sauvage (inhumain), il faut donc le contrôler, ce qui ne peut se faire (puisqu'il est incapable de se limiter lui-même) que « de l'extérieur ». Qu'est-ce qui va venir, de l'extérieur, limiter l'ordre techno-scientifique? Bien sûr, un autre ordre : l'« ordre juridico-politique ». Seule la loi (pour nous : la démocratie) peut imposer une limite efficace aux manipulations génétiques ou au libre jeu de l'offre et de la demande. Cet ordre juridico-politique est structuré, en son intérieur, par l'opposition du légal et de l'illégal. Mais il est tout aussi incapable que le précédent de se limiter. A le considérer comme un ordre ultime ou autosuffisant, on risque le pire : si le peuple a tous les droits, pourquoi ne ferait-il pas des lois antijuives, de l'eugénisme ou des guerres d'extermination? De là un risque de barbarie démocratique : on ne rappellera jamais assez que Hitler est venu au pouvoir « légalement ». Puis imaginez un individu qui ne s'imposerait que ce que la loi impose, qui ne s'interdirait que ce qu'elle interdit... Aucune loi n'interdit le mensonge (sauf en certaines circonstances très particulières, par exemple commerciales), la haine, le mépris, l'égoïsme... Cet individu, tout légaliste qu'il soit, que serait-ce d'autre qu'un salaud?

Il faut donc un autre ordre, pour limiter de l'extérieur le pur jeu démocratique (dans le meilleur des cas) de l'ordre juridico-politique. Bien sûr : l'« ordre de la morale ». Cet ordre est structuré, en son intérieur, par l'opposition du devoir et de l'interdit. Strictement respecté, il permettrait sans doute d'éviter le pire. Mais qui peut croire qu'il soit suffisant? Imaginez un individu qui ne ferait que son devoir, et qui s'en contenterait. Ce ne serait pas un salaud, certes – mais n'est-ce pas ce qu'on nomme un pharisien?

Il faut donc un ordre supérieur, ce que j'appelle pour ma part l'« ordre éthique » (2) : l'ordre de l'amour. Cet ordre, à mon sens, est ultime (d'autres le soumettront à un ordre surnaturel), et le seul qui n'ait pas besoin de limites : l'amour infini n'est pas vraiment ce qui nous menace, et quand bien même cela serait, que souhaiter de mieux?

(2) Voir mon article « Ethique ou morale? », dans la « Lettre internationale », n° 28, printemps 1991.

Donc, quatre ordres : l'ordre techno-scientifique, l'ordre juridico-politique, l'ordre de la morale, l'ordre de l'amour. Les distinguer, c'est d'abord rappeler que tous les quatre sont nécessaires : aucune société humaine ne peut se passer de l'un d'entre eux. Mais c'est aussi insister sur leurs différences, et sur les risques qu'il y aurait à les confondre : risque du ridicule, risque de la tyrannie.

De ce point de vue, deux tentations doivent surtout être évitées. La première consiste à prétendre annuler un ordre, ou sa logique propre, au nom d'un ordre supérieur. C'est ce que j'appellerai l'angélisme, qui est une tyrannie du supérieur. Par exemple, prétendre annuler les contraintes techniques ou économiques au nom des exigences de la politique : angélisme juridico-politique (volontarisme : « Tout est possible, il suffit de vouloir »). Ou bien, autre exemple, prétendre annuler les exigences de la politique au nom de celles, certes plus élevées mais ici insuffisantes, de la morale : angélisme moral (la belle âme, la « génération morale », etc.). Ou bien encore : se libérer de ses devoirs au nom d'un amour prétendument universel (angélisme éthique : « Vive l'amour, à bas la morale ! »).

La seconde tentation est inverse de la première, mais non moins grave, ni moins ridicule, ni moins tyrannique. Elle consiste à soumettre ou à réduire un ordre donné à un ordre inférieur. C'est ce que j'appellerai la barbarie, qui est une tyrannie de l'inférieur. Par exemple, soumettre ou réduire la politique à la technique (barbarie technocratique : tyrannie des experts). Ou bien soumettre ou réduire la morale aux nécessités de la politique (barbarie militante ou démocratique : tyrannie des idéologies ou des sondages d'opinion). Ou encore, soumettre ou réduire l'amour au respect des devoirs (barbarie moralisatrice : tyrannie de l'ordre moral).

Toute la difficulté, comme on le conçoit, tient au fait que nous sommes tous, toujours, pris dans ces quatre ordres, et qu'ils obéissent à des logiques différentes et parfois incompatibles. La politique ne saurait, sauf à se vouer à l'échec, se réduire à la morale. « Le bien public, disait Montaigne, requiert qu'on trahisse et qu'on mente et qu'on massacre... » Mais tout n'est pas permis pour autant : « Toutes choses, disait encore Montaigne, ne sont pas loisibles à un homme de bien pour le service de son Roi ni de la cause générale et des lois. » Il est ridicule de faire de sa seule vertu un programme électoral. Mais à partir de quel moment doit-on, pour ne pas perdre son âme, accepter de perdre les élections ? C'est à chacun d'en décider : il n'y a ni règle générale ni recette absolue. C'est pourquoi la politique est tragique : les partis n'ont pas de morale, mais les militants (comme individus) doivent en avoir une.

Même chose pour l'économie. Il est ridicule de croire qu'elle suffit à tout (barbarie libérale), mais ridicule aussi de croire que la politique peut en faire ce qu'elle veut (angélisme planificateur). Economiquement, il y a ce qui est possible et ce qui ne l'est pas; mais politiquement, il y a ce qui est tolérable et ce qui ne l'est pas. Entre les deux, il reste toujours assez de jeu pour que la politique soit possible, et même des politiques différentes. Quelle politique ? A nouveau, c'est à chacun d'en décider : la majorité tranchera, en démocratie, mais rien ne prouve que la majorité ait raison... La morale garde donc ses droits et ses exigences. Les entreprises n'ont pas de morale (la légalité et le management leur suffisent), mais cela ne saurait dispenser les individus qui y travaillent d'en avoir une.

« Le cours du cacao, disait récemment un économiste réputé, est depuis longtemps très au-dessous de ce que la décence peut tolérer. » Fort bien. Mais la décence, que je sache, n'est pas une notion économique. Si on veut limiter, dans ce domaine, les effets dévastateurs et inhumains du marché, il faut donc les limiter de l'extérieur, et pour des raisons aussi bien politiques que morales. Mais à partir de quand ? Et dans quelle mesure ? A nouveau, il n'y a pas de règles générales, ni de réponses toutes faites : le peuple décide en politique, et les individus en morale. Il est naïf de croire que leur réponse sera toujours, économiquement, la plus pertinente, ou que la morale et la politique s'accorderont à chaque fois. Cette naïveté, c'est le ridicule de Pascal, et le contraire du ridicule, ici comme ailleurs, c'est le tragique : le conflit sans appel, sans garantie, sans excuses.

Le capitalisme est-il moral ou immoral? On a compris qu'il n'est ni l'un ni l'autre : réel, simplement, rationnel, évidemment, et d'une rationalité immanente. C'est ce qui a fait sa force contre le communisme, toujours obligé – c'était son ridicule propre – d'imposer à l'économie une rationalité autre, qui se voulait morale et politique, mais « hors de son ordre », comme dirait Pascal, et par là, nécessairement, vouée à la tyrannie. L'utopie marxiste, car c'en était une, était comme un angélisme généralisé, et l'on en connaît le prix. Qui veut faire l'ange fait la bête, et la bête au pouvoir devient volontiers féroce. Mais le réel résiste, l'économie résiste. La rationalité immanente et amorale du capitalisme a triomphé contre la rationalité prétendument morale et transcendante du « socialisme scientifique ». N'allons pas pour autant tomber dans le ridicule inverse, et faire du capitalisme, contre l'évidence, une morale! Ce serait transformer le réel en valeur, et donc faire du capitalisme une idole : si le marché devenait une religion, ce serait la pire de toutes, celle du veau d'or, et la plus ridicule des tyrannies, celle de la richesse. Distinction des ordres : l'économie ne saurait pas plus tenir lieu de morale et de politique que la politique ou la morale ne sauraient tenir lieu d'économie. Et comment l'une ou l'autre pourrait-elle tenir lieu d'amour? Nos quatre ordres sont tous nécessaires, et ne peuvent s'épanouir qu'à la condition d'abord de n'être pas confondus.

Un mot encore. Entre ces quatre ordres, quelle hiérarchie? Pour l'individu, une hiérarchie ascendante, du techno-scientifique à l'éthique : la politique a une plus grande dignité que l'économie, la morale que la politique, l'amour que la morale. **Mais pour le groupe, ce sont presque toujours les ordres inférieurs qui priment et qui conditionnent tous les autres. Une société sans morale, quelle place laisserait-elle à l'amour? Et sans la politique, que resterait-il de la morale (que serait une morale à l'état de nature?)? Et sans l'économie, à quoi bon la politique? Il faut distinguer ici ce que j'appelle la hiérarchie des « primautés », c'est-à-dire des valeurs subjectivement les plus hautes (primauté de la politique sur l'économie, primauté de la morale sur la politique, primauté de l'amour sur la morale), et, d'autre part, ce qu'on peut appeler l'enchaînement des « primats », c'est-à-dire des plus grandes** déterminations objectives (au sens où Karl Marx parlait, à mon avis légitimement, d'un primat de l'économie sur la politique et de la politique sur la morale).

Bref, l'individu n'acquiert quelque dignité qu'à la condition de remonter toujours cette pente que le groupe ne cesse de redescendre. On pense à Simone Weil, qui opposait la pesanteur et la grâce... Disons que les groupes sont presque toujours soumis à la pesanteur, c'est-à-dire à la logique descendante des conditionnements ou des primats. Et que les individus, parfois, parviennent à s'arracher quelque peu à cette pesanteur et à s'élever, mais c'est toujours à refaire, de l'économie à la politique, de la politique à la morale, de la morale à l'amour... Une grâce? Cela y ressemble. Mais faute de croire en Dieu, ce n'est pas le mot que j'utiliserai. Rien d'en haut ne nous tire; mais quelque chose nous pousse. Quoi? Ce que Spinoza ou Freud appellent le désir, dont chacun connaît les deux occurrences principales : la volonté et l'amour.

Oui, pour nous élever quelque peu, et cela ne vaut bien sûr que pour les individus, et par eux, je ne connais que ces deux forces, si faibles, si fragiles, si dérisoires : l'amour et le courage.

Qu'elles puissent suffire, c'est ce qui n'est jamais garanti – mais que certains, pourtant, ont montré. ■

"Capitalisme contre capitalisme"

Michel ALBERT

L'Expansion, 20.12.90

Triomphe d'Helmut Kohl en Allemagne, départ de Margaret Thatcher en Grande-Bretagne, ces deux événements ne s'expliquent pas seulement par des aléas de politique intérieure. Si l'on veut bien prendre un peu de recul et de hauteur, on y verra un épisode du nouveau combat idéologique qui va opposer, non plus le capitalisme au communisme, mais un capitalisme à un autre capitalisme.

Ce sera une guerre souterraine, violente, implacable, mais feutrée et même hypocrite, comme le sont, dans une même Eglise, toutes les guerres de chapelles. Une guerre de frères ennemis armés de deux modèles issus d'un même système, porteurs de deux logiques antagonistes du capitalisme au sein d'un même libéralisme.

L'Allemagne d'Helmut Kohl, héritière de celle d'Adenauer, d'Erhard et même de Brandt et de Schmidt, illustre ce que l'on pourrait appeler un modèle rhénan de capitalisme, dont on trouve des représentations non seulement tout au long du fleuve européen, de la Suisse aux Pays-Bas, mais aussi en Scandinavie et, avec les transpositions culturelles inévitables, au Japon.

L'autre capitalisme a triomphé pendant les années 80 dans les pays anglo-saxons, sous les bannières symboliques de Reagan aux Etats-Unis et de Thatcher en Grande-Bretagne. En vérité, il est plus américain qu'anglo-saxon, car même Thatcher n'a pas éradiqué du corps social britannique certains éléments que le modèle rhénan y avait laissés, par exemple un système de sécurité sociale très complet dont l'origine, rappelons-le, remonte à Bismarck et non pas seulement à Beveridge.

Modèle rhénan contre modèle américain. Qu'est-ce qui différencie ces deux capitalismes, dont l'antagonisme avait été masqué jusqu'à présent par l'affrontement encore plus radical qui a opposé, pendant trois quarts de siècle, le capitalisme et le communisme ?

Lorsqu'on définit le capitalisme, on a tendance à confondre ses deux éléments constitutifs, qui, en réalité, sont distincts : le marché, c'est-à-dire la confrontation d'une offre et d'une demande pour la détermination des prix, et la propriété, c'est-à-dire le pouvoir sur les moyens de production. L'hebdomadaire britannique *The Economist* posait il y a peu la question centrale : « Le capitalisme anglo-saxon est-il encore un capitalisme de propriétaires ? » En effet, dans ce modèle économique, l'actionnaire roi ne se sent guère engagé dans la responsabilité de l'entreprise, à la différence des banques allemandes, propriétaires des grandes industries outre-Rhin.

Quant au modèle rhénan, illustré par l'« économie sociale de marché » chère à Ludwig Erhard, il ne se distingue pas autant qu'on l'a prétendu de la social-démocratie, laquelle n'a jamais été cette forme dégénérée de communisme que ses adversaires ont trop souvent décrite dans la vieille Europe. En fait, quoi qu'en aient dit certains de ses leaders, le socialisme occidental a toujours été une variante du capitalisme plus qu'une version réformiste du communisme révolutionnaire.

Si l'on veut comprendre les différences entre les deux types de capitalisme et les atouts de chacun pour supplanter l'autre, il faut méditer sur cinq questions : la place de l'entreprise dans chacun des modèles ; la logique des inégalités croissantes et des compétitivités déclinantes dans le modèle américain ; les raisons de la supériorité économique et sociale du modèle rhénan ; les motifs de la séduction du modèle américain ; la position de la France dans cette confrontation.

L'entreprise : marchandise ou communauté ?

C'est une simplification abusive mais très répandue que d'expliquer par le système financier toute la différence entre le capitalisme de type américain et le capitalisme de type rhénan. La finance est présente partout, à Francfort comme à New York. Mais elle ne l'est pas de la même façon.

En Amérique, tout est à vendre — même à des Japonais —, ce n'est qu'une question de prix. Le philosophe français Michel Serres, qui enseigne outre-Atlantique, l'a fort bien dit : « Aux Etats-Unis, l'argent est le but, les choses sont les moyens. En Europe, c'est le contraire : avec de l'argent, on peut faire des choses. » Dans ce pays, il est aussi habituel (et facile) d'acheter une entreprise que d'acheter un immeuble ou une œuvre d'art. Vous n'avez pas assez d'argent ? Les banques vous en prêteront, si elles jugent qu'elles peuvent monter avec vous un bon coup dont elles retireront une juteuse commission. Elles n'ambitionnent pas de partager les risques de l'entreprise. L'opération commence et s'arrête avec le transfert de la propriété.

En Allemagne, on n'observe rien de semblable. Dans la plupart des cas, l'entreprise n'est pas une marchandise comme les autres : on ne l'achète pas sur étagère. C'est une sorte de famille, une communauté presque inaliénable. En outre, les principaux actionnaires ne sont pas des porteurs d'actions individuels, anonymes et volatils, mais des banques, des compagnies d'assurances, des familles, c'est-à-dire des collectivités qui ont le souci de protéger l'identité de l'entreprise, plus encore que sa nationalité.

Autrement dit, entre le modèle américain et le modèle rhénan, il y a toute la différence qui sépare le primat de l'actionnaire de celui de l'entreprise. La place occupée dans chaque système par la Bourse des valeurs traduit cette différence : la production nationale de la Grande-Bretagne est inférieure à celle de la France, mais la Bourse de Londres est trois fois plus importante que celle de Paris ; en Allemagne, moins de 500 entreprises sont cotées, contre plus de 2 000 en France. Et qu'on ne vienne pas nous dire que, depuis 1987, la Bourse de Tokyo capitalise plus que celle de New York, car c'est une capitalisation bien particulière, constituée pour l'essentiel par des actions dont les trois quarts représentent des participations croisées ou de l'autocontrôle. Ainsi, on n'achète pas une entreprise de la même façon dans le modèle américain et dans le modèle rhénan. On ne l'achète pas non plus pour les mêmes raisons.

Aux Etats-Unis — et dans les pays qui s'en inspirent —, l'actionnaire roi fait ce qu'il veut de l'entreprise qu'il vient d'acheter. Il la découpe en morceaux pour vendre ceux qui ne l'intéressent pas. Il traite ses collaborateurs comme il fait de son capital, c'est-à-dire comme une marchandise. L'un des principaux assureurs américains s'est rendu célèbre par son « tableau de Noël » : il y reporte les noms de ses collaborateurs, avec l'évaluation de ce que chacun lui coûte et lui rapporte ; puis il en tire les conséquences. Ajoutons, pour les âmes sensibles, que cela n'offusque personne.

Le phénomène s'est encore accentué dans les années 80, quand les fonds de retraite ont cessé de gérer leurs portefeuilles de titres en bons pères de famille, c'est-à-dire en évitant de prendre des risques. Ils sont eux-mêmes intervenus dans le casino des OPA pour engranger le maximum de plus-values. Dès lors, le gros actionnaire ne se comporte plus comme un associé. Il se désintéresse de l'objet qu'il possède et gère son portefeuille en fonction des exigences de ses propres actionnaires. On peut se demander alors si l'actionnaire roi n'en vient pas à se comporter comme un adversaire à long terme de l'entreprise, dans la mesure où il cherche à en profiter au maximum à court terme.

Dans le modèle rhénan, au contraire, l'entreprise apparaît comme une régente entourée des conseils de ses actionnaires — et de l'appui de son personnel. Les pouvoirs sont rigoureusement répartis entre actionnaires et manageurs, entre ceux-ci et les syndicalistes. Pour faire fonctionner l'entreprise, il faut combiner des légitimités fondées sur des logiques différentes. Cela surprend toujours les Français, qui croient comme Napoléon que « mieux vaut avoir un seul général d'une qualité ordinaire que deux généraux d'une qualité extraordinaire ». En Allemagne, en Suisse, aux Pays-Bas, au Japon, on sait gouverner par le consensus, on ne sait même gouverner que comme cela. A partir de là, on ne mesure pas la rentabilité de la même manière dans le modèle américain que dans le modèle rhénan. Là-bas, tout est fondé sur le résultat immédiat tel qu'il va s'inscrire dans les bénéfices trimestriels qui feront le cours de Bourse : ici, tout est subordonné à une stratégie à long terme, indifférente aux aléas du marché.

Compétitivité déclinante aux Etats-Unis

Nous avons cru, pendant deux générations, que le développement économique allait de pair avec l'extension des classes moyennes et la réduction des inégalités. Depuis dix ans, le doute est apparu : cela ne finirait-il pas par entretenir la paresse et endormir les énergies ? A quoi bon découper le gâteau de façon de plus en plus égalitaire si le résultat est de le faire grandir de moins en moins vite, voire de le réduire ? Dans ce cas, la part de chacun sera peut-être de plus en plus semblable à celle du voisin, mais elle sera aussi de plus en plus petite ! En gros, telle était la conviction que Reagan s'est employé à faire partager — sans grande peine d'ailleurs — par la majorité des Américains et quelques autres.

Un ancien président de Toshiba invité à Paris me disait dans l'appartement d'un ami : « Vous voyez l'entrée de ce logement, eh bien, à Tokyo, le mien y tiendrait tout entier. D'ailleurs, je n'ai jamais gagné plus que sept fois le salaire de base des ouvriers de mon entreprise. » Dans le même temps, aux Etats-Unis, le PDG de Walt Disney, qui emploie 4 000 jardiniers à Orlando (Floride), gagnerait autant à lui seul que tous ces jardiniers réunis. Le département du Commerce de Washington a calculé que, de 1980 à 1989, les rémunérations des dirigeants des firmes américaines ont été multipliées par 2,6 alors que les salaires des employés progressaient de 50 %. En 1990, les 2,5 millions d'Américains les plus riches ont reçu la même masse de revenus que les 100 millions d'Américains les plus pauvres, selon le Bureau du budget au Congrès. Une évolution de même nature a été observée dans la Grande-Bretagne de Margaret Thatcher.

Partant de là, un retournement historique se dessine. Le communisme fondait toute sa stratégie sur la lutte des classes. La victoire du capitalisme a été celle des classes moyennes, qui ont littéralement absorbé l'opposition entre le bourgeois et le prolétaire. Mais si le modèle américain disloque les classes moyennes pour « renforcer » les pauvres et les riches, ne risque-t-il pas de faire disparaître la base sociologique de la victoire du capitalisme ? Selon le Pr Morrisson, qui a réalisé une étude sur le sujet pour l'OCDE, la classe moyenne ne représenterait plus que 54 % de la population aux Etats-Unis, contre 70 % en Allemagne et 67 % en Suisse.

Après tout, on pourrait se consoler d'une telle évolution vers plus d'inégalité si elle aboutissait au résultat recherché, c'est-à-dire à une plus grande efficacité économique. Or c'est le contraire qui se produit. Non pas par hasard, mais en vertu d'une stricte logique. Soit, sur un même marché, deux entreprises analogues, l'une bénéficiant d'un actionnariat stable, l'autre non. Cette deuxième entreprise est handicapée, car elle doit se battre sur deux fronts : celui du client et celui de l'actionnaire. Pour garder celui-ci, et donc protéger les cadres dirigeants, on engloutit des sommes considérables en vue de maximiser le profit immédiat, ce qui fait autant de ressources en moins pour garantir la réussite à long terme, laquelle dépend de la satisfaction du client.

Aux Etats-Unis, les opérations d'autodéfense contre des actionnaires indésirables ont été si nombreuses qu'au cours des dernières années le volume net des actions cotées sur le marché américain a diminué. Naturellement, charité bien ordonnée commence par soi-même. Les mêmes manageurs qui protègent leurs compagnies ne s'oublient pas dans leurs calculs : plus l'indemnité des dirigeants évincés sera élevée, plus les actionnaires indésirables seront dissuadés de les attaquer. Ainsi le système se retourne-t-il contre lui-même : au départ, il s'agit de garantir la vitalité des entreprises par la sanction du marché qui écarte les mauvais manageurs ; à l'arrivée, l'entreprise a dépensé des fortunes pour se protéger, et la sécurité de son management dépend moins de son efficacité que des mesures de protection qu'il aura lui-même mises en place. Finalement, le mauvais manageur chasse le bon. Le modèle américain oublie qu'un véhicule qui veut aller plus vite doit soigner ses amortisseurs. C'est la philosophie même du modèle rhénan.

Le modèle rhénan : plus juste et plus efficace

Les entreprises du modèle rhénan, bénéficiant d'un actionnariat stable, peuvent concentrer leurs ressources sur le long terme. C'est ainsi que Siemens consacre 11 % de son chiffre d'affaires à la recherche, contre 1 % chez General Electric. Autre priorité : la formation, qui explique les performances des entreprises allemandes et japonaises, lesquelles y consacrent des moyens considérables.

A l'autre bout de la chaine invisible qui relie entre eux tous les maillons de la vie économique, cela se traduit par le fait que l'Allemagne et le Japon financent les déficits américains. Car, malgré toutes ses velléités d'efficacité, Reagan n'a rien fait d'autre que construire une prospérité de papier, avec surconsommation, sous-investissement et sur-emprunt. Rançon de l'Etat minimal, les Etats-Unis se tiers-mondisent : des ponts s'effondrent, des écoles se lézardent, des villes se paupérisent. C'est le directeur du Budget de l'administration Bush, Richard Darman, qui dénonce « la corruption publique et privée, la culture de la drogue... Les talents sont mobilisés pour inventer des transactions de papier qui récompensent des manipulations financières plutôt que la capacité de production privée ».

Aux Etats-Unis, 37 millions de personnes sont exclues de tout système d'assurance-maladie. En France, 98 % des enfants de 3 à 5 ans sont accueillis dans des écoles maternelles ; seulement 50 % aux Etats-Unis. En matière de mortalité infantile — bonne mesure de l'état sanitaire d'une population —, les Etats-Unis n'arrivent qu'au 19e rang. Qu'en serait-il de ce pays s'il ne bénéficiait pas par ailleurs de privilèges extraordinaires : la taille de son marché, le pouvoir libératoire international du dollar, la domination de sa langue ? Certes, les Américains eux-mêmes commencent à réagir contre l'« économie-casino ». Les golden boys ne sont plus à la mode ou sont en prison. Les junk-bonds ne se vendent plus — on peut même les racheter à moitié prix. Comment expliquer, dans ces conditions, que ce modèle si décevant soit encore aujourd'hui, de par le monde, si séduisant ?

Pourquoi l'Amérique fascine toujours

Le modèle américain est peut-être celui de l'échec économique : c'est en tout cas celui du succès psychologique. Le président Johnson disait déjà : « Le monde entier rêve d'être Américain, à l'exception peut-être des Américains eux-mêmes. » Imaginons un sondage en Asie, en Amérique latine, en Afrique — a fortiori en Europe de l'Est : toutes les populations seraient plus désireuses d'aller vers le modèle américain que vers le modèle rhénan. C'est que le premier est effectivement plus séduisant que le second.

Tout d'abord, l'économie-casino est un jeu plein de suspense. Elle excite les jeunes et les médias qui façonnent l'opinion. Certes, les pays du modèle rhénan sont les seuls à combiner la croissance économique et la sécurité sociale, des salaires décents et un chômage limité, la stabilité monétaire et la promotion sociale, la haute technologie et des services publics efficaces. Seulement tout cela est diffus, peu médiatique. Tout se passe comme si le jeu des forces et la séduction des rêves l'emportaient sur les valeurs de la raison et la réalité des résultats. Aux slogans des soixante-huitards qui ne voulaient pas « tomber amoureux d'un taux de croissance », on a répondu d'abord en faisant disparaître la croissance, dans les années 70, puis en éclairant à pleins feux le casino de la finance, ses girls et ses paillettes, dans les années 80. La génération de 68 a pu alors exprimer sa vraie nature, celle du nouvel individualisme. Il y a donc eu une adéquation profonde, bien que dissimulée, entre le modèle américain et la mentalité de 68. Sans le savoir, Marcuse a fait Reagan. D'ailleurs, ils ont tous deux prospéré sur le même sol, celui de la Californie.

Le modèle américain s'est ainsi infiltré partout, non pas du fait d'une stratégie impérialiste des Etats-Unis, mais en raison de cet accord intime entre un tel modèle et les mentalités de nos contemporains. Aujourd'hui, même les Suédois s'interrogent sur l'avenir de leur système social. En Allemagne, le système bancaire — dont nous avons vu le rôle stratégique — fait l'objet de vives critiques. Et ce n'est pas un hasard si le patron de la Deutsche Bank a été assassiné par les héritiers de la Fraction armée rouge, ultime avatar de la « mentalité 68 ».

Ne croyons pas que ce type de changement s'arrêtera là. Il continuera par l'individualisation des salaires, la remise en question des conventions collectives conclues avec les syndicats, les attaques contre les excès de la dépense publique, en attendant que la sécurité sociale, à son tour, soit dans le collimateur. La pénétration du modèle américain dans les pays du modèle rhénan est accentuée par le rôle des grandes universités américaines, qui accueillent les meilleurs jeunes du monde entier ; par la création d'un marché unique en Europe, qui met les Etats en concurrence pour la réduction de leurs dépenses publiques. Il est urgent d'ouvrir ce débat « capitalisme contre capitalisme » pour démontrer à quel point le marché unique, s'il ne s'intègre pas, comme le souhaite le plan Delors, dans une fédération européenne, deviendra le cheval de Troie du modèle américain sur le Vieux Continent.

La France peut encore choisir sa voie

La France, qui n'appartient vraiment ni au modèle américain ni au modèle rhénan, sera au cœur de l'affrontement entre les deux capitalismes.

A priori, notre pays, vieille terre de l'étatisme et du socialisme, devrait être vacciné contre les séductions du modèle américain. Or, à plusieurs signes, on voit celui-ci s'introduire dans nos structures et nos mentalités. On en constate les premiers effets dans l'accroissement des inégalités de revenus, dans l'apparition de nouvelles réalités ou de nouvelles expressions, comme les Restos du cœur, les « nouveaux pauvres », la « société duale ».

Sous Giscard, la France était un pays social-colbertiste ; curieusement, sous Mitterrand, elle est devenue libérale-socialiste... Il ne faut d'ailleurs pas regretter la dérégulation de notre système financier, et moins encore l'inversion de notre mécanisme d'indexation, qui, au lieu de lier la hausse des salaires à venir à la hausse des prix du passé, fixe une norme de prix à venir qui sert à guider l'évolution des salaires.

Mais ce n'est peut-être pas un hasard si l'aggravation des inégalités a coïncidé avec la libéralisation d'un système financier ultraprotégé. La France, pour mieux concurrencer la City de Londres, a donné la préférence à la Bourse sur la banque. La banque ou la Bourse, telle est l'alternative centrale dans l'opposition entre le modèle américain et le modèle rhénan. Ainsi, la pénétration — affichée et souterraine — du modèle américain dans la société française constitue la grande menace de l'an 2000, menace d'autant plus pernicieuse que nous avions réellement besoin d'une certaine dose de dérégulation.

Si l'on veut avancer vers un système qui serait à la fois plus performant et plus solidaire, selon le modèle rhénan, il faut commencer par prendre en compte ce paradoxe nouveau qui contredit la plupart de nos idées reçues : la puissance des institutions financières (banques et compagnies d'assurances) est devenue une nécessité si la France entend conjuguer l'efficacité économique avec la justice sociale. C'est Roger Fauroux qui voit juste quand il déclare : « Je suis pour le modèle allemand parce que la finance y est vraiment au service de l'industrie. »

La France souffre d'une pénurie dont personne ne parle : celle d'actionnaires fiables et stables. L'urgence est donc que nos grandes institutions financières puissent lever le maximum de fonds sur les marchés pour les redistribuer, à leurs propres risques, comme le font les banques et les compagnies d'assurances japonaises ou allemandes, sous forme de capital ou de prêts à long terme.

A cet égard, une constellation particulièrement significative est en train de se constituer autour de l'UAP, avec la BNP d'un côté, avec le Groupe Suez-Générale de Belgique-Victoire-Colonia de l'autre. Certes, cela développe les participations croisées, longtemps dénoncées comme du « capitalisme sans capital ». Ce serait vrai sans le marché unique et la globalisation financière. Il convient seulement de veiller à ce que ce processus ne dissimule pas des situations de monopole ou un retour au dirigisme d'Etat.

Ces *zaibatsus* à la française, associant l'assurance à la banque et à l'industrie, pourraient être au nombre de quatre ou cinq, capables de mobiliser 10 à 20 milliards de francs par an, alors que la dotation budgétaire aux entreprises nationalisées ne dépasse pas 5 milliards. Encore faut-il que l'épargne soit suffisante. Or la France ne connaît pas son niveau d'endettement. Il est gravissime. Alors que nous nous réjouissons d'avoir remboursé toute notre dette extérieure, nos entreprises ont accumulé une dette (hors bilan) de 10 000 milliards de francs, qui représente les engagements vis-à-vis des futurs retraités dont les pensions devront être financées par des cotisations qui, malgré la contribution sociale généralisée, continuent de peser pour l'essentiel sur les entreprises, c'est-à-dire sur notre compétitivité.

Sans financement complémentaire de nos retraites par le biais de la capitalisation, seule technique qui permet de « turbiner » deux fois le même argent, pas d'épargne supplémentaire ; sans épargne supplémentaire, pas de zaïbatsus à la française ; sans zaïbatsus, pas de capitalisme rhénan chez nous. Ainsi évincés du bon capitalisme, nous serions précipités — peut-être contre notre gré — dans le mauvais. Or, pour inverser la position des plateaux d'une balance, il suffit d'une légère pesée additionnelle. Ainsi, la France, cinquième puissance économique dans le monde, tout de même, peut faire basculer l'histoire.

"Il n'y a pas un "bon" et un "mauvais" capitalisme"

Baudouin PROT

L'Expansion, 21.02.91

Non, contrairement à ce qu'écrit Michel Albert, le capitalisme américain n'est ni mauvais ni pernicieux. La décennie Reagan, dont il est convenu aujourd'hui de ne retenir que les excès — aggravation de l'endettement, déficit des finances publiques, poussée des golden boys et des raiders — a apporté aux Etats-Unis et au monde entier une période de croissance inégalée par son ampleur et sa durée.

L'AMÉRIQUE REBONDIRA

Aux Etats-Unis, cette croissance a permis de créer des emplois par millions, ramenant ainsi le taux de chômage à un niveau très inférieur à celui que nous connaissons en Europe. Sur l'ampleur et la durée de la récession actuelle, les analyses sont très différentes selon les experts. Mais l'économie américaine rebondira, et sa vitalité n'est pas entamée.

En fait de sous-investissement, s'il est vrai que l'état des équipements publics aux Etats-Unis n'a pas de quoi susciter l'envie des Européens, c'est en grande partie parce que, au cours des dix dernières années, l'effort consacré par les Américains à la course aux armements a été considérable. Il a absorbé des sommes gigantesques, évidemment aux dépens d'autres emplois. Il est clair que c'est par cette course aux armements sophistiqués que les Etats-Unis ont forcé l'Union soviétique, handicapée par le délabrement croissant de son économie, à jeter l'éponge. Mikhaïl Gorbatchev et la perestroïka sont le sous-produit objectif de ce gigantesque effort.

Le rôle central joué par les Américains dans le conflit contre l'Irak, qui vise à faire respecter le droit international et à garantir la sécurité mondiale pour compte commun, alors même que le Japon et la RFA en sont les grands absents, doit aussi être pris en considération quand on compare des modèles. Les Etats-Unis demeurent la seule puissance mondiale « globale », avec les devoirs et les charges qui leur incombent. On reparlera d'ailleurs sûrement, après la fin de la guerre contre l'Irak, du partage du fardeau. Les cotisations allemandes et japonaises au financement de la sécurité mondiale devront être revues.

D'autre part, Michel Albert considère le pouvoir libératoire international du dollar comme un privilège extraordinaire des Etats-Unis. On peut aussi affirmer le contraire. La capacité illimitée des Américains à émettre des dollars pour se financer a conduit à l'endettement excessif des entreprises et des ménages. S'il y a un « mal » américain, il ne réside nullement dans un capitalisme dont la vitalité et l'efficience sont évidentes, mais dans l'absence de régulation du système, conséquence du laxisme monétaire.

© GENTILE/SIPA PRESS

Rampes de lancement de missiles Patriot en Arabie Saoudite : la guerre du Golfe rappelle que les Etats-Unis restent la seule puissance globale.

LES « MODÈLES » SE RESSEMBLENT

Il faut aussi rappeler que les capitalismes américain et allemand présentent, au-delà de leurs différences, des traits communs essentiels. Aux Etats-Unis comme en Allemagne, l'autonomie des entreprises est entière, qu'il s'agisse de la fixation de leurs prix, de la gestion de leurs effectifs, de la liberté des changes ou de leurs investissements à l'étranger. En France, où ces libertés n'ont été conquises que très récemment contre les traditions étatistes et colbertistes, nous savons qu'il n'y a pas d'entreprises mondialement compétitives dans des économies qui fonctionnent selon d'autres principes.

Il faut redire aussi que, sous le concept d'« économie sociale de marché » forgé par Ludwig Erhard, se retrouvent toutes les caractéristiques d'une pure économie de marché capitaliste. Celle-ci est tempérée, mais non corrigée, par un effort de redis tribution et par des mécanismes qui associent les représentants du personnel à la vie des entreprises.

Quant aux fusions-acquisitions, elles se développent très fortement en Allemagne — 2728 opérations en 1989, plus de 3500 en 1990 — et partout en Europe.

De même, dans le sage Japon, la bulle financière spéculative a pris des proportions évidentes : près d'un quart des prêts domestiques accordés par les banques japonaises sont garantis par des actifs immobiliers. Ceux-ci représentent une valeur totale de près de 15000 milliards de dollars — quatre fois plus qu'aux Etats-Unis, pour une surface 29 fois plus petite...

Il n'y a pas un « bon » capitalisme allemand ou japonais et un « mauvais » capitalisme américain. Le modèle allemand a eu des hauts et des bas. La démocratie américaine, depuis deux siècles, a fait la preuve de la solidité exemplaire de sa Constitution, de sa vitalité économique et de sa capacité à être un melting-pot.

LA VOIE FRANÇAISE

En vérité, la France ne peut avoir de modèle, ni aux Etats-Unis ni en Allemagne, dont elle pourrait appliquer les recettes, car sa situation la différencie nettement de ces deux pays.

La puissance allemande est fondée sur une industrie fortement spécialisée, qui continue d'exercer une domination mondiale dans plusieurs secteurs. La France, qui est dans une situation de challenger, doit faire preuve d'audace pour essayer de compenser les handicaps accumulés. D'où la croissance externe très forte que connaissent nos entreprises en Europe et aux Etats-Unis, avec les risques et l'endettement qu'implique une telle stratégie.

En outre, de nouveaux débouchés s'ouvrent à l'Allemagne grâce à sa réunification et à la reconstitution de l'hinterland constitué par la Mitteleuropa : la France ne peut que redoubler d'efforts et d'audace pour compenser les effets de taille qui en découlent à ses dépens.

C'est pourquoi nous ne devons pas craindre que le marché unique européen soit ouvert et concurrentiel. Ce n'est pas sur un tête-à-tête franco-allemand, dont l'issue économique ne laisse aucun doute, que nous devons fonder notre avenir. D'ores et déjà l'économie est mondiale, et nos entreprises doivent se situer à ce niveau. D'ailleurs, les grands groupes allemands, habitués depuis le début du siècle à l'air du grand large, l'ont bien compris. Mercedes et Hoechst s'allient avec Mitsubishi, et Siemens avec Matsushita.

Sans sacrifier à la notion de modèle, la France doit, patiemment mais vigoureusement, mener à bien plusieurs chantiers :

□ Poursuivre la politique monétaire du franc fort, mise en œuvre avec succès, qui est la base d'une économie saine et d'entreprises puissantes. Cette politique sera consolidée par la réalisation de l'union économique et monétaire.

□ Améliorer l'efficacité de notre système éducatif, qui, comparé à ceux de l'Allemagne, du Japon et même des Etats-Unis, se caractérise par des disparités considérables. A la qualité de la formation reçue par les élites s'oppose la grande médiocrité des résultats d'ensemble, cause principale du chômage des jeunes. La France cumule, face aux bacheliers japonais et aux ouvriers allemands, hautement qualifiés par un apprentissage valorisant, les défauts d'un système éducatif conçu à une époque où seule une minorité poursuivait des études.

□ Ne pas trop compter sur la « banque-industrie », les banques françaises devant autofinancer leurs propres investissements et satisfaire aux ratios prudentiels dans un contexte de concurrence acharnée. Il importe, au contraire, d'accroître le nombre d'actionnaires fiables et stables et de conforter les fonds propres des entreprises françaises. En Allemagne, les positions des banques dans le capital des grandes entreprises s'expliquent par des raisons historiques — la nécessité de reconstruire l'industrie allemande après la guerre. Mais en fait, depuis des années, les banques allemandes apportent fort peu de fonds propres supplémentaires aux entreprises. Celles-ci recourent principalement à leur autofinancement ou au marché.

L'instrument le plus efficace et le plus sain pour fournir des fonds propres aux entreprises, c'est le marché financier. Il s'acquitte fort bien de cette fonction, à condition d'être correctement rémunéré pour les risques encourus. L'expérience des années récentes montre que les entreprises peuvent y lever des montants importants (en France, 66 milliards de francs d'émissions d'actions en 1990). Cela n'exclut d'ailleurs nullement les banques, appelées à jouer un rôle croissant dans les marchés financiers.

En revanche, pour donner à ceux-ci davantage d'ampleur, le développement des mécanismes de retraite par capitalisation, complémentaires des régimes par répartition, paraît tout à fait souhaitable, comme le suggère Michel Albert.

De toute façon, l'Allemagne, qui doit mener à bien sa réunification et accueillir encore de nombreux immigrés en provenance de l'Europe de l'Est, a de coûteux défis à relever. Elle va devoir s'adapter et évoluer. Les Etats-Unis, forts de leur capacité de réaction, de leurs efforts de recherche et de leur richesse sociologique, évolueront eux aussi. Ils viennent ainsi de remettre entièrement en chantier l'organisation de leur système bancaire.

C'est le propre des sociétés marchandes et capitalistes de s'adapter. Dans ce domaine, il y a des antimodèles — l'économie centrale planifiée, en état de coma dépassé — mais il n'y a pas de modèle. •

Extraits de :

"Centesimus annus" (Encyclique du centenaire de la doctrine sociale de l'Eglise).

Cahiers pour croire aujourd'hui
N° spécial Mai 1991

L'homme n'est pas une marchandise

34. Il semble que, à l'intérieur de chaque pays comme dans les rapports internationaux, le *marché libre* (e) soit l'instrument le plus approprié pour répartir les ressources et répondre efficacement aux besoins. Toutefois, cela ne vaut que pour les besoins « solvables », parce que l'on dispose d'un pouvoir d'achat, et pour les ressources qui sont « vendables », susceptibles d'être payées à un juste prix. Mais il y a de nombreux besoins humains qui ne peuvent être satisfaits par le marché. C'est un strict devoir de justice et de vérité de faire en sorte que les besoins humains fondamentaux ne restent pas insatisfaits et que ne périssent pas les hommes qui souffrent de ces carences. En outre, il faut que ces hommes dans le besoin soient aidés à acquérir des connaissances, à entrer dans les réseaux de relations, à développer leurs aptitudes pour mettre en valeur leurs capacités et leurs ressources personnelles. Avant même la logique des échanges à parité et des formes de la justice qui les régissent, il y a *un certain dû à l'homme parce qu'il est homme*, en raison de son éminente dignité. Ce dû comporte inséparablement la possibilité de survivre et celle d'apporter une contribution active au bien commun de l'humanité.

Les objectifs énoncés par *Rerum novarum* pour éviter de ramener le travail de l'homme et l'homme lui-même au rang d'une simple marchandise gardent toute leur valeur dans le contexte du Tiers-Monde, et, dans certains cas, ils restent encore un but à atteindre : un salaire suffisant pour faire vivre la famille, des assurances sociales pour la vieillesse et le chômage, une réglementation convenable des conditions de travail.

Lutter pour une société de participation

35. Tout cela constitue *un champ d'action vaste* et fécond *pour l'engagement et les luttes*, au nom de la justice, des syndicats et des autres organisations de travailleurs qui défendent les droits de ces derniers et protègent leur dignité, alors qu'ils remplissent en même temps une fonction essentielle d'ordre culturel, en vue de les faire participer de plein droit et honorablement à la vie de la nation et de les aider à progresser sur la voie de leur développement.

Dans ce sens, on peut parler à juste titre de lutte contre un système économique entendu comme méthode pour assurer la primauté absolue du capital, de la propriété des instruments de production et de la terre sur la liberté et la dignité du travail de l'homme[73]. En luttant contre ce système, on ne peut lui opposer, comme modèle de substitution, le système socialiste qui se trouve être en fait un capitalisme d'État, mais on peut opposer *une société du travail libre, de l'entreprise et de la participation*. Elle ne s'oppose pas au marché, mais demande qu'il soit dûment contrôlé par les forces sociales et par l'État, de manière à garantir la satisfaction des besoins fondamentaux de toute la société.

L'Église reconnaît *le rôle pertinent du profit* (f) comme indicateur du bon fonctionnement de l'entreprise. Quand une entreprise génère du profit, cela signifie que les facteurs productifs ont été dûment utilisés et les besoins humains correspondants convenablement satisfaits. Cependant, le profit n'est pas le seul indicateur de l'état de l'entreprise. Il peut arriver que les comptes économiques soient satisfaisants et qu'en même temps les hommes qui constituent le patrimoine le plus précieux de l'entreprise soient humiliés et offensés dans leur dignité. Non seulement cela est moralement inadmissible, mais cela ne peut pas ne pas entraîner par la suite des conséquences négatives même pour l'efficacité économique de l'entreprise. En effet, le but de l'entreprise n'est pas uniquement la production du profit, mais l'existence même de l'entreprise comme *communauté de personnes* qui, de différentes manières, recherchent la satisfaction de leurs besoins fondamentaux et qui constituent un groupe particulier au service de la société tout entière. Le profit est un régulateur dans la vie de l'établissement mais il n'en est pas le seul ; il faut y ajouter la prise en compte *d'autres facteurs humains et moraux* qui, à long terme, sont au moins aussi essentiels pour la vie de l'entreprise.

On a vu que l'on ne peut accepter l'affirmation selon laquelle la défaite du « socialisme réel », comme on l'appelle, fait place au seul modèle capitaliste d'organisation économique. Il faut rompre les barrières et les monopoles qui maintiennent de nombreux peuples en marge du développement, assurer à tous les individus et à toutes les nations les conditions élémentaires qui permettent de participer au développement.

RERUM NOVARUM :

Lettre encyclique écrite en 1891 par le Pape Léon XIII, et décrivant pour la première fois la doctrine sociale de l'Eglise.

41. Le marxisme a critiqué les sociétés capitalistes bourgeoises, leur reprochant d'aliéner l'existence humaine et d'en faire une marchandise. Ce reproche se fonde assurément sur une conception erronée et inappropriée de l'aliénation, qui la fait dépendre uniquement de la sphère des rapports de production et de propriété, c'est-à-dire qu'il lui attribue un fondement matérialiste et, de plus, nie la légitimité et le caractère positif des relations du marché même dans leur propre domaine. On en vient ainsi à affirmer que l'aliénation ne peut être éliminée que dans une société de type collectiviste. Or, l'expérience historique des pays socialistes a tristement fait la preuve que le collectivisme non seulement ne supprime pas l'aliénation, mais l'augmente plutôt, car il y ajoute la pénurie des biens nécessaires et l'inefficacité économique.

L'expérience historique de l'Occident, de son côté, montre que, même si l'analyse marxiste de l'aliénation et ses fondements sont faux, l'aliénation avec la perte du sens authentique de l'existence est également une réalité dans les sociétés occidentales. On le constate au niveau de la consommation lorsqu'elle engage l'homme dans un réseau de satisfactions superficielles et fausses, au lieu de l'aider à faire l'expérience authentique et concrète de sa personnalité. Elle se retrouve aussi dans le travail lorsqu'il est organisé de manière à ne valoriser que ses productions et ses revenus sans se soucier de savoir si le travailleur, par son travail, s'épanouit plus ou moins en son humanité, selon qu'augmente l'intensité de sa participation à une véritable communauté solidaire, ou bien que s'aggrave son isolement au sein d'un ensemble de relations caractérisé par une compétition exaspérée et des exclusions réciproques, où il n'est considéré que comme un moyen, et non comme une fin. ...

... Dans la société occidentale, l'exploitation a été surmontée, du moins sous la forme analysée et décrite par Karl Marx. Cependant, l'aliénation n'a pas été surmontée dans les diverses formes d'exploitation lorsque les hommes tirent profit les uns des autres et que, avec la satisfaction toujours plus raffinée de leurs besoins particuliers et secondaires, ils se rendent sourds à leurs besoins essentiels et authentiques qui doivent régir aussi les modalités de la satisfaction des autres besoins[53].

42. En revenant maintenant à la question initiale, peut-on dire que, après l'échec du communisme, le capitalisme est le système social qui l'emporte et que c'est vers lui que s'orientent les efforts des pays qui cherchent à reconstruire leur économie et leur société ? Est-ce ce modèle qu'il faut proposer aux pays du Tiers-Monde qui cherchent la voie du vrai progrès de leur économie et de leur société civile ?

La réponse est évidemment complexe. Si sous le nom de « capitalisme » on désigne un système économique qui reconnaît le rôle fondamental et positif de l'entreprise, du marché, de la propriété privée et de la responsabilité qu'elle implique dans les moyens de production, de la libre créativité humaine dans le secteur économique, la réponse est sûrement positive, même s'il serait peut-être plus approprié de parler d'« économie d'entreprise », ou d'« économie de marché », ou simplement d'« économie libre ». Mais si par « capitalisme » on entend un système où la liberté dans le domaine économique n'est pas encadrée par un contexte juridique ferme qui la met au service de la liberté humaine intégrale et la considère comme une dimension particulière de cette dernière, dont l'axe est d'ordre éthique et religieux, alors la réponse est nettement négative.

La solution marxiste a échoué, mais des phénomènes de marginalisation et d'exploitation demeurent dans le monde, spécialement dans le Tiers-Monde, de même que des phénomènes d'aliénation humaine, spécialement dans les pays les plus avancés, contre lesquels la voix de l'Église s'élève avec fermeté. Des foules importantes vivent encore dans des conditions de profonde misère matérielle et morale. Certes, la chute du système communiste élimine dans de nombreux pays un obstacle pour le traitement approprié et réaliste de ces problèmes, mais cela ne suffit pas à les résoudre. Il y a même un risque de voir se répandre une idéologie radicale de type capitaliste qui refuse jusqu'à leur prise en considération, admettant *a priori* que toute tentative d'y faire face directement est vouée à l'insuccès, et qui, par principe, en attend la solution du libre développement des forces du marché.

ANALYSE DU SOMMAIRE

Difficile de faire plus court ! Seulement quatre textes, qui, sauf le dernier qui est une encyclique (lettre adressée par Sa Sainteté le pape à tous les évêques du monde) sur la doctrine sociale de l'Église, nous parlent de capitalisme.

Ne cherchez pas midi à quatorze heures — certes, pourquoi faire simple quand on peut faire compliquer ! Mais vous devez intégrer : faites simple, la problématique est, évidemment, le capitalisme.

PRISE DE NOTES

Prise de notes : EDHEC 1993

Le capitalisme est-il moral ?

n2 : déconfiture du communisme, le monde libre devrait triompher ? pas si simple. Combattant un mal absolu, l'occident se retrouve seul. Le capitalisme est nu. Qui le sauvera de lui-même ? Dieu n'est plus. Que reste-t-il pour juger des valeurs, une morale.

3 Mais attention à la tentation de la mettre partout :

n4 : une bonne éthique est un facteur de qualité donc un argument de marketing ! mais il ne s'agit plus d'éthique mais de marketing ! Il ne faut pas tout confondre et revenir aux ordres de Pascal, et ne pas confondre des ordres différents, ce qui conduit à la tyrannie.

Le 1er : ordre techno-scientifique : pas de morale pour la biologie, c'est évident.

Donc c'est un ordre sans morale : c'est l'ordre des faits :

n5 : pour éviter son développement indéfini, il faut le contrôler par un autre ordre, le juridico-politique, mais si on le considère comme ordre ultime, on risque le pire. Il faut le limiter par l'ordre morale et lui aussi il faut le limiter par l'ordre éthique : l'ordre de l'amour.

n6 mais 2 tentations doivent être évitées :

1) annuler un ordre au nom d'un ordre supérieur, ce que j'appellerai, l'angélisme

2) soumettre un ordre donné à un ordre inférieur, la barbarie

n7 : le capitalisme est-il moral ou immoral ? ni l'un, ni l'autre, il est réel, rationnel mais entre ces 4 ordres quelle hiérarchie ?

a) pour l'individu une hiérarchie ascendante : du techno-scientifique à l'éthique

b) pour le groupe hiérarchie descendante

Bref, l'individu n'acquiert quelque dignité qu'à la condition de remonter cette pente que la gravité ne cesse de redescendre.

n8 : article de Michel Albert : capitalisme contre capitalisme. Triomphe de Kohl et de Thatcher avec un peu de recul c'est une guerre entre 2 capitalismes : le modèle rhénan et le modèle anglo-saxon, plus exactement américain. Cet antagonisme a été masqué par l'affrontement entre communisme et capitalisme.

n9 voyons les différences entre ces 2 capitalismes.

Aux É.U. tout est à vendre, si vous n'avez pas d'argent et que votre plan est bon on vous prêtera..

En Allemagne au contraire, l'entreprise n'est pas une marchandise c'est une communauté presque inaliénable :

Aux É.U. l'actionnaire est roi, il fait ce qu'il veut. En Allemagne, la reine est l'entreprise, le pouvoir est partagé entre actionnaires, manageurs et syndicats. tout est subordonné à une stratégie à long terme, indifférente aux aléas du marché. Aux É.U., tout est fondé sur le résultat immédiat

n10, la victoire du capitalisme a été celle des classes moyennes, mais si le modèle américain disloque les classes moyennes que se passera-t-il ? déjà cette classe ne représente que 54% de la population aux ÉU contre 70% en Allemagne.

Pour illustrer le modèle rhénan, voyons le chiffre consacré à la recherche : 11% du CA pour Siemens, 1% general électric. Autre priorité la formation. Pendant ce temps là, les É.U se tiermondisent 37 M

n11 de personnes exclues de l'assurance maladie. Mortalité infantile 19e rang !

La France peut encore choisir sa voie

n12, elle manque d'actionnariat stable il faudrait des zaibatsus à la française, 400S

EDHEC 1993 – suite et fin

alliant l'assurance à la banque, et à l'industrie capables de mobiliser 10 à 20 % de fds/an.
sinon nous risquons d'être précipités du bon capitalisme dans le mauvais.

n13, Baudoin Prot
Contrairement à que dit Michel Albert, le capitalisme américain n'est ni mauvais, ni parfait.
la croissance a permis de créer des emplois par millions.
Le taux de chomage est à un niveau très inférieur de celui de l'Europe.
Les E.U sont la seule puissance mondiale avec les devoirs et les charges qui leur incombent.

n14 qui + est la France ne peut avoir de modèles.
la France doit mener plusieurs chantiers:
- poursuivre la politique monétaire du franc fort
- améliorer l'efficacité de notre système éducatif.
- ne pas trop compter sur la banque-industrie, mais plutôt sur le marché financier pour fournir des fonds propres aux entreprises.

si dans les sociétés capitalistes, il y a des anti-modèles, l'économie centrale planifiée, il n'y a pas de modèle.

n15, Centesimus annus
L'homme n'est pas une marchandise, il semblerait que pour répondre à certains besoins, le marché libre est une bonne chose. Mais il faut éviter de ramener le travail de l'homme et l'homme lui-même à une marchandise. Il faut que le marché soit contrôlé par les forces sociales et l'État. Il faut prendre en compte d'autres facteurs humains et moraux.

n16 même si l'analyse marxiste de l'aliénation est erronée, la perte du sens authentique de l'existence est une réalité, ds les sociétés occidentales. la solution marxiste a échoué certes mais les phénomènes de marginalisation et d'exploitation demeurent ds le tiers monde et d'aliénation humaine ds les sociétés les plus avancées, contre lesquels la voix de l'Eglise s'élève avec fermeté.

CORRIGÉ EDHEC 1993

Synthèse

Après la chute du communisme, le capitalisme se retrouve seul. Une question se pose : « quelles valeurs pour le capitalisme d'aujourd'hui ? »

La position de Comte-Sponville est sans ambiguïté : l'économie, comme la biologie, n'a pas de morale : prétendre comme les Américains que l'éthique fait vendre parce qu'elle enrichit les relations humaines, c'est réduire l'éthique au management. Le capitalisme est a-moral. Il existe, voilà tout.

Michel Albert oppose deux formes de capitalisme, l'un anglo-saxon (États-Unis, Grande-Bretagne), l'autre rhénan (Allemagne, Suisse, Pays-Bas, Japon). Pour le premier tout est marchandise, l'entreprise comme les hommes. C'est le règne de l'argent immédiat. Le second privilégie l'accord entre les partenaires : les pouvoirs sont répartis entre actionnaires, managers, syndicalistes. L'entreprise est reine, quasi-inaliénable. Au contraire des États-Unis où l'actionnaire et son désir de dividendes priment sur l'entreprise.

Prot, en désaccord avec Michel Albert, salue le capitalisme américain qui a apporté au monde une période de croissance inégalée. Le taux de chômage aux États-Unis est inférieur à celui de l'Europe. Pour lui, il y a peu de différence entre capitalisme américain, capitalisme allemand, voire « économie sociale de marché ». D'ailleurs, la démocratie américaine a prouvé, dit-il, sa vitalité et ses capacités d'intégration.

Pour l'Église, le profit a son importance, mais il ne faut pas oublier les facteurs humains et moraux : de nombreux besoins ne peuvent être satisfaits par le seul marché. L'Église rejoint par là Comte-Sponville : une société ne peut vivre sans valeurs.

Alors, quelles limites au capitalisme ? Car d'après Comte-Sponville, l'ordre économique, incapable de se limiter lui-même, doit être limité de l'extérieur. L'Occident chrétien a vécu, mais quatre ordres nous sont toujours nécessaires : techno-scientifique, juridico-politique, moral, éthique — chacun venant limiter les autres. Ces ordres obéissent à des logiques différentes et parfois incompatibles, voilà le tragique. Mais à tenter d'en ignorer la complexité, on tomberait dans le ridicule de la naïveté.

Michel Albert craint l'autodestruction : la création d'une société duale, comme aux États-Unis, où les pauvres sont de plus en plus nombreux (trente-sept millions de personnes sans protection sociale) et les riches de plus en plus riches, disloque les classes moyennes, base pourtant de la victoire du capitalisme.

Pour Prot, il ne s'agit pas de chercher un modèle, mais de trouver une voie française, volontariste, où le marché financier fournirait des fonds propres aux entreprises.

L'Église prescrit, comme Comte-Sponville, un ordre juridico-politique axé sur l'éthique et la religion, pour remédier aux phénomènes d'exploitation, dans le Tiers-Monde, et d'aliénation, dans les pays les plus avancés.

450 mots

edhec

ECOLE DE HAUTES ETUDES COMMERCIALES DU NORD
EDHEC GRADUATE SCHOOL OF MANAGEMENT

CONCOURS D'ADMISSION SUR TITRES EN PREMIERE ANNEE

25 MAI 1999

EPREUVE DE SYNTHESE DE TEXTES

Durée de l'épreuve : 4 heures
Coefficient : 4/12
Aucun document n'est autorisé.

SUJET

Vous réaliserez une note de synthèse sur la problématique dont les éléments sont fournis par les textes joints.
Vous en dégagerez le thème que vous annoncerez en début de copie.

Votre travail tiendra en 450 mots (tolérance + ou – 10 %)

Une synthèse doit être concise, objective et ordonnée. Aucune appréciation personnelle ne sera tolérée.

La qualité d'expression, le soin et l'orthographe seront pris en compte dans l'évaluation.

Le sujet comporte 14 textes.

LISTE DES TEXTES

(présentés par ordre chronologique)

1. A la croisée des liens
par I. THERY - Le Monde de l'Education. Novembre 1998

2. PACS, les pièges d'un nouveau jeu de loi
entretien avec I. THERY et C. LABRUSSE-RIOU
In Le Monde de l'Education. Novembre 1998

3. Des musulmans s'opposent au PACS
par B. GORCE - La Croix. 12 janvier 1999

4. Le PACS : POUR QUOI ?
par Fabienne DELECOURT - Revue Repères. Février 1999

5. Le PACS et la fragilisation du mariage
par G. MATHON - Revue Repères. Février 1999

6. Le Sénat offre une solution de rechange au PACS
par M. GOHEZ - La Croix. 10 mars 1999

7. Les non-choix d'une loi
par X. LACROIX - La Croix. 12 mars 1999

8. Le PACS profitera aux riches
par A. LARANE - La Croix. 12 mars 1999

9. De plus en plus d'homosexuels élèvent des enfants
par P. KREHER - Le Monde. 14-15 mars 1999

10. Extrait de la Croix. 17 mars 1999

11. Mariage, PACS, concubinage - Le Monde. 17 mars 1999

12. Textes de l'Assemblée nationale et du Sénat sur le PACS - La Croix. 30 mars 1999

13. Les députés reconnaissent le concubinage homosexuel.
par C. FABRE - Le Monde. 3 avril 1999

14. Audition publique, par la commission des lois du Sénat,
de I. THERY - Juris Classeurs. Avril 1999

DOC 1

A la croisée des liens

Irène Théry *

Le débat sur les mutations de la famille contemporaine a piétiné pendant trois décennies. Que signifient la baisse de la nuptialité et de la fécondité, la hausse des unions libres, des naissances hors mariage, du divorce, des familles monoparentales et recomposées ? La mort de la famille ou la naissance de l'authenticité personnelle ? La décadence ou le progrès ? L'opinion restait d'autant plus prisonnière de ces jugements extrêmes que la famille est un objet fortement idéologique : entre « familles, je vous aime » et « familles, je vous hais », on est vite sommé de choisir son camp.

Comment dépasser ces alternatives ? Tout d'abord en nous libérant de la myopie induite par notre fascination pour les dernières décennies. Le recul du temps long révèle que les changements familiaux qui affectent aujourd'hui tout l'Occident s'enracinent très loin dans le passé. Ensuite, en dépassant l'opposition classique entre le groupe familial et l'individu. Car la famille n'est pas un groupe social comme les autres. Parce qu'elle prend en charge une dimension spécifique de l'expérience humaine, celle du temps de la vie et de sa reproduction, sa particularité est de croiser différents types de liens humains : le lien de couple, le lien de filiation, le lien fraternel, le lien intergénérationnel. C'est à travers ces liens hétérogènes, potentiellement antagoniques, que se construit l'identité subjective de chacun. Leur rôle est de canaliser les pulsions et de mettre en forme les passions.

* **IRÈNE THÉRY est directrice d'études à l'Ecole des hautes études en sciences sociales. A récemment publié *France : les révolutions invisibles* (collectif). Calmann-Lévy/Magnum photos/Saint Simon.**

A l'aube de la modernité, au moment même où les droits de l'homme affirment les principes de liberté et d'égalité, le code Napoléon de 1804 fonde la famille moderne comme une société inégalitaire, hiérarchique et autoritaire. La tutelle des femmes et la sujétion des enfants sont justifiées en référence aux « natures » respectives de l'homme, de la femme et de l'enfant, mais aussi à la fonction propre de la famille : résister au temps pour assurer l'éducation des enfants, le soutien aux vieillards, et la transmission des biens. Les liens qui se croisent dans la famille s'inscrivent d'abord dans une institution qui les dépasse et les façonne tous, le mariage, idéalement indissoluble.

Ce modèle matrimonial a connu deux révolutions, celle du lien de couple, bouleversé par l'égalité des sexes, et celle du lien de filiation, modifié par la personnalisation de l'enfant. Sans compter la redéfinition du lien intergénérationnel, sous l'effet conjugué de l'allongement de l'espérance de vie et de la naissance de l'Etat-providence.

Le lien de couple a été radicalement redéfini au fur et à mesure que les femmes ont été reconnues comme des sujets à part entière, à l'égal des hommes. Un nouvel idéal conjugal se dessine alors dans l'imaginaire collectif, dès les années 30 de notre siècle : celui du « mariage-conversation ». Il ne bouleversera les comportements à une échelle de masse qu'avec la généralisation du travail féminin salarié. Au plus loin d'un statut garanti, d'un statu quo (le mariage où l'on se « case »), les couples contemporains rêvent désormais de construire leur lien comme une histoire et un dialogue se poursuivant au sein même de la famille au lieu de s'abolir dans la parentalité. Ainsi avons-nous changé de mythologie collective. A la dernière phrase des contes de fées traditionnels (*« Ils se marièrent et eurent beaucoup d'enfants »*) s'est substitué le film de l'éternel remariage amoureux (« ils se marièrent, et se remarièrent, et se remarièrent »... ensemble).

La montée de l'union libre prend ainsi tout son sens. Concubinage et mariage sont les deux façons signifiantes de chercher à incarner cet idéal. Le « démariage » n'est pas la crise du mariage, mais d'abord la perte de son monopole : le choisir est désormais une question de conscience personnelle. Le rompre aussi, car le risque assumé de la rupture donne son sens profond à l'engagement. De là le fait que le divorce soit aujourd'hui beaucoup plus fréquent sans s'être banalisé. Admise comme une issue digne si le couple ne s'entend plus, la séparation demeure toujours une crise grave de l'identité personnelle, signant l'échec de la conversation qui devait transformer le temps partagé de la vie en un itinéraire de construction du « soi ».

Ces transformations ont créé de nouveaux bonheurs et de nouvelles souffrances. Les couples d'autrefois souffraient d'un mal au nom significatif : le joug matrimonial. Aujourd'hui, chacun peut un jour subir la cruauté de l'abandon. Mais qui oserait pourtant réinstaurer la prison du droit ?

Le lien de filiation a connu, en deux siècles, une révolution aussi profonde mais inverse. Alors que le couple s'est contractualisé et privatisé, le lien de filiation est devenu l'archétype du lien inconditionnel et indissoluble. Au cœur de cette révolution, la perception de l'enfant non plus comme un adulte imparfait, mais comme une personne en devenir, dotée de besoins spécifiques. Avec la fin de la surmortalité infantile et la planification des naissances, l'enfant est devenu un bien rare et durable. Il acquiert ainsi un prix qu'il n'a jamais eu dans le passé. Le lien de filiation en est totalement redéfini. Ce que l'on doit désormais à son enfant, c'est de l'aimer, le soutenir et le protéger, quoi qu'il arrive et quoi qu'il en coûte. Pourtant, deux problèmes majeurs sont issus de cette révolution.

« Enfant-roi » et « enfant-victime »

D'une part, la personnalisation du lien à l'enfant, qui a mis bas le modèle autoritariste, induit une incertitude profonde du rôle parental et des exigences de la transmission générationnelle. Un véritable « besoin de l'enfant » accompagne l'affectivation relationnelle. Les figures de l'« enfant-roi » et de l'« enfant-victime » sont deux faces d'une même mythification de l'enfance, qui peut fort bien se retourner contre les enfants eux-mêmes. Promue comme l'origine de toute chose, l'enfance serait-elle le paradis perdu d'adultes infantilisés, ayant renoncé à porter la responsabilité du monde dans lequel ils ont placé les enfants ?

D'autre part, l'enjeu familial de la rupture conjugale a pris une autre dimension. L'idéal d'indissolubilité de la filiation, celui de l'égalité des sexes révèlent alors leurs limites. Permanence du lien à la mère et fragilité du lien au père traduisent à la fois la persistance des rôles de sexe au sein de la famille et l'extrême difficulté de la société à sécuriser la paternité au temps du démariage. Cette situation montre, avec acuité, que nous sommes encore loin d'être entrés dans un « nouvel âge » de la famille.

Prendre la mesure du temps long permet de comprendre que nous ne reviendrons pas en arrière. Mais comment asseoir une mutation qui, faute d'être assumée et contrôlée, fait courir aux individus et à la cohésion sociale des risques inédits ? Mai 68 n'a fait qu'exprimer la fin du modèle familial de la première modernité. Trente ans après, nous commençons de comprendre que la famille n'est pas une petite démocratie, mais d'abord « l'autre » de la démocratie : autrui n'y est pas mon semblable, et nos places ne sont pas interchangeables. Et nous découvrons avec effarement que la disqualification des normes et références, au nom de la vie privée, n'était en définitive que l'apologie de la loi du plus fort et du douillet entre-soi des classes privilégiées. Prendre la mesure de l'incroyable aggravation des inégalités sociales qui accompagne la mutation du lien familial, et de celle de la souffrance de l'individu désaffilié, implique de nous hausser à la hauteur des enjeux politiques, sociaux et anthropologiques ainsi ouverts et de réinstituer autrement la famille et le sujet humain. A la croisée des liens. ■

DOC 2

DOSSIER

PACS, les pièges d'un nouveau jeu de loi

Censé lutter contre la discrimination, le pacte civil de solidarité divise la France et risque, demain, d'introduire de nouvelles injustices.

Entretien avec Irène Théry et Catherine Labrusse-Riou *

Plutôt que le PACS, décrit parfois comme un mariage bis, n'est-ce pas le « démariage » qui menace le plus l'institution du mariage ?

Irène Théry : Le démariage ne désigne pas le fait que les gens se marient moins mais le fait que se marier ou se démarier soit devenu une question de conscience personnelle. Le mariage n'est plus l'horizon indépassable des rapports entre les hommes et les femmes qui veulent fonder un couple ou une famille. D'ailleurs, l'union libre, aujourd'hui, n'est pas une bataille contre le mariage. Son augmentation tient à un changement de la représentation du couple qui est davantage perçu comme une relation dont la légitimité réelle ne peut pas être conférée de l'extérieur mais est plus immédiatement liée à ce qui se construit et perdure entre les partenaires.

* IRÈNE THÉRY, sociologue.
* CATHERINE LABRUSSE-RIOU, professeur de droit à l'université Paris-I (Panthéon-Sorbonne).

Foley/Opale

D.R.

Ce changement se rapporte à la transformation du statut des femmes car le mariage obligatoire et indissoluble reposait sur l'inégalité des sexes. Pour assurer leur durée de couple signifiante certains vont choisir de rester hors de l'institution qui leur paraît en menacer la dynamique. D'autres pensent au contraire que le mariage – aujourd'hui contrat libre, égalitaire, dissoluble de la commune volonté des parties – est un cadre où l'on peut parfaitement instituer son lien. Dès lors, on peut être moins inquiet en comprenant qu'il n'y a pas de fracture entre mariés et concubins ; que certains finissent par se marier sans se renier ; qu'il y a une remontée du mariage chez les jeunes qui, à l'opposé de leurs aînés, n'y voient pas une institution chargée d'inégalité entre les sexes. Mais on peut aussi être plus inquiet en comprenant que ce qui se perd c'est le sens du rapport entre l'expérience privée et l'institution sociale. De ce point de vue, il y a une forme de désymbolisation qui peut atteindre ceux qui ne se marient pas comme ceux qui se marient et dont on ne perçoit pas encore qu'elle peut être destructrice pour l'individu parce qu'on a tendance à opposer l'authenticité individuelle et l'institution.

Catherine Labrusse-Riou : Même si la durée du couple est incertaine, il y a dans le mariage une manière d'affronter le temps. C'est une union non pas indissoluble mais intemporelle qui inscrit la filiation des enfants qui en sont issus dans une double parenté paternelle et maternelle. La structure du mariage en Occident remonte à plus de 2 000 ans. Il n'est donc pas plus facile de rompre l'héritage institutionnel que d'imaginer les conséquences qui peuvent en résulter dans les représentations que nous en avons. C'est d'autant plus délicat que l'institution des liens d'alliance et de filiation semble aujourd'hui mise en question dans ses fondations même : la monogamie qui, dans notre civilisation, est une des conditions de l'égalité des sexes ; les interdits matrimoniaux tels que l'inceste ; la nécessité, pour rompre le mariage, du jugement d'un tiers qui, grâce au droit, tente de déjouer, même en cas de divorce par consentement mutuel, la loi du plus fort. Le contrat n'y suffit pas, car la rupture non arbitrée entre deux êtres qui ont uni leur vie et non leurs seuls intérêts, est le plus souvent une violence de l'un sur l'autre. Pour l'Eglise catholique, les nullités de mariage jouent le même rôle que le divorce : délier les couples mal assortis. Mais si nous avons, dans notre héritage historique, une relative pluralité de démariages, nous n'avons pas, en revanche, d'exemple de pluralité d'unions sexuelles organisées par le droit. Pendant des siècles, sous l'influence de l'Eglise, le mariage visait à discipliner la sexualité. C'était la seule forme autorisant des relations sexuelles légitimes. Aujourd'hui, l'institution n'est plus considérée comme la permission sociale et morale de la vie sexuelle qui est devenue une affaire de liberté individuelle et de vie privée. On aurait pu penser que l'affermissement de la liberté individuelle et de l'égalité des époux dans le mariage aurait revalorisé le sens de l'engagement matrimonial, mais l'ancienne vision moralisante et institutionnelle semble en dissuader nombre de couples qui lui préfèrent le concubinage. Pourtant le droit du mariage n'en fait pas une prison, et la séparation des concubins est souvent plus difficile et plus injuste que le divorce. Inversement, des personnes vivant en couple homosexuel ne se satisfont pas de la liberté de leur mode de vie et réclament un statut juridique organisant leur union sur le modèle plus ou moins transformé du mariage. Mais le mariage qui, en l'état, implique la différence des sexes, ●●●

●●● n'est pas fait pour eux car le statut matrimonial est également construit en fonction des enfants et pour eux. Cette situation confuse et complexe pose des questions radicales : peut-on et doit-on élaborer une pluralité de statuts de nature conjugale, même s'ils sont différenciés, ou faut-il revoir les conditions et les formes du mariage pour y inclure ceux (mais lesquels ?) qui en veulent les avantages sans en remplir les exigences ? Peut-on faire courir aux enfants les risques d'une déstructuration du système de parenté ou d'une mise en question de leur identité généalogique qui, à terme, s'inscrit dans la demande de certains homosexuels ?

Le PACS, présenté comme une nouvelle forme de lien conjugal pour tous, n'est-il pas en fait un mariage pour homosexuels ?

I. T. : Ce qui fait sens aujourd'hui, c'est l'alternative entre le mariage et l'union libre. Le PACS vient troubler cette situation parce qu'il ajoute une troisième forme instituée. C'est, au départ, pour les couples homosexuels que cette question a surgi. N'ayant accès ni au concubinage ni au mariage, ils ont revendiqué la reconnaissance juridique de leur couple. D'ailleurs, l'Eglise, qui a fait le pas de ne plus condamner la sodomie comme un péché capital et appelle à la compassion à l'égard de cette sexualité, va devoir affronter un nouveau paradoxe : elle réduit l'homosexualité au seul *« sexe »* au moment où beaucoup admettent que les homosexuels peuvent s'aimer et constituer un véritable couple humain. A la question « Comment légiférer ? », des réponses juridiques diverses ont été faites, dont le sens politique était très différent. Le CUS (Contrat d'union sociale) était un véritable mariage bis. Le PIC (Pacte d'intérêt commun), lui, organisait la question des biens indépendamment de toute reconnaisance de couple. C'était une organisation pratique de la vie à deux, quelle que soit la forme du lien. J'étais pour une troisième voie, l'union libre, en reconnaissant le fait du concubinage homosexuel et en continuant dans la logique antérieure du droit qui est de considérer le concubinage comme une communauté de vie à laquelle une certaine durée confère la dimension d'un fait social producteur de droits. Quant au PACS, il déconnecte le débat social du débat juridique, ce qui est grave car c'est à travers les choix juridiques que l'on fait les grands choix de société. Le PACS de juin dernier était un « sous-mariage ». Il avait les caractéristiques d'une union matrimoniale, mais tout était inférieur au niveau de la nature des engagements, des droits ouverts et des protections. Maintenant qu'on lui a enlevé la communauté réduite aux acquêts et le statut d'héritier, le PACS n'est plus un sous-mariage mais il ne reste plus grand-chose, seulement un engagement à une aide mutuelle et matérielle et à une solidarité pour dettes. On a alors l'impression qu'on est dans un contrat et donc une autre forme d'union qui n'est ni un mariage, ni un sous-mariage, ni l'union libre. Mais en réalité ce n'est pas un contrat puisqu'il y a des délais (jusqu'à trois ans) qui fondent les droits, alors qu'un vrai contrat prend effet immédiatement. De plus, on peut le rompre par simple lettre recommandée ! On est à mi-chemin entre constat et contrat. En l'état, il est impossible de dire ce qu'est le PACS et qui il concerne : apparemment, un simple pacte sur les biens ouvert à tous les duos non apparentés, même si certains y voient un nouveau type d'union. Le compromis politique se paie par une incertitude sur les grands repères du droit et sur le sens de ce qu'on fait. C'est moins grave qu'un mariage bis ou un sous-mariage mais le PACS est inquiétant parce qu'il encourage une attitude de pur consommateur du droit. La seule morale de l'affaire, c'est de devoir en passer par là pour bénéficier de certains avantages, comme l'imposition commune.

> « En l'état, il est impossible de dire ce qu'est le Pacs et qui il concerne »

Le PACS est-il le premier pas vers l'adoption d'enfants par des couples homosexuels ?

C. L.-R. : Il y a encore des résistances. Mais on a déjà admis l'adoption par un célibataire qui peut être un homosexuel sans qu'on le sache. On a admis le changement d'état civil du transsexuel sans égard pour les effets du changement de sexe envers les enfants qu'il a pu avoir antérieurement. En fait, un couple d'homosexuelles peut aussi avoir des enfants sans passer par l'adoption ni par les centres de procréation artificielle. On a déjà vu cela devant les tribunaux avec deux femmes homosexuelles qui avaient passé un accord avec un homme, lui-même homosexuel, en vue d'une insémination artificielle, qui excluait la filiation paternelle. Après la naissance, la Cour de cassation donna raison au père qui avait quand même reconnu l'enfant : on n'institue ni n'exclut une filiation par contrat. Dans le désir de certains que le PACS autorise l'adoption ou la procréation assistée, c'est la différenciation des sexes dans les filiations que l'on prétend dénier. Or on ne peut pas faire qu'un enfant ait deux pères ou deux mères ni qu'un homme soit la mère d'un enfant (ou inversement), sans briser tout le système de parenté et créer des troubles identitaires inévaluables. C'est le véritable enjeu du PACS, le plus grave assurément.

Fallait-il légiférer pour autant qu'on ait voulu mettre fin à certaines discriminations ?

C. L.-R. : La question de l'opportunité d'une loi élaborant un statut conjugal propre aux couples non mariés peut être légitimement posée. Mais quel statut ? Ou bien celui résultant du PACS ou de tout autre contrat est identique à celui du mariage et il le ruine car il serait applicable à toutes sortes de couples, ce qui est difficilement acceptable pour des couples homosexuels. Ou bien il est différent – on enlève quelque chose du mariage (mais quoi ?) – et on crée alors forcément des hiérarchies et des discriminations entre les couples selon qu'ils sont mariés, concubins, liés par un PACS ou sans lien juridique. Ce n'est pas un mariage bis mais un mariage moins, la différence se faisant par retranchement à partir du modèle matrimonial. Or, si rien ne distingue en fait les couples hétérosexuels des couples mariés, si ce n'est l'absence de célébration initiale, pourquoi priver les premiers des droits reconnus aux seconds ? La question de la discrimination n'est donc pas résolue par les compromis du PACS. Sur le plan moral ou de la justice, pourquoi, par exemple, exclure l'obligation de fidélité ou autoriser la rupture unilatérale, alors que la première est l'expression même du respect de l'autre dans l'union sexuelle, et la seconde la manifestation de la violence subjective ? De même, il est aussi difficile de prétendre ignorer la réalité du lien sexuel (notamment homosexuel) en ouvrant le PACS à tous que de réserver ce statut aux unions sexuelles sans distinguer entre les couples hétéros et homosexuels. Derrière l'indifférenciation apparente, l'union sexuelle est quand même présente. On le voit, par exemple, à travers les interdits de conclure un PACS qui frappent plus de deux personnes, des personnes apparentées, déjà mariées ou déjà partenaires d'un autre PACS, car il y a incompatibilité des statuts, des places et des identités qui en résultent. Il en va de même des rapports incestueux – on ne peut pas être en même temps le fils et le frère ou le frère et l'époux de la même femme. C'est une question anthropologique et symbolique fondamentale. Mais voici que la proposition d'ouvrir le PACS aux fratries vient, à nouveau, brouiller encore plus les cartes. On ne sait plus pour qui ni pour quoi ce pacte est fait. Pour les homosexuels, il me semble préférable de pourchasser les discriminations dans les contrats de bail par exemple, à l'instar de ce qui se fait déjà dans les contrats de travail afin de respecter la vie privée du salarié et d'inciter les individus à organiser eux-mêmes leur solidarité par contrats ponctuels (bail passé ensemble, acquisitions indivises, comptes joints, etc.) plutôt que de construire un statut spécial, techniquement très discutable et peu juste. En revanche, pour les concubins hétérosexuels, on pourrait imaginer d'appliquer le statut matrimonial lors de la rupture, par décès ou séparation, s'ils ont vécu comme mari et femme. Mais je ne vois pas comment on peut différencier les couples sans les discriminer ni comment on peut assimiler les couples sans différencier les sexes.

I. T. : Il faut distinguer entre vouloir être reconnu comme un couple, ce qui est une revendication légitime, et les formes de cette reconnaissance. On pouvait parfaitement répondre à la demande symbolique à travers l'union libre. Cela impliquait un acte important : mettre fin, par un article dans le Code civil, à la jurisprudence restrictive de la Cour de cassation, pour laquelle un couple concubin est nécessairement formé d'un homme et d'une femme. Et bien sûr, élargir les droits de tous les concubins en matière de droits sociaux et de fiscalité des successions. L'imposition commune aurait dû être discutée en tenant compte des personnes seules : est-il normal d'avantager la vie à deux, alors qu'il y a sept millions de personnes seules, dont la capacité contributive, toutes choses égales par ailleurs, est largement moins de la moitié de celle des couples ? J'étais la seule à poser cette question en proposant d'aller vers une imposition séparée pour tous, comme dans les autres pays européens.

A l'heure qu'il est, nous sommes dans la confusion la plus totale : soit un PACS ouvert aux seuls couples mais ce *« sur-concubinage »* divise inutilement les concubins et, à terme, ouvre la porte à l'adoption par les couples homosexuels, ce qu'écrit ouvertement le rapporteur de la commission des lois. Soit, dernière péripétie en date, la possibilité pour les fratries d'avoir les avantages du PACS sans le signer ! Dans cette confusion, les dindons de la farce ne seront pas seulement les concubins qui tiennent à l'union libre, et les personnes seules, mais aussi les couples homosexuels eux-mêmes. On aurait renvoyé encore une fois la balle à la Cour de cassation pour qu'elle dise si deux homosexuels sont ou non un couple de concubins en droit.... Dans tous les cas, une chose se profile : en tant que citoyens victimes des compromis internes à la classe politique, nous serions tous perdants, si ces compromis se faisaient sur le dos du droit, des repères de sens, et du bon sens lui-même. ■

Propos recueillis par Marc Dupuis

DOC 3

France

Des musulmans s'opposent au Pacs

FAMILLE Peu de musulmans descendront dans la rue le 31 janvier pour la manifestation anti-Pacs. Mais leurs autorités associatives et religieuses se déclarent opposées au pacte civil de solidarité, dans le respect de la laïcité

« Le Pacs est un frein pour l'intégration des familles d'origine musulmanes qui souffrent déjà d'un manque de repères pour trouver leur place dans la société française. » Président de l'Union des familles musulmanes de France (UFM), Foudil Bendabadji a, depuis le début des débats sur le Pacs, choisi clairement son camp. Membre de l'Union nationale des associations familiales (Unaf), l'UFM ne pouvait pas prendre en marche le train du combat contre le Pacs.

« L'État a pour mission de protéger la famille. Nous ne sommes pas contre les homosexuels, mais la société se construit à partir de valeurs communes. Sans l'aide de ces repères, les familles musulmanes auront plus de mal à réaliser leur intégration difficile dans la société », explique Foudil Bendabadji. Il affirme aujourd'hui avoir rencontré une large adhésion des familles musulmanes, tout en précisant qu'il inscrit ce combat dans le strict respect des règles de la laïcité. L'UFM, créée il y trois ans avec le soutien de milieux protestants, œuvre « à l'intégration des familles musulmanes dans le respect des lois de la République. Notre objectif n'est pas religieux, il est essentiellement social. » Chacune des douze fédérations membres de l'UFM compte une centaine de familles musulmanes adhérentes.

Cela dit, dans l'ensemble des associations musulmanes, le Pacs n'a pas soulevé de grand mouvement d'opposition. Ainsi, l'une des principales, l'Union des organisations islamiques de France (UOIF) n'a jamais pris officiellement position. Membre du bureau de l'UOIF, M. El Hadj Amor explique que les prises de paroles et commentaires ont eu lieu au niveau local. Cet enseignant de l'université de Poitiers, imam le vendredi, a lui-même, lors de ses prêches, donné le point de vue critique qu'il juge conforme à la tradition musulmane : « Sous prétexte de liberté individuelle, on prend le risque de dénigrer des valeurs collectives. Une société a besoin de repères », souligne l'imam.

Quant au docteur Dalil Boubakeur, recteur de la Grande Mosquée de Paris, il est, depuis un an, intervenu à plusieurs reprises dans les médias pour dire son opposition au Pacs. « Sur le principe, rappelle-t-il, les musulmans partagent la vision chrétienne de la famille. » Le recteur, qui met en avant, en ce domaine, l'héritage commun des religions monothéistes, estime que le gouvernement n'a pas mesuré les réactions que susciterait le Pacs. « Mais, précise-t-il, la mosquée est une institution religieuse, j'interviens donc au niveau des principes, il n'est pas de mon devoir d'appeler les musulmans à manifester contre le projet. »

Les autorités musulmanes en retrait du débat public

Dalil Boubakeur ne participera pas aux manifestations anti-Pacs du 31 janvier ; Hamlaoui Mekachera a, lui, annoncé sa présence. Le nouveau président du Conseil représentatif des musulmans de France (CRMF), et ancien délégué à l'intégration d'Alain Juppé, se défend pourtant de démarches partisanes. « Il n'y a aucune considération politique. Simplement, le CRMF estime que l'on pouvait puiser dans l'arsenal juridique actuel pour répondre à des demandes spécifiques. L'islam, rappelle-t-il lui aussi, est attaché à la défense de la famille. »

Si l'unanimité semble se dessiner, sur le fond, pour condamner le projet de loi, les autorités musulmanes hésitent sur la manière dont elles doivent s'impliquer dans le débat public. Mais l'absence de toute institution représentative de l'ensemble de la communauté musulmane engendre des initiatives en ordre dispersé. Et beaucoup comptent, finalement, sur les autres autorités religieuses, notamment l'Église catholique, pour occuper le devant de la scène. L'imam El Hadj Amor regrette même le manque d'audace de cette dernière : « L'Église paraît avoir si peur de porter atteinte à la liberté individuelle qu'elle semble timide lorsqu'il s'agit de défendre la famille. »

Bernard GORCE

DOC 4

Repères

▪ LE PACS : POUR QUOI ? ▪

Il y a quelques mois, Madame Elisabeth Guigou, garde des sceaux, a annoncé pour 1999 une réforme globale du droit de la famille. Les premiers projets de cette réforme législative, prévoyant de donner un statut légal à l'union libre, ont successivement envisagé la création d'un CUC (contrat d'union civile), d'un CUS (contrat d'union sociale), d'un CUCS (contrat d'union civile sociale), d'un PIC (pacte d'intérêt commun) et, dernièrement, d'un PACS (pacte civil de solidarité). Examinée en conseil des ministres et adoptée, en première lecture, par l'Assemblée nationale, le 9 décembre dernier, la proposition de loi relative au PACS a déjà fait l'objet de discussions passionnées. Nous proposons ici quelques éléments de réflexion sur le projet de loi ***tel qu'il a été proposé en première lecture****.*

Il est compréhensible que le législateur contemporain s'intéresse au concubinage. En dehors de toutes polémiques d'ordre moral ou éthique, on doit admettre que le droit n'a plus à l'égard du concubinage la réticence qui le caractérisait autrefois. Depuis 1802 et la célèbre formule de Napoléon Bonaparte, Premier Consul, : "les concubins se passent de la loi, la loi se désintéresse d'eux", les choses ont bien changé. Le concubinage est devenu progressivement une situation de fait génératrice de droits, tant au profit des concubins eux-mêmes qu'à celui des tiers. Est-il pour autant souhaitable de réglementer l'union libre ?

▪ Réglementer le concubinage

Selon une certaine partie de l'opinion, la réforme est à la fois inéluctable et indiscutable. D'abord parce que les couples, de plus en plus nombreux, qui choisissent cette forme d'union ne se contentent plus de rapports épisodiques ou passagers ; ils s'engagent au contraire dans une relation stable et durable qui révèle une véritable communauté de vie tant dans les rapports personnels que patrimoniaux.

Ensuite parce que pour régler les litiges entre concubins qui interviennent le plus souvent à la séparation, les tribunaux ont pris l'habitude de puiser dans le droit des obligations, dans le droit des sociétés ou plus simplement dans les dispositions relatives aux droits et devoirs des époux. Ce faisant, les juges ont révélé les inconvénients parfois graves du silence de la loi en ce domaine, en particulier lorsque le concubin "veuf" ou abandonné se retrouve dans une situation de détresse intolérable.

▪ Une solidarité reconnue

De ce point de vue, le PACS modifie sensiblement le droit existant puisqu'il entoure la dissolution de l'union de l'accomplissement de formalités "administratives", et, en cas de rupture unilatérale, d'une notification préalable au partenaire. Le texte précise également que si les partenaires ne parviennent pas à s'entendre sur les conséquences de la rupture, celles-ci sont réglées par le juge (le tribunal de grande instance sera compétent pour statuer sur les conséquences matérielles de la rupture, et le juge aux affaires familiales réglera, le cas échéant, les conséquences pour les enfants).

Enfin en cas de décès, le survivant peut espérer conserver le droit au bail sans condition de délai (c'est déjà le cas aujourd'hui mais à la condition de justifier d'au moins un an de vie commune) et il bénéficie d'un abattement de 300.000 francs après lequel les droits de mutation s'élèvent à 40 % pour les premiers 100.000 francs et à 50 % au-delà, dès lors qu'il est lié au défunt depuis deux ans (pour l'heure, les concubins sont considérés comme des étrangers par le fisc. Les biens du défunt vont directement à ses descendants, ascendants ou collatéraux. Si le survivant est héritier, il a droit à un abattement de 10.000 francs et le taux des droits de succession est de 60 %. Rappelons que sauf disposition particulière, le conjoint survivant n'obtient qu'un quart de la succession en usufruit. En cas de libéralité, l'héritage est taxé à 20 % après abattement de 330.000 francs).

▪ Des droits et des obligations

Bien évidemment, l'intérêt du PACS ne se situe pas seulement au plan du règlement des conséquences de la rupture. La conclusion d'un PACS enregistré au greffe du tribunal d'instance donne des droits et impose des obligations aux partenaires durant la vie commune. Ils sont notamment tenus de s'apporter une aide mutuelle et matérielle dont les modalités sont fixées par le pacte et ils sont engagés solidairement à l'égard des tiers par les dettes contractées par l'un d'eux pour les besoins de la vie courante. Ils font l'objet d'une imposition commune à compter de la troisième année de PACS. L'avantage fiscal qui en résultera fait craindre à certains que les candidats au PACS recherchent les effets secondaires du pacte sans véritable intention de s'unir par une communauté de vie.

■ Quel concubinage ?

Si le risque de dérive n'est pas à exclure totalement, la discussion actuelle sur les enjeux du PACS semble s'être cristallisée sur une question éminemment plus sensible. Réglementer le concubinage, oui, mais quel concubinage ?

A l'évidence, le PACS n'a pas seulement pour ambition de s'adresser à des personnes qui ne veulent pas se marier ; il s'adresse aussi et peut-être surtout à celles qui ne peuvent pas se marier. Les couples homosexuels seraient les premiers (les seuls ?) destinataires du PACS pour nombre de ses opposants. De fait, l'article 2 de la proposition de loi en cours d'étude précise qu'un PACS peut être conclu par deux personnes physiques, *de sexe différent ou de même sexe*. Il n'est exclu — mais il est exclu ! — qu'entre ascendants et descendants en ligne directe, entre alliés en ligne directe et entre collatéraux jusqu'au troisième degré inclus, pour éviter les unions incestueuses.

Un frère et une sœur ne pourront pas signer un PACS mais ils pourront bénéficier de certains droits du nouveau dispositif. Le PACS est également exclu entre deux personnes dont l'une au moins est engagée dans les liens du mariage et entre deux personnes dont l'une au moins est déjà lié par un PACS, afin d'écarter tout risque de bigamie.

■ La question particulière des couples homosexuels

Est-ce à dire que la France s'est engagée dans une politique de reconnaissance législative des couples homosexuels, suivant en cela l'exemple des pays nordiques ? On pourrait être tenté de le croire. C'est précisément pour cette raison que la condition juridique des homosexuels agite les débats relatifs à la réglementation de l'union des personnes ayant décidé de se doter, hors mariage, d'un statut. La perspective de donner un cadre juridique aux relations entre deux hommes ou deux femmes, que l'on entrevoit clairement depuis la proposition de CUC enregistrée à l'Assemblée nationale le 21 décembre 1993, ne s'imposera pas sans difficulté.

En 1989, à l'occasion de deux arrêts rendus le même jour, l'un concernant un couple homosexuel homme, l'autre un couple homosexuel femme, la Cour de cassation avait jugé que la réglementation qui étend le bénéfice d'une mesure au *conjoint en union libre*, "doit être comprise comme ayant entendu avantager deux personnes ayant décidé de vivre comme des époux, sans pour autant s'unir par le mariage, ce qui ne peut concerner qu'un couple constitué d'un homme et d'une femme". Elle n'a jamais modifié sa position à ce jour. Exclus du mariage civil, les homosexuels se trouvent ainsi privés de concubinage dans la mesure où le droit ne reconnaît pas leur communauté de vie.

■ Les non-dits du PACS

L'extension du PACS aux homosexuels revient-elle à une légitimation de l'homosexualité ? Oui diront certains, mettant en avant la crainte généralement exprimée de voir les homosexuels accéder au rang de parents par la voie de l'adoption ou de la procréation médicalement assistée. Certes, le PACS n'envisage pas de régler ces questions. Mais c'est une évidence pour beaucoup que telle sera la revendication suivante.

Pour l'heure, les couples hors mariage hétérosexuels ont déjà obtenu le droit de solliciter les techniques médicales pour réaliser leur désir d'enfant, à condition de justifier d'une communauté de vie de deux ans ; mais ils n'ont toujours pas la possibilité de recourir à l'adoption conjointe, qui reste réservée aux époux.

Pourra-t-on, après leur avoir permis de contracter une union officielle source de droits et de devoirs à l'instar du mariage, refuser aux concubins hétérosexuels et homosexuels la possibilité de l'adoption ? Même ceux qui souhaitent protéger l'institution du mariage et la famille "traditionnelle" admettent qu'un telle mesure encourt le reproche d'être discriminatoire et inégalitaire, donc condamnable.

De là à rejeter "en bloc" le PACS et refuser par avance toute forme d'alternative au mariage, il n'y a qu'un pas... que certains n'hésitent pas à franchir. Mais appartient-il vraiment au droit d'imposer des valeurs ?■

Fabienne Delecourt
Enseignant-chercheur,
docteur en droit
à la faculté libre de droit

Le PACS doit être examiné mi-mars par le Sénat. Il devrait revenir fin mars début avril devant les députés puis retourner devant les sénateurs... Il ne devrait pas être adopté avant l'automne.

DOC 5

Repères

■ LE PACS ET LA FRAGILISATION DU MARIAGE ■

La sexualité et les rapports qu'elle instaure sont l'un de ces secteurs que **les sociétés** ont toujours régulé, d'abord et surtout en fonction de leur propre survie. D'où l'importance attachée à l'institution du mariage, à la filiation, et par voie de conséquences à la subordination des épouses à la fonction de procréation. C'est là qu'une révolution s'est produite au cours de ce siècle avec l'avènement d'une conception plus égalitaire, plus satisfaisante de par la qualité des liens affectifs souhaités entre les époux. Cette évolution vers une meilleure reconnaissance interpersonnelle a déplacé les repères. Cela justifie-t-il qu'on les élargisse encore pour "libérer le désir" reconnu davantage certes et c'est un bien, mais pas au point d'en faire un absolu ?

C'est à ce titre que **les confessions religieuses** estiment, elles aussi, devoir intervenir. Non pas d'abord à partir des rappels moraux d'allure dogmatique, mais en tant que cette possible acceptation du PACS pose à la société des questions pour le présent et pour l'avenir. Peut-on passer de l'acceptation d'une conception plus ouverte de la sexualité à l'homologation de comportements qui sont la négation de ces valeurs fondamentales puisque **la différence**, d'où vient l'enrichissement, et pas seulement sous la forme de l'accueil des enfants, **est niée**. Qu'on en réfère à la volonté de Dieu ("homme et femme il les créa") ou à la reconnaissance du "principe de réalité" que l'existence selon un mode sexué impose, conception religieuse et ou philosophique de l'existence se rejoignent. La volonté particulière ne saurait justifier tout et n'importe quoi.

C'est l'autre grand aspect du débat. **On ne peut pas mettre sur le même plan**, à titre d'institution équivalente, en leurs divers aspects anthropologiques et sociaux, **un *Pacte*** qui n'engage les contractants que sur l'aménagement du cadre de vie, ***et le mariage*** (civil ou religieux) qui engage les personnes dans la constitution de leur *couple* d'abord, du *foyer* et de la *famille* ensuite. C'est ici qu'il faut mesurer l'importance de l'institution du mariage. **Les trois termes : couple, foyer, famille**, désignent les trois étapes qui développent dans le temps un projet. On s'engage l'un envers l'autre pour fonder un foyer au sein duquel grandiront des enfants, l'ensemble formant la famille, cellule de base de la société. Le couple entend apporter sa pierre à son édification, et en échange la société offre ses services précisément pour surmonter le temps car "pour faire un homme, mon Dieu que c'est long !". C'est pourquoi les sociétés ont toujours entouré le mariage de célébrations et de festivités qui soulignaient la naissance d'un nouveau foyer. En reliant le mariage à la volonté même du Dieu créateur, c'est cette richesse que les Eglises chrétiennes ont entendu reconnaître (cf. *Gaudium et Spes*, n° 48) et notamment l'Église catholique en faisant du mariage un sacrement c'est-à-dire un authentique cheminement de sainteté.

Or **la valorisation de l'instant présent au détriment du projet** et donc la peur ou la méfiance à l'égard de l'engagement, ont **développé le concubinage qui, fragilise à tout le moins le cadre dont les enfants ont besoin** pour se sécuriser durablement. Et voilà qu'on exige du législateur qu'il signifie tant au plan des faits qu'à celui des symboles dont est porteur l'institution, l'équivalence de comportements assez fondamentalement opposés. On met sur le même plan l'institution du mariage, constitutive de la société dans son présent et son avenir et un pacte entre des personnes dont le projet de vie commune s'en tient à ce qu'ils décident d'en faire pour le temps qu'ils voudront, ou même que l'un des deux voudra ! Ce faisant, on défavorise l'institution majeure qui suppose un engagement plus fondamental puisqu'il est normalement souhaité et voulu "pour toujours" en lui juxtaposant un pacte dépendant totalement de la volonté présente des conjoints sans engagement pour l'avenir laissé au hasard des satisfactions attendues ou des désillusions inopinées.

On partage donc pleinement le sentiment de **la conférence des évêques** de France parlant du PACS comme "d'une loi inutile et dangereuse", ou de celui d'un groupe de juristes intervenant dans le débat : "D'une part, écrivent-ils, mettre sur le même plan les deux conduites c'est reconnaître le choix de l'individu comme un absolu qui n'est soumis à aucune norme objective morale et sociale". **Quant à l'État** "partagé entre la nécessité de tenir compte de l'évolution des mœurs et le désir de sauvegarder l'héritage éthique, il se doit de tenir compte de ce qu'impose le "vivre ensemble" d'une société. Son rôle ne se limite nullement à assurer une égalité de droit entre les individus. Il a le devoir de soutenir les institutions qui contribuent à la construction du lien social, à commencer par la famille" (Groupe *Paroles*, novembre 1997). ■

Gérard Mathon
Faculté de théologie

DOC 6

Le Sénat offre une solution de rechange au Pacs

FAMILLE La légalisation du concubinage : telle est la formule qui pourrait être proposée ce matin aux sénateurs

Les députés avaient bâti une cathédrale ? Le rapporteur du Pacs au Sénat, Patrice Gélard (RPR, Seine-Maritime), s'est employé à ramener l'ouvrage à des proportions plus modestes. Son argument a toujours été le suivant : on ne va pas boucher l'avenir avec un Pacs qui rend illisible la notion de famille. Le sénateur aurait donc l'intention de proposer à ses pairs, réunis ce matin en commission des lois, un nouveau texte en dix articles qui « règle le problème du Pacs en étendant les dispositions du concubinage aux concubins homosexuels ». Reste à savoir si la commission, qui est souveraine, se rangera à cette façon de voir. La proposition risque en effet de prendre à rebrousse-poil un certain nombre de sénateurs pas forcément favorables à une telle reconnaissance du couple homosexuel.

LUDOVIC/REA

Certains sénateurs seront peut-être pris au dépourvu.

Fermer la porte au mariage homosexuel

Patrice Gélard devrait ainsi commencer par suggérer de définir le mariage dans le code civil comme étant « l'union d'un homme et d'une femme ayant 18 ans révolus », union enregistrée par un officier d'état civil. Cette précision — destinée à fermer la porte du mariage aux homosexuels — étant apportée, le rapporteur souhaiterait insérer dans le code civil, juste après le chapitre sur le mariage, un nouveau chapitre sur le concubinage. Celui-ci préciserait : un, que le concubinage est le fait pour deux personnes de vivre en couple. Deux, que le concubinage se prouve par n'importe quel moyen (quittance de loyer commune, déclaration commune devant le maire, le notaire ou le président du tribunal, etc). Trois, que les concubins peuvent signer un contrat pour gérer leurs biens. Quatre, que les dispositions actuelles sur l'assistance médicale à la procréation (AMP) et l'adoption ne s'appliquent qu'aux concubins hétérosexuels.

En matière de fiscalité, un nouveau dispositif pourrrait là encore être imaginé : pas d'imposition commune pour les co-habitants, mais une extension au concubin de la notion de « personne à charge », qui concerne actuellement les handicapés majeurs ou les enfants majeurs sans revenu et ouvre droit à 20 300 F de déduction d'impôt. Et ce n'est pas tout. La « tontine », ce dispositif qui attribue au dernier survivant un bien acheté en commun, serait revalorisée. Ce mode de transmission est actuellement exonéré d'impôts jusqu'à 500 000 F : il le serait jusqu'à un million de francs.

Enfin, Patrice Gélard pourrait prôner, allant cette fois au-delà de la question du concubinage, une refonte de la fiscalité des successions en proposant que chaque Français puisse léguer jusqu'à 300 000 F exonérés d'impôts à la personne de son choix. Au-delà, taxation à 60 % pour tous, ce qui est actuellement la règle entre étrangers. Le coût de ces mesures, c'est-à-dire le manque à gagner pour l'État résultant des avantages fiscaux consentis, aurait été évalué à quelque 3 milliards de francs.

Avec ces nouvelles propositions, nous voici donc revenus à la case départ, à la légalisation du concubinage imaginée par la sociologue Irène Théry dans un rapport remis au gouvernement en mai 1998. La chancellerie n'avait pas souhaité retenir cette solution. Les sénateurs se prononcent aujourd'hui. Ils auront ensuite jusqu'à mardi prochain pour déposer des amendements.

Marianne GOMEZ

DOC 7

Les non-choix d'une loi

Xavier Lacroix

Doyen de la Faculté de théologie de Lyon

Les prises de position du théologien chrétien portent d'abord sur la foncière ambiguïté de ce projet de Pacs. Avant d'être éthiques, les enjeux sont de philosophie du droit, de philosophie politique, d'anthropologie.

1. S'adresse-t-il à ceux qui ne peuvent ou à ceux qui ne ne veulent pas se marier ? Son but est-il de favoriser l'intégration et la stabilité des couples homosexuels ou de renforcer la légitimité sociale du concubinage ? Ce flou est redoutable car il a deux conséquences :

— Pour les couples homosexuels, il introduit un flottement entre deux sens du terme « reconnaissance » : s'agit-il d'un appui à l'intégration ou d'une légitimation-institutionnalisation par l'entrée dans un modèle proche de celui du mariage ?

— On rapproche encore plus le concubinage du mariage en lui accordant une collection de droits incontestablement alignés sur ceux du mariage. De plus en plus de droits, donc, sans qu'il y ait engagement correspondant.

Pour apporter un soutien, à 60 000 couples homosexuels environ (Ined), on conforte un mode de vie qui concerne plusieurs millions de couples.

2. S'agit-il, oui ou non, d'un « choix privé » ? Si oui, pourquoi un appui économique de la collectivité (non négligeable économiquement : entre trois et six milliards de francs par an) ? Quel serait le fondement de ces droits nouveaux ? Les droits donnés par le mariage sont la contrepartie des apports du couple conjugal à la société, qu'il contribue à fonder et à prolonger. Quel est l'apport à la collectivité des couples en question ?

3. S'agit-il d'un « engagement », d'une « déclaration » en vue « d'organiser la vie commune » ? L'article 8 stipule que le « pacte » peut prendre fin « par la volonté de l'un des deux partenaires ». On rétablit ainsi la répudiation et il s'avère que le prétendu « encadrement juridique » est bien fragile lorsqu'il est affirmé que : « Les partenaires déterminent eux-mêmes les conséquences que la rupture du pacte entraîne à leur égard » (art. 9) !

4. Les enfants sont-il en jeu ou non ? Officiellement, la réponse est « non ». Mais comment nier : *a)* qu'il y a déjà des enfants dans les couples concernés et qu'il y en aura, par diverses voies autres que l'adoption, lesquelles, faut-il le rappeler, existent encore et continueront d'exister ; *b)* que c'est l'objectif affiché de nombre des groupes qui sont, de longue date, derrière ce projet ; *c)* que dans tous les débats à ce propos, les défenseurs du projet deviennent très vite les défenseurs d'un nouveau modèle familial possible ; d) que, une fois cette loi adoptée, le verrou sera très facile à faire sauter, ne serait-ce qu'au nom du sacro-saint principe de non-discrimination, pour, par exemple, l'adoption par les couples homosexuels ?

DENIS DARZACQ/VU

Un couple. *L'aide apportée aux concubins ne doit pas porter préjudice à l'institution du mariage.*

La famille est-elle menacée ?

Oui, si l'on pense que le meilleur fondement pour celle-ci aujourd'hui est l'engagement conjugal, parole explicite d'alliance entre un homme et une femme. Les prétentions à faire reposer la famille sur la seule reconnaissance de filiation ne peuvent masquer leur hypocrisie car, en l'absence de lien affirmé et clairement voulu entre le père et la mère, on sait d'avance quelle sera l'évolution probable de la famille. Les couples concubins avec enfants sont deux fois plus instables que les couples mariés (L. Toulemon, Ined, 1994).

Le théologien chrétien relèvera en particulier :

— Le prix et la valeur de la différence sexuelle comme source de sens, non seulement dans la parentalité mais dans la relation elle-même, dans la relation érotique en particulier ;

— L'importance et la valeur de l'engagement, du consentement à l'autre, au sens de l'alliance ;

— L'importance aussi de l'accueil du différent, de l'étrange ou de l'étranger.

Les propositions éthiques suivantes :

— Que notre société intègre mieux les personnes homosexuelles. Que si le couple est réellement la voie souhaitable pour certains celui-ci puisse être aidé pour sa stabilité.

— Que, si cette intégration a lieu, elle ne soit pas confondue, sur le plan de la symbolique sociale, avec la pure et simple assimilation du couple homosexuel au couple marié ou quasi marié.

— Que pour le bien de l'enfant il soit bien signifié que la légitimation de la famille requière et suppose la différence sexuelle.

— Qu'au lieu d'appuyer le concubinage, ou — si cela est inéluctable — qu'en plus de l'appuyer, on soutienne aussi le mariage, par des moyens qui restent à explorer, au premier rang desquels l'éducation au sens de la conjugalité, la préparation au mariage, l'aide aux couples.

La famille est une chose trop sérieuse pour l'abandonner à la fantaisie des désirs ou des complexions psychiques individuels.

DOC 8

Le Pacs profitera aux riches

André Larané

Ingénieur consultant

Le Pacs est revenu sur le devant de la scène avec l'ouverture de la discussion au Sénat. Laissant à d'autres l'analyse juridique de ce projet de loi, je voudrais souligner, d'un point de vue strictement économique, sa dimension sociale, ou plutôt antisociale.

La clé de voûte du Pacs est l'extension de l'imposition commune à tous les couples (concubins, homosexuels, « fratries »). Ce cadeau fiscal permettra à beaucoup de couples de faire des économies en déclarant leurs revenus sur une seule feuille d'impôt plutôt que séparément. Il profitera à ceux qui sont assez riches pour payer l'impôt sur le revenu. Par contre, les solitaires et la moitié la plus pauvre du pays, qui n'est pas imposable, n'y trouveront, eux, aucun avantage.

La Direction générale des impôts évalue à six milliards de francs par an le manque à gagner pour le budget de la nation (près de 2 % du montant total de l'impôt sur le revenu). C'est autant que le gouvernement devra récupérer en alourdissant les impôts et les taxes qui pèsent sur l'ensemble des citoyens, y compris les plus pauvres. Six milliards, ce n'est pas rien !... Le plan de lutte contre la délinquance, à titre de comparaison, est évalué à moins d'un milliard. Le gouvernement Jospin a par ailleurs refusé un coup de pouce aux chômeurs qui lui coûtait beaucoup moins que ça.

En faisant cadeau de l'imposition commune à tous les couples de la petite et de la grande bourgeoisie, le gouvernement socialiste peut-il se prévaloir d'une certaine rationalité ? Les enquêtes de consommation confirment ce dont chacun se doute, à savoir que la vie en couple est en soi une source d'économies importantes. C'est si vrai que l'État traite différemment les plus pauvres des Français selon qu'ils vivent isolés ou en couple. Le RMI s'élève à 2 429 F par mois pour un célibataire et seulement 3 644 F pour un couple (1 822 F par personne) ; le revenu minimum vieillesse est de la même façon différencié selon que les bénéficiaires vivent seuls ou en couple !

Mais l'État oublie son impitoyable logique dès qu'il a affaire aux plus riches des Français. Grâce à l'imposition commune, deux salariés aisés peuvent réaliser, en se mettant en ménage, non seulement des économies sur les dépenses communes (logement, voiture...), mais aussi des économies sur leurs impôts.

L'imposition commune a été octroyée aux couples mariés après la guerre, en même temps que le quotient familial, dans un contexte très différent d'aujourd'hui.

Aujourd'hui, dans la plupart des couples, les deux conjoints gagnent de l'argent et sont financièrement autonomes (salaire, pensions de retraite ou... aides sociales). La femme n'étant plus à la charge de son mari, l'imposition commune ne se justifie plus.

Le débat sur le projet de Pacs ne serait pas inutile s'il permettait de reconsidérer cet aspect de la fiscalité dans le sens d'une plus grande justice. Pourquoi ne pas introduire l'égalité fiscale entre les couples (mariés aussi bien qu'homosexuels) en supprimant toute possibilité de déclaration commune ? Chaque adulte paierait simplement l'impôt sur ses revenus personnels.

Quid du quotient familial relatif aux enfants mineurs (et aux personnes à charge lourdement handicapées) ? Le quotient familial répond à un esprit de justice car il compense en partie le surcroît de dépenses que constitue l'arrivée au foyer d'une nouvelle personne à charge.

Le quotient familial appliqué aux enfants, avec imposition séparée des adultes, évite les grossières injustices qui s'attachent aujourd'hui à l'imposition commune. Il introduit surtout une parfaite équivalence fiscale entre toutes les situations.

Peut-on attendre du gouvernement qu'il étudie cette voie ? Avec la perspective de gagner au tournant un supplément d'impôt au détriment des couples mariés qui bénéficient aujourd'hui de l'imposition commune... supplément qui pourrait être recyclé dans les allocations familiales, les aides sociales ou une baisse généralisée de l'impôt sur le revenu.

DOC 9

De plus en plus d'homosexuels élèvent des enfants

LES COUPLES homosexuels avec enfant ne représentent encore en France qu'une réalité statistiquement mineure, et d'ailleurs non évaluée jusqu'à présent. Mais l'on est déjà au stade des réalités. Dans la grande majorité des cas, les couples homosexuels concernés élèvent un ou plusieurs enfants conçus dans le cadre d'une union hétérosexuelle passée. Plus rarement, ces enfants sont le fruit d'une démarche de couple homosexuel, qu'il s'agisse d'adoption (en tant que célibataire, en dissimulant sa vie de couple homosexuel), d'insémination artificielle (interdite aux célibataires en France, mais autorisée en Belgique ou aux Pays-Bas), de conception via des mères porteuses américaines, ou encore d'*« arrangements entre amis »* : inséminations artificielles artisanales, souvent effectuées avec l'aide amicale d'un(e) gynécologue ; *« coparentalité »* organisée entre deux couples, l'un gay, l'autre lesbien. Au total, le nombre de couples homosexuels en France est évalué à trente mille.

Aux Pays-Bas, il existerait environ 20 000 enfants élevés par des gays et lesbiennes, tous cas de figure confondus. Aux Etats-Unis, on parle même de *« gayby-boom »* : en septembre 1994, un article paru dans la revue scientifique *Pediatrics in Review* estimait déjà qu'il existait outre-Atlantique de 1 à 5 millions de mères lesbiennes et de 1 à 3 millions de pères gays. Dans les trois principaux centres belges et néerlandais pratiquant l'insémination artificielle, on a reçu, en 1998, une petite centaine de couples de lesbiennes françaises, et leur présence est chaque année plus remarquée.

En France, l'Association des parents et futurs parents gays et lesbiens (APGL), créée en 1986, comptait soixante-dix membres il y a deux ans. Ils sont aujourd'hui un peu plus de huit cents. Au deux tiers des femmes, pour moitié des Parisiens. Eric Dubreuil, président de cette association, a été élu *« gay de l'année »* 1998. En 1996, c'était Arnaud Marty-Lavauzelle, alors président d'Aides. Le sida était au centre des préoccupations des homosexuels ; ce sont désormais les enfants.

Comme partout en Europe, le sujet, totalement tabou il y a peu, émerge en France, adossé à un nouveau concept : celui de *« familles homoparentales »*, lancé il y a deux ans par les militants de la « parentalité » homosexuelle. François de Singly, sociologue de la famille, y voit un *« coup de force en termes normatifs, qui vise à accroître le pluralisme du mot "famille" »*.

Une stratégie *« qui s'est avérée payante pour les familles monoparentales*, rappelle-t-il. *On a reconnu qu'une mère et un enfant, c'était une famille »*.

Le Centre gay et lesbien, à Paris, se dit *« de plus en plus sollicité, depuis environ deux ans, pour donner des adresses, des lieux d'écoute, des conseils au moment d'un divorce pour obtenir la garde de l'enfant »*... Un sondage Têtu/BSP, réalisé voici deux ans auprès de 1 040 gays et lesbiennes, estimait à 11 % les lesbiennes ayant déjà un enfant, et à 45 % celles qui désiraient en avoir un. Chez les hommes, ces mêmes questions donnaient respectivement 7 % et 36 % de réponses positives. *« En un mot*, résume Eric Dubreuil, le président de l'APGL, *les jeunes gays et lesbiennes n'entrent plus automatiquement dans le déni de leur désir d'enfant. Ils disent que la sexualité est une chose, que le désir d'être parent en est une autre. »*

Une évolution aux causes multiples, parmi lesquelles les discussions actuelles sur le pacte civil de solidarité (PACS). La proposition de loi socialiste de reconnaissance légale du concubinage évite pourtant soigneusement d'aborder la question de la filiation. Mais en agitant en permanence la menace du droit à l'adoption pour les gays, les opposants au PACS ont involontairement fait à l'*« homoparentalité »* une place dans le débat public.

La relative régression des sentiments homophobes ainsi que la plus grande visibilité de l'homosexualité jouent dans le sens d'un « deuil » moins systématique du désir d'enfant chez les couples de même sexe. *« On s'était interdit d'être parents parce qu'on avait intériorisé l'image négative qui était renvoyée de nous*, analyse Eric Garnier, de l'APGL. *Nous étions censés être frivoles, incapables de prendre des responsabilités, bizarres et même dangereux pour les enfants. Si aujourd'hui les homosexuels sont considérés comme des gens totalement normaux, pourquoi trouverait-on étonnant que comme tout être humain, ils se posent la question d'avoir des enfants ? Pourquoi en seraient-ils indignes ? »*

Ceux qui, il y a vingt ans, auraient vécu en famille et mené en parallèle une autre vie, osent désormais divorcer, vivre en couple homosexuel et demander la garde de leurs enfants. Le regard des homosexuels eux-mêmes a changé, qui ne soupçonnent plus ceux d'entre eux qui souhaitent des enfants de « singer » les hétérosexuels pour se fondre dans la masse. La famille, par ailleurs, a évolué. Ses formes se sont diversifiées (familles recomposées, monoparentales...), jusqu'à poser aujourd'hui la question de la reconnaissance d'une famille avec deux parents de même sexe.

Surtout, souligne François de Singly, *« les homosexuels peuvent davantage adhérer au modèle de famille qui s'est inventé depuis les années 80 : une forme de réalisation de soi à travers des relations interpersonnelles. Ils se convertissent à un certain type de famille, dans lequel on n'est plus défini par le sexe et la position d'âge. La famille, désormais, se définit de plus en plus par des liens électifs, et non plus statutaires, institutionnels. La famille, c'est une affection entre des proches »*.

Les évolutions de la société, comme les progrès scientifiques, ont aussi contribué à distendre le lien entre sexualité et procréation. Les couples stériles eux-mêmes ne se résignent plus à ne pas être parents. *« On compte bien moins de familles sans enfant aujourd'hui qu'au début du siècle*, rappelle Anne Cadoret, ethnologue. *L'enfant est devenu essentiel à la famille, comme l'était auparavant l'alliance. L'accomplissement de l'individu passe par l'enfant, non pas dans l'idée de transmettre des biens mais pour prolonger une identité. »*

S'il monte, le débat sur l'« homoparentalité » provoque des réactions toujours extrêmement passionnelles. *« La société n'est pas prête ! »*, revient comme un leitmotiv. Marcela Iacub, chercheur au CNRS, constate qu'*« il est possible de parler du couple homosexuel. Mais dès qu'on en arrive à la filiation les gens ne raisonnent plus »*. L'« homoparentalité » est, selon elle, *« profondément subversive par rapport à l'ordre procréatif dans lequel nous vivons : les parents de l'enfant sont ceux qui l'ont engendré. Toute filiation est construite sur cette logique imitative de la nature. C'est pour cela que l'on cache les origines lors d'une adoption, que la trace du donneur est effacée pour l'enfant en cas de PMA* [procréation médicalement assistée]. *On préfère organiser le secret plutôt que de mettre en péril l'assimilation entre géniteurs et parents. »*

Pascale Krémer

Le cadre légal

- **Adoption.** Depuis 1966, l'adoption plénière est ouverte aux célibataires. La loi Mattéi de juillet 1996 a abaissé à vingt-huit ans l'âge minimum des adoptants. La loi ne spécifie pas quelle doit être l'orientation sexuelle du célibataire, mais, lors de la procédure d'agrément, l'homosexualité, dès lors qu'elle est clairement mentionnée, est souvent un motif non dit de refus d'agrément. L'adoption conjointe par des concubins n'est pas autorisée : les couples adoptants doivent être mariés depuis au moins deux ans.
- **Procréation assistée.** Selon les lois de bioéthique du 29 juillet 1994, l'assistance médicale à la procréation ne peut bénéficier qu'à des couples composés d'un homme et d'une femme vivants, en âge de procréer, mariés ou en mesure d'apporter la preuve d'une vie commune d'au moins deux ans. Elle doit *« remédier à une infertilité dont le caractère pathologique a été médicalement diagnostiqué »* ou permettre d'*« éviter la transmission à l'enfant d'une maladie d'une particulière gravité »*.
- **Mères porteuses.** La pratique de la maternité de substitution est interdite en France. *« Toute convention portant sur la procréation ou la gestation pour le compte d'autrui est nulle »*, disposent les lois de bioéthique du 29 juillet 1994.
- **A l'étranger.** L'adoption par un couple de personnes de même sexe n'est autorisée dans aucun pays d'Europe, mais elle fait actuellement l'objet d'un projet de loi aux Pays-Bas. Aux Etats-Unis, l'Etat du New Jersey la considère comme légale. Treize Etats américains accordent par ailleurs au compagnon du père gay, ou à la compagne de la mère lesbienne, la possibilité d'adopter un enfant en tant que second parent, de même que les provinces de Québec et de Colombie britannique, au Canada.

DOC 10

Elisabeth Guigou n'en démord pas : « Le Pacs est la meilleure réponse possible. » Toutefois, la ministre de la justice a indiqué hier midi, à l'issue d'une réunion à Matignon, la nouvelle inflexion que le gouvernement comptait donner au débat sur le Pacs. Est aujourd'hui envisagée, en plus du pacte civil de solidarité, une reconnaissance du concubinage. L'un et l'autre de ces dispositifs emportant toutefois des conséquences bien différentes.

« C'est une fusée à deux étages », résume un conseiller de Lionel Jospin. Premier étage : ici s'arrêteraient les concubins qui ne veulent pas s'engager. Actuellement, s'ils sont homosexuels, ils ne peuvent bénéficier de certains droits, comme le droit au bail ou l'affiliation à la Sécurité sociale, depuis qu'une jurisprudence établie par la Cour de cassation a stipulé qu'un couple était obligatoirement formé d'un homme et d'une femme. L'idée actuellement proposée par le Sénat — et à laquelle le gouvernement se ralliera « si le groupe socialiste de l'Assemblée nationale ou du Sénat dépose un amendement en ce sens », a précisé Élisabeth Guigou — serait de faire en sorte que cesse cette discrimination.

Comment ? En inscrivant le concubinage dans le code civil, sous une forme qui reste à trouver. « Il faut trouver la rédaction la plus adéquate pour établir la non-discrimination des couples homosexuels », tout en continuant à réserver la filiation aux seuls hétérosexuels, a indiqué le garde des Sceaux. Suffit-il pour ce faire, comme le disent les sénateurs, de définir le concubinage comme le fait, « pour deux personnes, de vivre ensemble », sans plus de précision ? Ou faut-il lever toute équivoque en stipulant explicitement que ces personnes peuvent être « de même sexe ou de sexe différent », comme le demandent deux sous-amendements des sénateurs Nicolas About (RI) et Jean-Jacques Hyest (UC, Seine-et-Marne) ? La question n'est pas tranchée. Mais l'idée est bien de faire en sorte que les concubins homosexuels ne soient pas lésés par rapport aux hétérosexuels.

Deuxième étage : celui du Pacs. Ceux qui monteraient jusque-là en seraient récompensés. Ils bénéficieraient, comme le prévoit le texte adopté en première lecture à l'Assemblée, de droits spécifiques accordés en contrepartie de leur engagement : avantages fiscaux, successoraux notamment, possibilités de rapprochement, etc.

Si cette option se confirme, le gouvernement aura donc finalement choisi... de ne pas choisir, en empilant deux options qui étaient jusqu'alors considérées comme contradictoires. Il n'est pas sûr que cette tentative de désamorcer les critiques de plus en plus nombreuses contre le Pacs remporte un franc succès. Car elle ne corrige qu'une partie des failles relevées. Ainsi, la reconnaissance du concubinage envisagée règle un problème de taille pour les homosexuels, mais ne change absolument rien à la situation des concubins hétérosexuels. Pour eux, la formule « Les non-pacsés ignorent le droit, le droit les ignore », qui paraphrase un adage célèbre, reste toujours valable.

« Chacun est libre de sa vie personnelle »

Les députés seront amenés à se prononcer sur cette solution hybride dès les 30, 31 mars et 1er avril prochains. Leur seront par ailleurs proposés des « aménagements techniques » du texte : la suppression de l'ouverture des avantages du Pacs aux fratries ; un régime des biens qui ne serait plus obligatoirement l'indivision ; enfin quelques changements — qui pourraient finalement être surtout d'ordre rédactionnel — en ce qui concerne l'article sur les modalités de rupture. Voilà pour l'essentiel.

Quant aux sénateurs, on pourra vérifier dès aujourd'hui s'ils suivent la volonté d'ouverture affichée par leur commission des lois. Le texte qui leur est soumis, rebaptisé : « proposition de loi relative au mariage, au concubinage et aux liens de solidarité », commence par préciser que « chacun est libre de sa vie personnelle ». Puis il introduit dans le code civil une définition du mariage comme étant « l'union d'un homme et d'une femme ». Suit un article, nouveau, sur le concubinage, défini comme le fait pour des couples homosexuels ou hétérosexuels de vivre en commun *(La Croix du 10 mars)*. Toutefois, contrairement à ce que pourrait laisser penser cette formulation, la proposition sénatoriale n'est pas limitée aux couples sexués : dans l'esprit de son rapporteur Patrice Gélard, les frères et sœurs, les paires et duos divers peuvent prétendre au statut de « concubins ». « Dans un monde où la précarité gagne du terrain, il semble souhaitable de développer de nouvelles formes de solidarité dans le milieu familial ou en dehors de celui-ci », peut-on lire dans l'exposé général du rapport du Sénat. Les sénateurs réintroduisent là une fâcheuse confusion.

Marianne GOMEZ

DOC 11

Mariage, PACS, concubinage : trois régimes différents pour les personnes vivant en couple

● **Fiscalité.** 1) Les personnes mariées établissent une déclaration commune de leurs revenus. Il en irait de même pour celles qui auraient conclu un pacte civil de solidarité (PACS) depuis trois ans. Les concubins déclarent leurs revenus séparément. 2) Les personnes mariées font une déclaration commune de leur fortune. Les concubins dont le concubinage est reconnu comme « notoire » font également une déclaration commune. Il en irait de même pour les signataires d'un PACS, sans condition de durée. 3) Le PACS prévoit un régime proche de celui des couples mariés : les personnes « pacsées » depuis deux ans bénéficieraient d'un abattement de 300 000 francs en 1999 et de 375 000 francs en 2000 (respectivement 400 000 et 500 000 francs pour les couples mariés) ; les biens transmis seraient taxés à 40 % à hauteur de 100 000 francs et à 50 % au-delà (de 5 % à 40 % pour les personnes mariées, en fonction de sept tranches de revenus) ; le délai de deux ans n'est pas applicable en cas de maladie grave du testateur. Les concubins sont considérés, eux, comme des étrangers aux yeux du fisc : au-delà d'un abattement de 10 000 francs sur les successions, l'héritier acquitte une taxe de 60 %.

● **Patrimoine.** Les couples mariés sont placés sous le régime de la communauté réduite aux acquêts, sauf s'ils ont conclu un contrat de mariage qui en dispose autrement. Les concubins sont soumis au régime de l'indivision pour les biens acquis en commun. Il en irait de même pour les signataires d'un PACS.

● **Protection sociale.** Le conjoint est considéré comme l'ayant droit pour l'assurance-maladie. Il en irait de même pour deux personnes ayant signé un PACS. Dans un couple non marié hétérosexuel, le partenaire qui est à la charge permanente et effective de l'assuré a la qualité d'ayant droit pour l'assurance-maladie. La « Sécu » accorde le même avantage aux couples homosexuels, à condition qu'ils justifient d'un an de vie commune.

● **Logement.** Dans le cas d'un couple marié, en cas d'abandon du logement ou du décès du preneur, le bail est transféré au profit du conjoint. Les concubins bénéficient de cette disposition, à condition que leur concubinage soit notoire depuis depuis un an. Le partenaire d'un couple homosexuel ne bénéficie pas de ce droit, la Cour de cassation ayant considéré, le 17 décembre 1997, que les couples homosexuels ne sont pas des concubins. Le droit au bail s'appliquerait, en revanche, dès la signtaure d'un PACS, quel que soit le sexe des signataires.

● **Filiation.** Un couple marié exerce automatiquement l'autorité parentale conjointe sur les enfants qui naissent pendant le mariage. L'adoption plénière peut être demandée par deux époux non séparés de corps, mariés depuis plus de deux ans ou âgés l'un et l'autre de plus de vingt-huit ans. L'adoption conjointe n'est pas ouverte aux couples non mariés. Une personne célibataire de plus de vingt-huit ans peut adopter seule un enfant.

La procréation médicale assistée (PMA) est ouverte sans délai aux couples mariés, ainsi qu'aux concubins qui justifient d'une vie commune d'au moins deux ans. Elle est fermée aux couples homosexuels par l'article 152-2 du code de la santé publique, qui réserve la PMA aux couples formés d'un homme et d'une femme. Le PACS ne contient aucune disposition sur l'adoption ni sur la PMA.

● **Travail.** Les personnes « pacsées » bénéficieraient du régime des couples mariés : l'entreprise devrait prendre en compte les possibilités du conjoint (ou partenaire) pour l'attribution des vacances, accorder des jours de congé en cas d'événement grave touchant le partenaire et traiter en priorité les vœux de mutation des fonctionnaires.

● **Nationalité.** Le mariage d'un citoyen français avec un ressortissant étranger ouvre droit, sans délai, à un titre de séjour provisoire, ainsi qu'à l'acquisition de la nationalité française après un an de mariage, ou sans délai lorsqu'un enfant naît avant ou pendant le mariage. La conclusion d'un PACS constitue un des éléments pour apprécier l'existence de liens personnels en France. L'article du PACS relatif à la nationalité, selon lequel, conclu depuis un an, il serait un élément d'appréciation de l'assimilation d'une personne à la communauté française, a été supprimé à l'Assemblée nationale, à la demande du gouvernement, qui s'est engagé à prendre cette mesure par décret. Pour obtenir une carte de séjour temporaire au titre de la « *vie privée et familiale* », le concubin doit justifier du caractère « *notoire* » et « *relativement ancien* » – cinq ans – du concubinage. La naturalisation est accordée par décret, sous conditions, à la demande de l'étranger.

Cl. F.

DOC 12

Texte proposé par la commission des lois de l'Assemblée

●**Article premier** : « Le livre premier du code civil est complété par un titre XII ainsi rédigé :

« **Chapitre I : Du pacte civil de solidarité**

« Un pacte civil de solidarité est un contrat conclu par deux personnes physiques majeures, de sexe différent ou de même sexe, pour organiser leur vie commune.

« À peine de nullité, il ne peut y avoir de Pacs : entre ascendant et descendant en ligne directe, entre alliés en ligne directe et entre collatéraux jusqu'au troisème degré inclus ; entre deux personnes dont l'une au moins est engagée dans les liens du mariage ou déjà liée par un Pacs.

« Deux personnes qui concluent un Pacs en font la déclaration conjointe au greffe du tribunal d'instance de leur résidence commune. Le greffier fait porter mention de la déclaration sur un registre tenu au greffe du tribunal d'instance du lieu de naissance de chaque partenaire. L'inscription sur ce registre confère date certaine au Pacs et le rend opposable aux tiers.

« Les partenaires liés par un pacte civil de solidarité s'apportent une aide mutuelle et matérielle. Ils sont tenus solidairement à l'égard des dettes contractées par l'un d'eux pour les besoins de la vie courante et les dépenses relatives au logement commun.

« À défaut de stipulations contraires de l'acte d'acquisition, les biens des partenaires acquis à titre onéreux postérieurement à la conclusion du pacte sont soumis au régime de l'indivision.

« Lorsque les partenaires décident d'un commun accord de mettre fin au pacte, ils remettent une déclaration conjointe écrite au greffe du tribunal d'instance dans le ressort duquel l'un d'entre eux au moins a sa résidence. Lorsque l'un des partenaires décide de mettre fin au Pacs, il signifie à l'autre sa décision et adresse copie de cette signification au greffe du tribunal d'instance qui a reçu l'acte initial. Lorsque le Pacs prend fin par le décès de l'un au moins des partenaires, le survivant ou tout intéressé adresse copie de l'acte de décès au greffe du tribunal d'instance qui a reçu l'acte initial.

« À défaut d'accord, le juge statue sur les conséquences patrimoniales de la rupture, sans préjudice de la réparation du dommage éventuellement subi.

« Les majeurs placés sous tutelle ne peuvent conclure un pacte civil de solidarité. »

« **Chapitre II : du concubinage**

« Le concubinage est une union de fait, caractérisée par une vie commune présentant un caractère de stabilité et de continuité, entre deux personnes, de sexe différent ou de même sexe, qui vivent en couple. »

●**Article 2** : « Les partenaires liés par un Pacs font l'objet d'une imposition commune à compter de l'imposition des revenus du troisième anniversaire de l'enregistrement du pacte. »

●**Article 3** : « La part nette taxable revenant au partenaire lié au donateur ou au testateur par un Pacs est soumise à un taux de 40 % pour la fraction n'excédant pas 100 000 F et à un taux de 50 % pour le surplus. Ces taux ne s'appliquent aux donations que si les partenaires sont liés depuis au moins deux ans par un Pacs. »

●**Article 4** : « Les partenaires liés par un Pacs font l'objet d'une imposition commune au titre de l'impôt de solidarité sur la fortune. »

●**Article 4 bis** : « La personne liée à un assuré social par un Pacs a la qualité d'ayant droit de l'assuré pour les prestations en nature de l'assurance maladie. »

●**Article 5** : « Les partenaires liés par un Pacs bénéficient des dispositions du code du travail sur les congés. »

●**Article 6** : « La conclusion d'un Pacs constitue l'un des éléments d'appréciation des liens personnels en France pour l'obtention d'un titre de séjour. »

●**Article 7** (demande de naturalisation) : supprimé.

●**Article 8** : « S'agissant de la fonction publique, les affectations prononcées doivent tenir compte des demandes formulées par les intéressés. Priorité est donnée aux fonctionnaires séparés pour des raisons professionnelles du partenaire avec lequel ils sont liés par un Pacs. »

●**Article 9** : « En cas d'abandon du domicile par le locataire ou lors du décès du locataire, le contrat de location continue ou est transféré au partenaire lié au locataire par un Pacs.

●**Article 10** (étendant certaines dispositions du Pacs aux frères et sœurs) : supprimé.

Texte voté par le Sénat

● **Article premier** (portant création du Pacs) : supprimé.

● **Article 1er A** (nouveau) : Le premier alinéa de l'article 9 du code civil est ainsi rédigé : « Chacun est libre de sa vie personnelle et a droit au respect de sa vie privée et familiale. »

● **Article 1er B** (nouveau) : « Le mariage est l'union d'un homme et d'une femme célébrée par un officier d'état civil. »

● **Article 1er C** (nouveau) : « Dans le livre 1er du code civil est inséré, après l'article 310, un titre VI bis intitulé ainsi rédigé :

« Du concubinage

« Le concubinage est le fait pour deux personnes de vivre en couple sans être unies par le mariage.

« Le concubinage se prouve par tous moyens. Un acte de notoriété peut être délivré aux concubins majeurs et célibataires par un officier de l'état civil, un juge ou un notaire.

« Les concubins peuvent conclure un contrat par acte authentique ou sous seing privé pour régler tout ou partie de leurs relations pécuniaires et patrimoniales et organiser leur vie commune. »

● **Article 2** : Tout contribuable peut considérer comme étant à sa charge une personne majeure qui est son ayant droit (en matière de) sécurité sociale, ou qui vit effectivement sous son toit, à condition que ses revenus perçus dans l'année soient inférieurs au revenu minimum d'insertion. Le contribuable qui accepte le rattachement à son foyer fiscal de la personne sus-mentionnée bénéficie d'un abattement de 25 000 F sur son revenu global.

● **Article 2 bis** (nouveau) : « Les sommes versées ou avantages en nature consentis à un parent collatéral jusqu'au troisième degré, célibataire, veuf, divorcé ou séparé de corps, dont les revenus perçus dans l'année ne dépassent pas un montant égal au cumul sur douze mois du RMI », bénéficient d'un abattement de 25 000 F.

● **Article 3** : « Pour la perception des droits de mutation par décès, il est effectué un abattement de 250 000 F sur la part revenant à un légataire désigné par le testateur. »

● **Article 3 bis** (nouveau) : « Pour la perception des droits de mutation par décès, il est effectué un abattement de 150 000 F sur la part de chaque frère ou sœur, célibataire, veuf, divorcé ou séparé de corps, constamment domicilié avec le défunt pendant l'année précédant le décès. »

● **Article 4** (qui instituait l'imposition commune pour les personnes « pacsées »): supprimé.

● **Article 4 bis A** (nouveau) : « Les biens recueillis en vertu d'une clause insérée dans un contrat d'acquisition en commun selon laquelle la part du ou des premiers décédés reviendra aux survivants de telle sorte que le dernier vivant sera considéré comme seul propriétaire de la totalité des biens sont, au point de vue fiscal, réputés transmis à titre gratuit à chacun des bénéficiaires de l'accroissement. Cette disposition ne s'applique pas à l'habitation principale commune à deux acquéreurs pour la part de sa valeur inférieure à 750 000 F. »

● **Article 4 bis B** (nouveau) : « Le gouvernement dépose chaque année, en annexe de la loi de finances, un rapport sur l'application de la présente loi. »

● **Article 4 bis** (donnant la qualité d'ayant droit à la sécurité sociale à la personne liée par un Pacs) : supprimé.

● **Article 5** : « Tout salarié bénéficie d'une autorisation exceptionnelle d'absence de deux jours pour le décès d'un concubin. »

● **Article 6** (qui faisait du Pacs un élément d'appréciation des liens personnels en France pour l'obtention d'un titre de séjour) : supprimé.

● **Article 7** (naturalisation pour les personnes pacsées, déjà supprimée par l'Assemblée nationale) : supprimé.

● **Articles 8 à 10** (sur le rapprochement des fonctionnaires pacsés, le transfert du bail au partenaire pacsé et l'extension des dispositions du Pacs aux frères et sœurs) : supprimés.

DOC 13

FRANCE-SOCIÉTÉ LE MONDE / SAMEDI 3 AVRIL 1999 / 11

Les députés reconnaissent le concubinage homosexuel

IL Y AVAIT de la gêne sur les bancs de la droite, à l'Assemblée nationale, jeudi 1er avril. S'opposer, des heures durant, au pacte civil de solidarité (PACS), alors que le conflit en ex-Yougoslavie se durcit et génère des *« milliers de réfugiés »*, a quelque chose de *« surréaliste »*, a reconnu Thierry Mariani (RPR, Vaucluse), en début de matinée. Et puis, c'est *« la semaine de Pâques »*, a complété Christine Boutin (app. UDF, Yvelines). L'opposition, réduite à quatre ou cinq députés dans l'hémicycle, a donc jeté l'éponge. Le débat tant attendu sur le concubinage, qui divise la droite, a été ainsi vite expédié.

Les députés ont, en effet, examiné l'amendement de la commission des lois qui reconnaît le concubinage dans le code civil, en complément du PACS. La majorité a repris la définition du Sénat, en la précisant : *« le concubinage est une union de fait, caractérisée par une vie commune présentant un caractère de stabilité et de continuité, entre deux personnes, de sexes différents ou de même sexe, qui vivent en couple »*. Selon la version du Sénat, le concubinage est *« le fait, pour deux personnes, de vivre en couple, sans être unies par le mariage »*. *« Nous sommes ouverts aux propositions de l'opposition en vue de la troisième lecture »*, a précisé Jean-Pierre Michel (MDC, Haute-Saône), rapporteur de la commission des lois.

Pour l'heure, la droite a étalé ses divisions. Germain Gengenwin (UDF, Bas-Rhin) s'est *« résolument »* opposé à l'amendement tout en reconnaissant que le concubinage est *« une réalité sociale »*. *« Je sais que ça existe »*, a-t-il concédé, refusant toutefois d'introduire un texte *« aussi lourd de conséquences »* dans le code civil, *« sans avoir réfléchi aux conséquences »*... *« Certains d'entre nous accepteront la disposition que vous proposez mais, pour ma part, je la trouve inadmissible »*, a déclaré Mme Boutin.

RISQUES DE « CONCUPACSAGE »

L'opposition est *« plurielle »*, a constaté M. Mariani. Le groupe RPR est favorable à la reconnaissance du concubinage dans le code civil, mais selon la version du Sénat : le concubinage ne peut être qu'une alternative au PACS, pas un complément. Le député a donc annoncé son *« abstention »*, avant de préciser qu'il était *« tout à fait prêt à accepter le concubinage hétérosexuel et homosexuel »*. Dans les couloirs, mercredi, M. Mariani soulignait qu'il avait accordé trois certificats de concubinage homosexuel dans sa commune de Valréas.

Il n'y pas pas d'*« hostilité de principe »* à *« ouvrir un certain nombre de droits au concubinage hétérosexuel et homosexuel »*, a déclaré Dominique Dord, au nom du groupe DL... mais pas dans le code civil, a-t-il nuancé. *« Nous sommes partagés et un peu inquiets à l'idée de l'inscrire dans le code civil, pour son côté emblématique »*, a poursuivi le député de Savoie. Mercredi, après avoir participé à la manifestation des anti-PACS (*Le Monde* du 1er avril), également hostiles à la reconnaissance légale du concubinage, il avait défendu l'idée d'*« une attestation de vie commune »* devant notaire. L'amendement a finalement été adopté par les seuls députés de gauche.

L'opposition s'est ressoudée pour critiquer le « tandem » PACS-concubinage. M. Mariani a alerté l'Assemblée sur les risques du *« concupacsage »*, une personne pouvant être à la fois engagée dans un PACS et vivre en concubinage avec une tierce personne. Claude Goasguen (DL, Paris) et M. Dord ont fait remarquer que le concubinage, tel qu'il est défini par l'Assemblée, est *« beaucoup plus exigeant »* que le PACS alors qu'il ouvre *« moins de droits »*. *« La pratique du concubinage sera inopérante. Peut-être le supprimerez-vous en troisième lecture ! »*, a parié M. Dord.

La séance s'est achevée avant 13 heures pour libérer ceux qui comptaient se rendre aux obsèques de Michel Crépeau, à La Rochelle. Dans le silence, la gauche a achevé à toute vitesse l'examen en deuxième lecture du PACS, avant le vote solennel qui interviendra mercredi 7 avril. *« Notre opposition reste déterminée et totale »*, a rappelé une dernière fois M. Mariani. *« Rendez-vous à la troisième lecture ! »*, a-t-il conclu, tandis que, dans les couloirs, fusait un *« Joyeuses Pâqcs ! »*...

Clarisse Fabre

DOC 14

8 JOURNÉE D'AUDITIONS PUBLIQUES SUR LE PACS DU 27 JANVIER 1999, À LA COMMISSION DES LOIS DU SÉNAT

Par Irène THÉRY
Directrice d'études à l'EHESS

Monsieur le président, Mesdames, Messieurs les sénateurs,

Je voudrais tout d'abord vous remercier de m'avoir invitée à venir donner mon point de vue lors de cette journée d'auditions publiques. La proposition d'initiative parlementaire sur le PACS a posé ouvertement certains grands enjeux de société longtemps occultés, en particulier la question des couples homosexuels. C'est en soi une avancée de notre démocratie. J'avais eu l'occasion de dire ici même en avril dernier à quel point il me paraissait urgent d'en finir avec le véritable déni juridique qui frappe ces couples. Pourtant, nous sommes aujourd'hui dans une situation confuse. La succession au cours de cette dernière année, avec une accélération à l'automne, des propositions de CUC, CUS, PIC, PACS I (juin), PACS II (septembre), PACS III (novembre), a rendu les enjeux législatifs proprement incompréhensibles à la plupart de nos concitoyens. Lors d'un débat auquel je participais la semaine dernière à Lyon, un jeune homme a parfaitement résumé la situation : « Tout le monde est pour ou contre le PACS, mais personne ne peut dire ce qu'il y a dedans ».

Cette situation pose d'autant plus problème que le PACS n'est pas un projet tout à fait comme les autres : il concerne chacun de nous au plus profond de ses convictions et de ses choix de vie, et il concerne notre société tout entière, mise au défi de mieux organiser sa diversité, c'est-à-dire avant tout de lui accorder sens. Cela passait d'abord par la compréhension par tous les citoyens des grandes options juridiques possibles, puisque c'est dans le droit qu'en définitive vont se jouer les vrais choix politiques, les vrais choix de société. Faute d'avoir suffisamment clarifié cet enjeu de droit, il était sans doute inévitable que les passions, parfois les fantasmes, se déploient en lieu et place d'une réflexion sereine, voire que ces passions et fantasmes ne tentent quelquefois de disqualifier l'effort de réflexion lui-même.

Comment contribuer à ce que l'emporte un débat réfléchi, argumenté, soucieux du pluralisme des convictions, libre des anathèmes ? Pour aller dans ce sens, un historique précis des différentes propositions qui ont été élaborées aurait été utile. Nous n'en aurons malheureusement pas le temps, mais je voudrais au moins rappeler que durant ces derniers mois quelques grandes alternatives ont été posées. Faut-il créer des droits à partir de la réalité des situations de fait ou est-il nécessaire de créer un contrat d'un nouveau type ? Si la voie du contrat est retenue, s'agit-il de créer une nouvelle forme d'union juridique du couple, ou un pacte d'entraide englobant toutes les formes de la solidarité ? Si la voie d'une reconnaissance légale des couples homosexuels est choisie, suppose-t-elle ou non de désinstituer la différence des sexes ?

À ces questions la proposition de loi déposée en octobre à la discussion des parlementaires n'apportait pas de réponse évidente : s'agissait-il d'un contrat ou d'un constat ? Concernait-il les seuls couples ou toutes les « paires » ? La proposition relevait-elle d'une logique de l'union ou d'une logique de la solidarité ? Ces questions se posaient, comme en a témoigné abondamment le « ballet des fratries ». Il traduisait l'ampleur des incertitudes du texte lui-même.

Aujourd'hui, il semble que les choses soient un peu plus claires. Les débats parlementaires, puis le texte voté par l'Assemblée nationale, définissent le PACS comme un contrat, une nouvelle forme d'union alternative au mariage, réservée aux couples mais indifférente au sexe, ouvrant certains droits sociaux et fiscaux. Certes, l'article 10, ouvrant certains droits du PACS aux fratries, brouille quelque peu le message, et semble très fragile juridiquement. Mais cet article est-il destiné à demeurer ? À lire les comptes-rendus des débats, les parlementaires en semblaient eux-mêmes peu convaincus...

Je partirai donc de cette interprétation d'ensemble du PACS comme une nouvelle forme d'union de couple pour poser seulement trois questions parmi celles, très nombreuses, que soulève ce texte. Je les ai retenues parce qu'elles ont été particulièrement occultées, plus précisément renvoyées d'un revers de main, d'un revers de formule devrais-je dire. Le problème de *l'union libre* a été écarté par la formule « pas de droits sans devoirs » ; le problème de *l'égalité*, écarté par la formule « les couples qui ne peuvent ou ne veulent se marier », et enfin le problème de la *différence des sexes*, écarté par la formule « un choix républicain ».

L'UNION LIBRE

Si je pose d'entrée cette question, ce n'est pas par ignorance des nombreuses discussions que soulèvent les rapports entre PACS et ➢

JOURNÉE D'AUDITIONS PUBLIQUES SUR LE PACS DU 27 JANVIER 1999...
(suite)

mariage. Mais la polarisation sur ce seul aspect a contribué à renvoyer dans l'ombre le problème des unions de fait. C'est pourtant le premier paradoxe qui aurait dû, me semble-t-il, sauter aux yeux : au moment même où l'on constate que cinq millions de personnes vivent en union libre, que ce mode de vie commune est devenu souvent très durable, au point que 40 % des enfants naissent de parents non mariés, alors que chacun sait que le concubinage s'est développé très pacifiquement en France et qu'il correspond à un mouvement de fond de notre société, on aurait attendu que le législateur cherchât à prendre en compte au premier chef cette réalité. À l'inverse, il a choisi de l'ignorer. Peu de gens le comprennent car on nous dit que si les concubins veulent des droits, ils n'auront désormais qu'à se « pacser »... à ceci près que cela suppose pour eux de renoncer à l'union libre.

Ce qui est ici laissé pour compte n'est rien moins que tout ce que nous savons être (et de nombreuses enquêtes le confirment) la signification profonde du concubinage contemporain. Dans l'immense majorité des cas, il s'agit du choix positif, revendiqué comme tel, d'un lien de couple strictement privé, sans hostilité au mariage. C'est d'ailleurs la raison pour laquelle jamais les concubins hétérosexuels n'ont demandé la création d'une quelconque forme d'union juridique inédite. Quant aux couples homosexuels, qui s'indignent à juste titre de n'être pas reconnus en droit comme concubins, on peut penser que, parmi eux, ceux qui tiennent à ce que leur engagement mutuel reste purement privé sont probablement très nombreux.

Mais ce choix de vie va devenir de plus en plus difficile, puisque l'invention du PACS a pour effet immédiat de renvoyer l'union libre hors du droit. Sur ce plan, les tableaux comparatifs qui ont été faits par de nombreux journaux sont très parlants : mariage, PACS, concubinage, ces trois situations signifient en réalité pour les concubins la fin de tout espoir de voir améliorer leur situation juridique au plan social et fiscal. On peut même redouter que la jurisprudence ait désormais toutes les raisons de revenir en arrière sur les droits qu'elle leur reconnaît aujourd'hui. Il s'agit là d'un coup d'arrêt brutal à la logique juridique qui s'était amorcée depuis plusieurs années, en adéquation profonde avec l'évolution des mœurs, et qui visait à dépasser l'antique disqualification napoléonienne. On y revient aujourd'hui : « ils ne veulent pas du droit; le droit se désintéresse d'eux. »

C'est pourquoi je souhaitais particulièrement attirer l'attention sur ce paradoxe que représente une législation qui se dit faite pour les concubins et qui du même mouvement les disqualifie. Ceux qui, de longue date, se sont employés à opposer aux couples « sérieux » qui « s'engagent », les couples « irresponsables » qui ne « s'engagent pas » ont remporté là une victoire pour le moins inattendue. Car à l'occasion du PACS, le concubinage n'a pas seulement été ignoré, il a été véritablement disqualifié. Les concubins n'ont eu, parmi les parlementaires, qu'un seul avocat : Monsieur Patrick Devedjian. Mais ils se sont découvert — à leur grande surprise sans doute — beaucoup d'adversaires, rassemblés par la formule « pas de droits sans devoirs ».

C'est sur cette formule que je voudrais conclure ce premier point. Elle paraît simple et belle, et on y souscrit volontiers de prime abord. Mais quel est son sens ? Bien sûr, les devoirs juridiques que les individus se reconnaissent l'un à l'égard de l'autre conditionnent leurs droits réciproques. Mais en quoi cela concerne-t-il leurs rapports avec l'État, et en particulier les droits sociaux et fiscaux que l'État est susceptible d'accorder ? Ce n'est pas envers l'État que les couples qui se marient (ou demain se pacseront) contractent des devoirs, en échange desquels ils en obtiennent des droits. Le mécanisme du droit social est bien différent, puisqu'il se fonde sur la réalité des situations concrètes. J'en veux pour preuve que le concubinage suffit aujourd'hui — et suffira demain — pour ôter des droits sociaux en considération de la simple communauté de vie et de la solidarité de fait qu'elle implique : il suffit pour supprimer l'API, pour supprimer l'ASF, il suffit pour supprimer la demi-part supplémentaire par enfant à charge. Mais grâce à la formule « pas de droits sans devoirs », voilà qu'on exclut qu'il puisse suffire aussi quand il s'agit d'accorder positivement des droits sociaux ou fiscaux liés à la vie commune. Ainsi demain, pour ne prendre qu'un exemple, des concubins qui auront vécu ensemble quinze ou vingt ans continueront d'être des « étrangers » au regard de la fiscalité des successions. Cette situation peut certes inciter certains à conclure un PACS par simple intérêt économique, mais je crains que le juriste Alain Supiot n'ait raison, qui écrit dans la revue *Droit social* de ce mois-ci que cette approche « pénalisera les concubins qui préfèrent décidément l'union libre au PACS » et conclut de son analyse : « Loin d'encourager la solidarité là où elle n'existe pas, cette loi contribuera à la saper là où elle existe encore ».

L'ÉGALITÉ

La question de l'égalité a été au cœur de tous les débats sur le PACS. Et c'est en considération de l'égalité que l'on a souhaité mêler en une seule deux situations : celle des couples hétérosexuels et celle des couples homosexuels. Une formule résume cette démarche : le PACS est une union qui s'adresse aux couples qui « ne peuvent ou ne veulent se marier ». Il s'agit là d'un choix particulier à notre pays, qui le différencie d'autres démocraties qui, à l'inverse, ont tenu à proposer aux couples homosexuels qui n'ont pas accès au mariage un contrat spécifique de partenariat.

Il me semble que le fait de mêler, par crainte de rompre un certain universalisme, deux situations juridiquement aussi différentes, n'ait produit exactement l'inverse du but recherché : une inévitable inégalité. Car dès lors que l'on associait les couples hétérosexuels à une revendication d'union nouvelle (sans d'ailleurs les avoir consultés), se posait nécessairement la question du mariage civil, dont la caractéristique fondamentale issue de 1792 est l'unicité. Mariage-bis, sous-mariage, on a connu de tels projets. Le PACS dans sa dernière version a cherché à éviter ces pièges afin de préserver l'institution matrimoniale. On a déplacé, en quelque sorte, le curseur nettement vers le bas. Mais ajoutant les moins aux moins, pouvait-on éviter de créer au bout du compte une union de dernier ordre ? Toujours moins de solennité, moins d'engagements, moins de protection, moins de droits ouverts : la question se pose réellement aujourd'hui de la valeur du PACS. On peut se demander ce que gagne notre société à inscrire dans le droit des personnes, l'élevant à la dignité d'union nouvelle, un lien dont le contenu est strictement matériel. En quoi représente-t-il un idéal moderne du couple, sinon consumériste ? Et quelle vision suppose-t-il des futurs « pacsés » ? On peut se demander s'il n'est pas quelque peu humiliant qu'un contrat n'ouvre des droits qu'après une période probatoire de plusieurs années. On peut s'interroger sur la valeur d'un contrat résiliable unilatéralement sans aucune contrepartie. Cet « engagement » dont on se défait quand cela vous chante valait-il la peine de disqualifier la vraie morale de l'union libre, qui est justement celle de la liberté et des risques d'une promesse intime ?

Enfin, comme cela est classique, c'est au moment des successions que la logique d'ensemble se révèle. L'infériorité apparaît alors dans sa crudité, et devient une véritable inégalité : en matière fiscale, les taux et les tranches ont été calculés de façon à ne jamais égaler ceux dont bénéficient les mariés. À quoi peut donc se rattacher cette conception des survivants de première et de deuxième classe ? À quel principe fondamental ? Il est difficile d'en voir d'autre que celui, bien peu approprié quand sont en cause l'amour et la mort, d'une sorte de tableau d'honneur des couples méritants.

« Les couples qui ne peuvent ou ne veulent se marier » : la formule était séduisante. Mais elle conduisait inévitablement à prendre en otage les uns par les autres. Ceux qui ne veulent pas se marier ont été pris en otage du désir d'union de ceux qui n'ont pas accès au mariage. Ceux qui ne peuvent pas se marier ont été pris en otage du mariage possible des autres, dont il fallait se distinguer. Mais n'oublions pas qu'au total, la volonté d'égalité n'annulera pas l'inégalité fondamentale : seuls les couples homosexuels n'auront d'autre choix que l'union inférieure produite par cette double contrainte. Voilà pourquoi il demeure difficile de comprendre qu'on ait écarté, sans y réfléchir davantage, la démarche cherchant à organiser l'égalité et la différence du mariage hétérosexuel et du partenariat homosexuel. Dans les pays qui l'ont choisie, cette voie assume la différence, puisque le partenariat n'ouvre ni à l'adoption ni aux PMA, mais elle assure en même temps 100 % d'égalité en ce qui concerne la solennité, l'engagement, les droits, la protection juridique du lien institué de couple. Le PACS barre pour l'avenir cette voie, qu'aurait quant à elle laissée ouverte une proposition de loi rompant la discrimination introduite par la jurisprudence à l'égard des couples homosexuels, et étendant pour tous les concubins les droits issus de leur union de fait.

LA DIFFÉRENCE DES SEXES

Si la démarche — certes nouvelle et exigeante — *de l'égalité et de la différence*, n'a pas été retenue, c'est qu'une dernière formule la disqualifie toujours chez nous : le « choix républicain ». Cette formule, qui se réfère à l'universalisme à la française, est centrale quand sont en jeu des domaines de la vie où nous agissons en tant qu'êtres humains, dépassant notre condition sexuée. Le débat tout récent sur la parité a permis de mesurer l'importance de l'enjeu universaliste quand est en jeu la citoyenneté. Mais comment expliquer le chassé-croisé surprenant par lequel, au moment où on est tenté d'instituer la différence des sexes là où elle n'a pas lieu de l'être, on soit à l'inverse tenté de la désinstituer là où elle prend tout son sens ? C'est bien en effet ce que fait le PACS, qui offre ce paradoxe de créer une union juridique de couple, donc à dimension sexuelle, mais non sexuée. Si seul ce choix de l'indifférence juridique à la dimension du masculin et du féminin est, comme on l'a dit « républicain », il nous faut bien admettre en toute logique que le mariage, que nous croyions républicain, lui ne l'est pas.

Cette question de la différence des sexes, de l'enjeu pour la société tout entière à en préserver la dimension symbolique, est l'une des plus complexes ouvertes par les débats sur le PACS. Je n'en traiterai pas ici, et me contenterai simplement d'un rappel : la différence des sexes n'est pas un problème d'hétérosexualité, car l'homosexualité aussi s'inscrit, à sa façon, dans la symbolique du masculin et du féminin. Aucun de nous, quelle que soit son orientation sexuelle, n'engage de rapports sexuels ou amoureux en étant indifférent au fait premier que l'autre est d'un certain sexe, lui-même inscrit dans une construction sociale et culturelle, dans l'imaginaire du genre. Cela renvoie à la façon dont les sociétés mettent en signification la sexualité humaine, et construisent au-delà d'elle l'édifice tout entier de la parenté.

Quand demain un couple conclura un PACS, ni lui ni elle n'oublieront qu'ils sont deux hommes, deux femmes, un homme et une femme. Mais leur union, elle, n'en dira rien : ce sera celle de deux personnes, et pour l'institution leur identité sexuée n'importera pas davantage que leur taille ou la couleur de leurs yeux. Sans même évoquer ses conséquences ultérieures en matière de filiation, ce déni du masculin et du féminin a-t-il été suffisamment pesé ? Je n'en suis pas certaine.

ANALYSE DU SOMMAIRE

- Textes par ordre chronologique (de novembre 1998 à 1999).
- Textes extraits de la presse française.

DOC 1, DOC 4 : intermédiaire, pour quoi ?
DOC 11 : mariage, PACS, concubinage.
DOC 2, DOC 7 : pièges, non-choix.
DOC 3, DOC 5 : musulmans, fragilisation du mariage.
DOC 8 : profitera aux riches.
DOC 9, DOC 13 : homoparentalité, concubinage homosexuel.
DOC 5, DOC 12, DOC 14 : Sénat propose solution de rechange, textes d'Assemblée et Sénat, audition publique par commission des lois.

Pour quoi ? : intermédiaire, mariage, concubinage, homosexualité.
Risques : non-choix, religions, fragilisation, aspect économico-social.
Législation : propositions, décision.

PRISE DE NOTES

DOC 1

C'est à travers les liens familiaux que se construit l'identité. Le code Napoléon de 1804 inscrit d'abord ces liens dans une institution quasi indissoluble : le mariage.

Ce modèle a été bouleversé par l'égalité des sexes introduisant le « mariage conversation » et le démariage, perte de monopole du mariage. Le couple s'est contractualisé et privatisé. La personnalisation de l'enfant a rendu le rôle parental incertain.

Comment asseoir une mutation qui faute d'être assumée et contrôlée, menace l'équilibre individuel et social ?

DOC 2

Le mariage n'est plus l'horizon indépassable du couple. Le sens du rapport entre expérience privée et institution sociale se perd : il y a désymbolisation. L'institution du mariage en Occident remonte a plus de 2 000 ans, seule union sexuelle organisée par le droit.

En novembre 1998, le flou règne sur ce qu'est le PACS et qui il concerne : simple pacte sur les biens ouvert à tous les duos non apparentés.

Le PACS est-il le premier pas vers l'adoption d'enfants par des couples homosexuels ?

Censé lutter contre la discrimination, le PACS divise la France et risque d'introduire de nouvelles injustices. Ce n'est pas un mariage bis mais un mariage moins. La reconnaissance du couple pourrait passer par l'union libre.

DOC 3

Les autorités musulmanes sont en retrait du débat mais quasi unanimes sur l'importance des repères familiaux traditionnels.

DOC 4

Faut-il réglementer le concubinage ? « Les concubins se passent de la loi, la loi se désintéresse d'eux » disait Bonaparte. Le silence de la loi peut être grave en cas de rupture : le PACS entoure cette dernière de formalités.

L'avantage fiscal introduit un risque de dérive

Le PACS s'adresse à ceux qui ne peuvent pas ou ne veulent pas se marier, tout en évitant risques d'inceste et de bigamie. Les couples homosexuels sont privés de concubinage car le droit ne reconnaît pas leur communauté de vie. Ce sont eux qui font débat.

L'homoparentalité sera la revendication suivante.

Appartient-il vraiment au droit d'imposer des valeurs ?

DOC 5

La régulation de la sexualité permet aux sociétés d'assurer leur survie.

Pour les chrétiens, on ne peut pas mettre PACS et mariage dans le même plan, ce dernier s'inscrivant dans un projet de foyer et de filiation.

PACS et concubinage fragilisent ce cadre dont les enfants ont besoin, c'est pourquoi la conférence des évêques de France désigne le PACS comme « une loi inutile et dangereuse ». L'État se doit de soutenir les institutions constitutives du lien social.

DOC 6

En mars 1999, le Sénat offre une solution de rechange au PACS : la législation du concubinage. Il serait étendu aux homosexuels et inclurait des droits fiscaux.

DOC 7

Le PACS est un projet ambigu, porteur d'enjeux de philosophie du droit, de philosophie politique, d'anthropologie, d'éthique.

S'agit-il d'intégrer les couples homosexuels ou de rapprocher encore plus le concubinage du mariage ?

S'il s'agit d'un choix privé, pourquoi des avantages économiques ? Quel est l'apport de ces couples à la collectivité ?

L'encadrement juridique en cas de rupture est fragile : unilatérale, elle rétablit la répudiation.

Le verrou à l'homoparentalité sera facile à faire sauter. Officiellement, les enfants ne sont pas en jeu mais fatalement : si.

La famille est menacée. La différence sexuelle, source de sens, l'engagement sont importants.

La société doit mieux intégrer les couples homosexuels sans les assimiler aux couples mariés ni leur donner accès à la parentalité qui requiert la différence sexuelle. Il faudrait dans tous les cas appuyer le mariage.

La famille est une chose trop sérieuse pour l'abandonner au caprice individuel.

DOC 8

Le PACS profitera aux riches en étendant l'imposition commune à tous les couples. Il faudrait supprimer cette dernière, inégalitaire et dépassée.

DOC 9

Interdite aux concubins, l'adoption est ouverte aux célibataires, mais leur est souvent refusée quand ils sont ouvertement homosexuels. La PMA n'est autorisée que pour les couples hétérosexuels.

De plus en plus d'homosexuels élèvent des enfants, ils font de moins en moins systématiquement le deuil de la parentalité. Ils peuvent mieux adhérer au modèle de la famille qui s'est inventé depuis les années 1980 : une forme de réalisation de soi à travers des relations interpersonnelles.

L'opposition au PACS a fait à l'homoparentalité une place dans le débat public.

DOC 10

Le gouvernement Jospin à la mi-mars intègre la proposition du Sénat dans une fusée à deux étages : PACS+concubinage.

DOC 11

Fiscalement ? Le PACS prévoit un régime proche de celui des couples mariés.

Pour le patrimoine, les pacsés sont soumis comme les concubins au régime de l'indivision.

Le droit au bail s'appliquerait dès la signature du PACS, ce qui comblerait un vide juridique pour les couples homosexuels.

Le PACS ne contient aucune disposition sur l'adoption ni la PMA.

En droit du travail, les pacsés bénéficieront du régime des couples mariés.

La conclusion d'un PACS sera un élément pour apprécier l'existence de liens personnels en France en vue d'une naturalisation.

DOC 12

Le texte proposé par l'Assemblée fin mars crée le PACS, « contrat conclu par deux personnes physiques majeures, de sexe différent ou de même sexe, pour organiser leur vie commune ». Il organise la solidarité fiscale, patrimoniale, en matière de Sécurité Sociale, de bail, de congés et d'affectation des fonctionnaires. L'extension aux fratries est supprimée.

Il légalise aussi le concubinage : « union de fait, caractérisée par une vie commune présentant un caractère de stabilité et de continuité, entre deux personnes de sexe différent ou de même sexe, qui vivent en couple. »

Le texte voté par le Sénat, précisant que « chacun est libre de sa vie personnelle et a droit au respect de sa vie privée et familiale », supprime la création du PACS et étend les droits des concubins en matière fiscale et testamentaire ; le concubin peut être considéré comme personne à charge, le patrimoine peut se gérer par contrat.

DOC 13

Le 3 avril, les députés reprennent et enrichissent la définition du concubinage par le Sénat, en reconnaissant le concubinage homosexuel.

La droite reste divisée.

DOC 14

La proposition d'initiative parlementaire sur le PACS a posé ouvertement certains grands enjeux de société longtemps occultés, notamment la question des couples homosexuels. Tout le monde est pour ou contre le PACS mais personne ne peut dire ce qu'il y a dedans. Il concerne les choix de vie et les convictions de chacun, la société entière mise au défi d'accorder un sens à sa diversité.

L'enjeu est d'abord de droit. Faut-il créer des droits à partir des situations de fait ou un contrat d'un nouveau type ? Le PACS concerne-t-il les couples uniquement ou toutes les formes de solidarité ? Est-ce un contrat ou un constat ?

Le texte voté à l'Assemblée nationale définit le PACS comme un contrat, une nouvelle forme d'union, alternative au mariage, réservée aux couples mais indifférente au sexe, ouvrant certains droits sociaux et fiscaux.

40 % des enfants naissent de parents non mariés, le concubinage peut être très durable et s'est développé pacifiquement. Le PACS a pour effet immédiat de renvoyer les concubins hors du droit.

Question de l'égalité au cœur de tous les débats sur le PACS : mêler en une situation couples homosexuels et hétérosexuels.

Quel intérêt d'élever à la dignité d'union nouvelle un lien strictement matériel ? N'est-il pas humiliant que ce contrat n'ouvre des droits qu'après plusieurs années de période probatoire ? Quelle est la valeur d'un contrat résiliable unilatéralement sans contrepartie ?

En matière fiscale, les taux ont été calculés de façon à ne jamais égaler ceux dont bénéficient les couples mariés. La formule « les couples qui ne peuvent ou ne veulent pas se marier » a conduit à prendre en otage les uns par les autres. L'inégalité fondamentale ne disparaît pas : les couples homosexuels n'ont pas d'autre choix que l'union inférieure produite par cette double contrainte.

Paradoxalement, le PACS est une union à dimension sexuelle, mais non sexuée, fondée sur un déni du masculin et du féminin. Il a ouvert la question de l'enjeu pour la société de préserver la différence des sexes.

CORRIGÉ EDHEC 1999

Synthèse

La proposition d'initiative parlementaire sur le PACS a posé ouvertement certains grands enjeux de société, notamment la question des couples homosexuels. Si cette proposition a déclenché un débat houleux, elle est difficile à cerner.

Lorsque le projet de PACS est lancé en 1998, cela fait plus de 2 000 ans qu'il n'existe en France qu'un seul type d'union sexuelle organisé par le droit : le mariage. Face au bouleversement des liens familiaux par l'égalité des sexes et la personnalisation de l'enfant, la question se pose de savoir comment le droit doit traduire l'évolution de la société. Faut-il créer du droit à partir des situations de fait (couples homosexuels et concubinage) ou un contrat d'un nouveau type ? Le PACS s'adresse à ceux qui ne peuvent ou ne veulent pas se marier ; il s'agit de remédier au silence de la loi sur les couples homosexuels et concubins en allant vers plus d'égalité sans créer un mariage-bis.

Comment organiser ce compromis ? La question touche les choix de vie et les convictions de chacun. Les autorités musulmanes et chrétiennes, notamment, insistent sur l'importance de repères familiaux forts, menacés par une loi qui ébranle le sens de l'engagement et de la différence sexuelle. Sans compter que le PACS, même s'il ne contient aucune disposition sur l'adoption ou la PMA, peut être le premier pas vers l'adoption par des homosexuels. Paradoxe : c'est l'opposition au PACS qui fait à l'homoparentalité une place dans le débat public...

Jusqu'en avril 1999, le projet est remanié, le Sénat proposant de le remplacer par une extension des droits des concubins, l'Assemblée renonçant à l'étendre aux fratries. Finalement, le texte voté à l'Assemblée le définit comme une nouvelle forme d'union contractuelle, réservée aux couples mais indifférente au sexe, ouvrant certains droits organisant la solidarité fiscale, patrimoniale, en matière de Sécurité Sociale, de bail, de congés et d'affectation des fonctionnaires.

Censé lutter contre la discrimination, ce compromis risque d'introduire de nouvelles injustices. Ce n'est pas un mariage-bis mais un sous-mariage. Ainsi, il n'ouvre certains droits qu'après plusieurs années de période probatoire. En matière fiscale, les taux restent toujours inférieurs à ceux dont bénéficient les couples mariés. Contrat résiliable unilatéralement sans contrepartie, il rétablit la répudiation. L'inégalité fondamentale demeure : les couples homosexuels n'ont pas d'autre choix que cette union inférieure. Quant aux concubins, ils sont renvoyés hors du droit. Enfin, étendre l'imposition commune introduit des risques de dérives et ne profite qu'aux plus riches.

Ces imperfections résultent de sa visée même : en proposant un même contrat pour ceux qui ne peuvent et ne veulent pas se marier, le PACS les prend en otage les uns par les autres.

462 mots

EDHEC
BUSINESS SCHOOL

CONCOURS D'ADMISSION SUR TITRES EN PREMIERE ANNEE

10 avril 2003

EPREUVE DE SYNTHESE DE TEXTES

Durée de l'épreuve : 4 heures
Coefficient : 4/12
Aucun document ni matériel n'est autorisé

SUJET

Vous réaliserez une note de synthèse sur la problématique dont les éléments sont fournis par les textes joints.

Vous en dégagerez le thème que vous annoncerez en début de copie.

Votre travail tiendra en 450 mots (tolérance plus ou moins 10%)

Une synthèse doit être concise, objective et ordonnée. Aucune appréciation personnelle n'est tolérée (ce n'est pas une dissertation).

La logique dans l'ordonnancement des idées, la qualité de l'expression, le soin dans la présentation et la correction dans l'utilisation de la langue française entrent dans les critères d'évaluation, outre naturellement la capacité à sélectionner les idées essentielles et à les relier entre elles.

Les abréviations sont tolérées (et comptent pour un seul mot) lorsqu'elles figurent dans les documents d'origine ou lorsqu'elles sont d'usage courant (USA, OPEP...). Les noms composés (Etats-Unis) comptent également pour un seul mot.

Les textes joints sont au nombre de 17 répartis sur 19 pages. (+ 2 pages de présentation. A vérifier lors de la remise du sujet).

LISTE DES DOCUMENTS
(Selon l'ordre chronologique de leur publication)

1) « Guerre : qui fait le jeu de qui ? » Le Monde 2, mars 2003

2) « Quel après Saddam » Le Monde 2, mars 2003

3) « Les deux argumentaires » Le Monde 8 mars 2003

4) « Monsieur Bush et l'ONU » Le Monde 9-10 mars 2003

5) « ONU : une décision grave » Le Monde 13 mars 2003

6) Article extrait de Le Figaro HS mars 2003

7) « Le nerf de la guerre » Le Figaro HS Mars 2003

8) « L'ONU première victime de la guerre » Nouvel Observateur 20 mars 2003

9) « Un missile sur l'ONU » Nouvel Observateur 20 mars 2003

10) « L'après Saddam Hussein ... » Le Monde 21 mars 2003

11) « Et après » Le Monde 21 mars 2003

12) Article de C.Lesnes : Le Monde 21 mars 2003

13) « Washington a l'ambition...» Le Monde 26 mars 2003

14) « La foire d'empoigne » Nouvel Observateur 27 mars 2003

15) « Comment l'Amérique voit l'après conflit ? » Nouvel Observateur 27 mars 2003

16) « Les premiers contrats... » Le Monde 29 mars 2003

17) « M.Bush et Blair en désaccord...» Le Monde 29 mars 2003

DOC 1

Il arrive qu'une scène concrétise et rende irréfutable un soupçon que l'on nourrissait depuis un mois. A voir le président de la République insulter avec un mélange de mépris et de menaces des Etats européens souverains, on ne pouvait qu'être frappé par la ressemblance de style et de contenu avec les propos de M. Rumsfeld et de M. Perle à l'égard de la France et de l'Allemagne. Et l'évidence devenait aveuglante : contrairement à ce qu'un vain peuple pense, la coopération franco-américaine fonctionne à merveille.

Par un savant partage du travail, Washington et Paris s'emploient avec un remarquable succès à saper l'Union européenne, l'OTAN et l'ONU et, à travers elles, à la fois l'unité occidentale et les espoirs de paix au Proche-Orient et ailleurs.

par l'ONU et par le retour des inspecteurs (plutôt que soit l'intervention militaire unilatérale, soit le statu quo, voire la levée des sanctions contre l'Irak), les Etats-Unis et la France prenaient chacun un risque ; ils donnaient à l'ONU et au désarmement de Saddam Hussein (de préférence pacifiquement mais au besoin par la force) la priorité par rapport à leurs objectifs maximaux respectifs : le changement de régime pour Washington, le maintien de la paix pour Paris.

Si Saddam Hussein présentait aux inspecteurs ses armes de destruction massive et procédait à leur démantèlement, les Etats-Unis risquaient de se trouver frustrés de leur guerre, ce que les faucons américains s'empressèrent de proclamer, accusant Bush et Powell d'être tombés dans un piège français.

[FRANCE - ÉTATS-UNIS : DE LA NÉGOCIATION À LA CONFRONTATION

Guerre : qui fait le jeu de qui ?

par Pierre Hassner,

directeur de recherches émérite au Centre d'études et de recherches internationales

Les Etats-Unis, par deux ans d'unilatéralisme agressif et de rhétorique manichéenne et impériale, ont rendu à Saddam Hussein le service de le faire apparaître comme la première victime d'une entreprise aventureuse, à la fois régionale et mondiale.

La France, de son côté, par l'inflexion de sa position sur l'idée d'une seconde résolution au Conseil de sécurité et sur le désarmement ou le simple « endiguement » de Saddam Hussein, rend aux faucons unilatéralistes américains le service de faire apparaître les Etats-Unis comme fidèles à la voie multilatérale et de fournir un alibi à leur recours éventuel à la guerre sans mandat.

Le bénéficiaire est, dans un premier temps, Saddam Hussein, dans un deuxième temps, le courant néo-impérialiste américain, qui a toujours voulu se passer de l'ONU, et, en un troisième temps, la montée de cet affrontement global que l'on voulait et pouvait éviter.

Trois positions avaient la vertu de la simplicité et de la logique, sinon celle du réalisme. L'une, celle des idéologues américains, selon laquelle les Etats-Unis, à la fois victimes, vulnérables et invincibles, avaient une double mission de juge et de justicier, consistant à purger le monde à la fois des terroristes, des Etats voyous et des armes de destruction massive, et, au passage, à amener à la fois l'ordre et la démocratie au Moyen-Orient et dans le monde.

L'autre, celle des idéologues soit pacifistes, soit antiaméricains, pour lesquels toute guerre dans un cas ou toute initiative américaine dans l'autre était condamnable en soi.

Enfin, la troisième, celle des neutralistes ou pacifistes de circonstance ou des *« ohne mich »* – « sans moi » – qui, comme le chancelier Schröder, sans prendre parti globalement ou dans l'absolu, déclaraient vouloir se tenir à l'écart d'une guerre dont ils ne comprenaient ou ne partageaient pas les raisons.

La résolution 1441, à laquelle l'influence de Tony Blair n'est certainement pas étrangère, mais qui résulta d'une négociation constructive entre la France et les Etats-Unis et d'une relation positive entre Dominique de Villepin et Colin Powell, évitait ces trois positions mais au prix de paris, d'arrière-pensées et d'ambiguïtés qui provoquent aujourd'hui le conflit évité il y a quatre mois.

En choisissant l'objectif du désarmement de Saddam Hussein (plutôt que celui du changement de régime) et le moyen du passage

Si Saddam Hussein ne renonçait pas à ses projets ou à son pouvoir, c'est la France qui, dans la logique de la résolution 1441, se trouvait entraînée là où elle préférait ne pas aller : à la guerre. C'est ce que l'opposition de gauche et les pacifistes n'ont pas manqué de faire remarquer.

Il avait toujours été prévu qu'il y aurait débat et, peut-être, désaccord sur le constat et sur les conséquences à en tirer. Au départ, c'est la France qui insistait sur la nécessité d'une nouvelle délibération et d'une nouvelle résolution du Conseil de sécurité. Les fronts semblent s'être renversés : ce sont les Etats-Unis qui ont déposé, avec la Grande-Bretagne, une nouvelle résolution que la France juge inutile ou nuisible. C'est que, entre-temps, tout a changé. On est passé de la négociation et du compromis à la confrontation et à l'escalade.

Pour un observateur partagé mais qui s'efforce de rester équitable et objectif, les Etats-Unis et la France sont tous les deux responsables de cette déplorable situation. Les deux pays ont compromis la partie valable de leurs positions respectives par des maladresses, des contradictions et des faux-semblants. Si la responsabilité première en revient aux Etats-Unis par leur style impérial et l'ambiguïté de leurs objectifs, Jacques Chirac et Dominique de Villepin sont, dans la dernière phase, largement responsables par leurs virages politiques et leurs gaffes spontanées ou préméditées d'une détérioration grave dans les chances non seulement de l'OTAN mais de l'ONU, de l'Europe et de la paix.

Le dossier américain a des éléments solides : le danger du terrorisme, des armes de destruction massive et de leur réunion éventuelle, le caractère tyrannique à l'intérieur et aventureux à l'extérieur du régime de Saddam, la détérioration d'une situation où, les inspecteurs étant expulsés et les sanctions inefficaces et contestées, le dictateur irakien voyait sa position se renforcer avant l'intervention de la menace militaire.

Ceux qui, aujourd'hui, reconnaissent du bout des lèvres les méfaits et les dangers de Saddam Hussein ne devraient pas oublier qu'ils n'ont jamais rien proposé, pour l'empêcher de nuire, de plus efficace que le raid contre Osirak, la guerre du Golfe et les pressions militaires anglo-américaines.

Mais le dossier des Etats-Unis est gâché d'une part par leur alignement sur Sharon et leur insensibilité à la situation des Palestiniens et aux réactions arabes, d'autre part par le caractère flou et aventureux de leurs conceptions pour l'après-Saddam : une occupation militaire prolongée ? Une succession d'actions militaires contre les autres pays de l'« axe du Mal » ? Un renversement des régimes arabes actuels destiné à promouvoir à la fois la démocratie, l'acceptation d'Israël et un ordre américain ?

La France, de son côté, a raison d'affirmer, sinon le caractère sacro-saint de l'ONU (institution qui a ses faiblesses et ses hypocrisies, et qu'elle a su elle-même écarter en d'autres circonstances), du moins l'impossibilité de laisser les Etats-Unis seuls juges du bien et du mal, de la guerre et de la paix. Elle a eu raison de choisir, plutôt que l'alignement inconditionnel (du moins en public) de Tony Blair et que l'opposition inconditionnelle (du moins en paroles) de Gerhard Schröder, la voie moyenne et flexible d'un soutien conditionnel à l'entreprise de désarmement de Saddam Hussein par la menace de la force.

Les faucons américains n'attendent qu'un veto français pour se débarrasser de l'ONU et de l'OTAN

Pourquoi fallait-il que cette ligne fût infléchie dans le sens de la position allemande, et compromise par une série de gestes pour le moins surprenants ?

A partir du 20 janvier, et de l'évocation intempestive du veto au Conseil de sécurité et d'un « non » à la guerre retentissant qui coupait la France de son seul interlocuteur compréhensif et allié objectif au sein de l'administration américaine, Colin Powell, à partir aussi des retrouvailles franco-allemandes assorties de déclarations faites au nom de l'Europe sans consultation avec les partenaires européens et de propositions françaises peu crédibles pour le désarmement de Saddam Hussein par la multiplication des inspecteurs plutôt que par une pression assortie d'un délai précis, la voie est ouverte à l'escalade.

S'y engouffrent les injures des milieux proches de l'administration Bush, leurs pressions sur les autres Européens, les lettres des Huit et des Dix suscitées par les lobbyistes américains. Celles-ci valent à leurs signataires une algarade insultante au nom d'une position européenne non existante ou censée, par définition, coïncider avec celle de la France. S'y ajoute la résistance à une aide de l'OTAN à la Turquie, aide accusée de signifier un consentement à la guerre comme si tous les pays, à commencer par la France, ne prenaient pas leurs précautions en vue de celle-ci tout en voulant l'éviter.

Les applaudissements suscités par l'éloquence de M. de Villepin à l'ONU et la convergence avec l'opinion populaire européenne massivement hostile à la guerre semblent conforter les dirigeants français dans l'idée que leur politique est au service du maintien de la relation transatlantique, de l'émergence d'une politique européenne, de l'ONU et de la paix.

Passons sur la première affirmation, qui relève de l'humour noir. Pour la seconde, la politique suivie aboutit de toute évidence au résultat opposé : la prétention franco-allemande de parler au nom de l'Europe, la manière française, bien antérieure à la phase actuelle mais qui atteint, aujourd'hui, de nouveaux sommets, de parler de haut à ses partenaires et d'encore plus haut aux petits pays, et d'écraser de mépris les nouveaux adhérents en les humiliant et en les menaçant publiquement quand leur position ne coïncide pas avec celle de la France est de nature – arrogance pour arrogance – à leur faire préférer l'hégémonie américaine, plus puissante et plus flatteuse à leur égard, et à creuser de nouveaux fossés à l'intérieur de l'Europe.

La discussion sérieuse porte sur la prévention de la guerre, sur l'avenir de l'ONU, et sur celui du Proche-Orient. Sur ces trois plans, il faut affirmer énergiquement que les positions affichées par l'équipe Bush sont inquiétantes et dangereuses, mais reconnaître, non moins énergiquement, que le pacifisme ne sert pas forcément la paix, que l'usage du veto ne sert pas forcément l'ONU, et que le non-encadrement de la présence américaine par l'organisation internationale et une présence européenne ne sert pas forcément les intérêts de la France ni ceux des pays de la région.

Nous avons assez dit combien les Etats-Unis étaient peu convaincants quant à la priorité de l'action contre l'Irak et quant aux perspectives succédant à une victoire éventuelle. Mais il y a un point sur lequel ils ont incontestablement raison : si la guerre, aujourd'hui, a encore une faible chance d'être évitée, ce n'est que par le départ de Saddam ou son acceptation des conditions de la résolution 1441. Et cela n'a de chances de se produire que s'il croit la guerre imminente et inévitable au cas où il ne céderait pas.

Il était légitime et souhaitable de lui donner une dernière chance. Mais ne pas assortir celle-ci d'une date limite solennelle et relativement rapprochée ne peut que lui suggérer qu'il a une chance de gagner à l'usure, en faisant traîner les choses jusqu'à l'été et jusqu'à la proximité des élections américaines. Or, si quelque chose est certain désormais, c'est que Bush ne reculera plus et n'attendra pas indéfiniment. L'éloquence des discours et la ferveur des manifestations encourageront peut-être Saddam. Elles ne décourageront sûrement pas Bush.

Pour le Conseil de sécurité, on ne voit guère l'intérêt que la France aurait, après en avoir fait sa priorité, à le bloquer et à offrir un boulevard aux faucons américains qui triomphent déjà, se moquent des illusions coopératives et multilatérales de Powell, et n'attendent qu'un veto français pour se débarrasser définitivement à la fois de l'ONU et de l'OTAN.

La question à laquelle il est le plus difficile de répondre dogmatiquement est celle de la participation onusienne, européenne et française à l'intervention militaire éventuelle et par la suite à l'administration de l'Irak, à sa reconstruction et au futur équilibre régional. La participation à la guerre du Golfe n'a guère apporté aux alliés des Etats-Unis les avantages politiques ou économiques qu'ils en escomptaient. Mais on voit encore moins comment une abstention hostile ou une opposition frontale pourraient produire des résultats positifs autres que de politique intérieure, à moins de parier sur une politique du pire, selon laquelle à l'intervention américaine succéderait le chaos et à celui-ci un retour triomphal de l'Europe au Proche-Orient.

La guerre est toujours déplorable, mais la réduction de Saddam Hussein à l'impuissance est une cause juste, même si son contexte et son prolongement risquent d'être catastrophiques. La présence de l'ONU et de l'Europe sur le terrain a une petite chance de limiter ces risques et ces dégâts, d'infléchir les équilibres futurs dans le sens de la négociation et de la réconciliation (surtout israélo-palestinienne) plutôt que de la domination impériale et de l'affrontement indéfini. Il en va de même sur le plan économique, en particulier pétrolier.

Pour jouer ce rôle, aussi modeste soit-il, une Europe cohérente serait mieux placée que la France ou que le couple franco-allemand. Il ne faut pas, à ce sujet, se faire d'illusions. Les Etats-Unis, après avoir soutenu l'unité européenne, puis avoir été ambivalents à son égard, font aujourd'hui tout pour l'empêcher et pour diviser les Européens. Raison de plus pour ne pas faire leur jeu. Il n'y aura pas d'Europe sans réconciliation avec Tony Blair, qui reste le plus européen des dirigeants anglais, avec l'Europe centrale et balkanique, avec la Turquie, voire avec une Amérique post-bushienne.

Mais on peut préférer les jolis mouvements de menton. ■

DOC 2

Quel après-Saddam ?

Le gouvernement Bush observe la plus grande discrétion sur l'administration qu'il envisagerait de mettre en place après une offensive victorieuse en Irak et sur le financement de la reconstruction d'un pays divisé et traumatisé par la dictature, l'embargo et vingt ans de guerres. ALAIN FRACHON

Que faire « après » ? Si l'administration Bush ne laisse guère planer de doute sur sa volonté d'en découdre avec Saddam Hussein, elle reste étrangement silencieuse sur ce qu'elle compte faire de sa victoire. L'après-guerre est à peine mentionné, comme si la Maison Blanche craignait que la seule évocation de l'énormité de la tâche – occuper quelque temps l'un des plus grands pays arabes – ne vienne renforcer le camp des opposants à la guerre.

C'est l'opposition démocrate et la presse qui, le plus souvent, abordent le sujet. Elles posent deux questions, auxquelles l'administration se garde de donner des réponses précises : primo, qui gouvernera l'Irak au lendemain de l'opération militaire ? Secundo, qui participera à la « reconstruction » du pays ? A l'évidence, la démocratie ne fleurira pas immédiatement sur les décombres du régime de Saddam Hussein. Deux de ses piliers, l'armée et le parti Baas, se seront vraisemblablement effondrés. Les Etats-Unis auront à prendre en charge un pays de 23 millions d'habitants, grand comme la France, ethniquement divisé, économiquement exsangue, socialement traumatisé par plus de vingt ans de guerres et de dictature et qui n'assure sa subsistance que grâce à une aide massive des Nations unies.

L'administration Bush ne cache pas que l'armée américaine sera aux commandes pour une période intérimaire qui pourrait durer un an au moins, peut-être deux. Selon un scénario à l'étude, une équipe civile américaine devrait prendre le relais « le plus vite possible ». Elle sera à l'œuvre le temps d'imaginer une manière de mandat international qui verrait l'Irak expérimenter une formule de gouvernement provisoire, pour la phase de reconstruction du pays, à cheval entre le modèle Kosovo et le modèle afghan. L'objectif reste de rendre les pleins pouvoirs aux Irakiens aussi rapidement que possible.

Les Etats-Unis chercheront-ils à disposer d'un mandat de l'ONU pour légitimer l'exercice de ce pouvoir ? Combien faudra-t-il maintenir de forces américaines sur place et pour combien de temps ? Combien coûtera cette opération ? Comment sera-t-elle financée ? Autant de questions que le gouvernement Bush laisse sans réponse.

La perspective de cette administration militaire ne réjouit pas les représentants de l'opposition irakienne que les autorités américaines aident et parrainent depuis quelques mois. Les chefs de l'opposition s'attendaient à se voir confier le pouvoir quasi immédiatement. Ils auraient dit leur déception à l'envoyé spécial de l'administration, Zalmay Khalilzad, lors d'une réunion à Ankara, début février. Les Kurdes ne sont pas les moins dépités. Les responsables des deux grands partis kurdes d'Irak (l'Union patriotique du Kurdistan et le Parti démocratique du Kurdistan) avaient cru comprendre que leur région disposerait rapidement d'une certaine autonomie dans le cadre d'un Irak fédéral. Grâce à une zone de protection installée par les Etats-Unis en 1991, l'UPK et le PDK gèrent, avec succès, une partie du Kurdistan.

Ils craignent désormais de voir leur fief bientôt occupé par la Turquie ! Car les dirigeants turcs redoutent que les Kurdes d'Irak, en dépit des promesses qu'ils ont faites aux Etats-Unis, ne profitent de la victoire américaine pour proclamer une quasi-indépendance de leur région, et ne donnent ainsi de très mauvaises idées aux Kurdes de Turquie. Et dans les négociations en cours entre Ankara et Washington, le gouvernement turc aurait obtenu de faire entrer rapidement des troupes au Kurdistan d'Irak. Officiellement, il s'agirait d'un appui « humanitaire » pour faire face à un afflux de réfugiés. En réalité, il s'agirait bel et bien de forces chargées d'assurer un contrôle sur le Kurdistan d'Irak et d'en dissuader les dirigeants de proclamer l'indépendance. On parle de quatre divisions turques pour tenir en respect les quelque 70 000 hommes en armes dont disposent l'UPK et le PDK.

Du côté arabe, la situation pourrait ne pas être plus facile. L'écrasante majorité des Arabes d'Irak sont des chiites. Toujours exclus d'un pouvoir monopolisé par la minorité sunnite (et les chrétiens), les chiites pourraient vouloir prendre leur revanche après des années d'oppression. Le tableau général est celui d'une situation d'après-guerre qui recèle nombre de risques : celui, pour l'administration militaire américaine, de passer rapidement pour une force d'occupation ; celui de devoir arbitrer des conflits sanglants entre Irakiens ; celui, enfin, d'une guérilla entre forces turques et Kurdes.

La deuxième grande question est celle de la reconstruction d'un pays qui, avant même une nouvelle guerre, est dans un piètre état. Les sommes requises se chiffrent en dizaines de milliards de dollars. Contrairement à ce qui s'est passé en 1991, où les Etats-Unis ont fait payer la guerre de libération du Koweït par leurs alliés, Washington pourrait cette fois devoir financer la plus grande partie de l'opération. Et Saddam Hussein vaincu, il faudra ensuite financer la reconstruction, avec l'hypothèse d'un appareil pétrolier sorti des combats en mauvais état.

Pas plus que le budget de la guerre, celui de l'après-guerre n'est évoqué à Washington. C'est qu'on touche ici à une période qui s'étendra sur plusieurs années et qui obligera l'administration Bush à s'attacher à ce qu'elle s'était juré de ne jamais faire, « l'édification d'une nation ». De cela, on ne parle pas dans la capitale fédérale, où le pouvoir est assuré par une équipe qui, avant de gagner les élections, avait forgé une doctrine d'intervention répondant à une répartition des tâches très simple : la guerre est faite par les Américains, le travail d'assistance sociale d'après-guerre par les Européens – « On fait la cuisine, vous faites la vaisselle ».

L'Europe sera donc sollicitée. Dans les milieux de l'Union européenne à Washington, le sentiment est que la contribution de l'Europe à l'après-guerre sera d'autant plus facile à solliciter que l'opération aura été légitimée par l'ONU. Car la participation de l'Union à l'après-guerre dépendra de l'accord du Parlement européen, caisse de résonance d'une opinion méfiante à l'égard des intentions américaines. ■

DOC 3

les deux argumentaires

CONTRAIREMENT à la première guerre du Golfe où, vis-à-vis du droit international, voire de la morale, l'invasion du Koweït par l'Irak rendait la cause peu contestable, le conflit qui couve maintenant depuis des mois se prête moins aux prises de positions manichéennes. Cette difficulté tient aussi au fait que les objectifs varient selon les protagonistes et les moments, qu'ils ne sont pas toujours avoués et que les arguments des uns et des autres se fondent parfois sur des hypothèses invérifiables.

En essayant de mettre un peu d'ordre dans les raisons qui militent en faveur de la guerre, telle que la conçoit l'administration Bush, et a contrario dans les raisons d'une approche négociée du cas Saddam Hussein, on s'aperçoit des contradictions des deux camps, des lacunes de leur argumentation et de la fragilité des présupposés sur lesquels elle repose. Nous avons tenté de faire la synthèse des argumentaires pour et contre la guerre.

Pour la guerre

– *La nature du régime irakien.* L'un des plus tyranniques et sanguinaires de la région, il n'a pas hésité à employer des armes prohibées contre ses propres populations, que ce soit les Kurdes au nord ou les chiites au sud, sans parler de la répression qui s'abat sur l'ensemble des Irakiens. Le fait que le régime de Saddam Hussein ne soit pas la seule dictature dans le monde n'est pas une raison pour lui assurer l'impunité : mieux vaut toujours un tyran de moins.

– *Une tradition d'agressivité.* Les agressions contre des pays voisins n'ont pas manqué : l'Iran d'abord, avec le soutien des Occidentaux qui voyaient dans le régime laïque irakien un rempart contre le fondamentalisme musulman des ayatollahs, le Koweït ensuite. C'est l'invasion du Koweït qui a entraîné la première guerre du Golfe en 1991.

Les deux argumentaires

Suite de la première page

– *L'armement.* La possession d'armes de destruction massive qui pourraient être utilisées soit contre certaines populations de l'Irak (ça a déjà été le cas pour les armes chimiques), soit contre des voisins proches ou lointains (on pense évidemment à Israël) ou qui pourraient tomber dans les mains de groupes terroristes. L'existence de ces armes en Irak n'est pas une hypothèse d'école. Les inspecteurs de l'ONU ont découvert des missiles ayant une portée supérieure aux normes autorisées ; les Irakiens ont fini par reconnaître qu'ils possédaient des stocks d'anthrax et autres agents chimiques ou biologiques.

– *La légalité internationale.* Il s'agit de 16 résolutions de l'ONU, consciencieusement violées ou ignorées par Saddam Hussein depuis 1991, la résolution 1441 du mois de novembre 2002 constituant une « *dernière chance* », que l'Irak n'a pas su saisir. Une nouvelle résolution autorisant plus ou moins explicitement l'emploi de la force n'est juridiquement pas nécessaire mais elle peut s'avérer politiquement utile, notamment pour Tony Blair, qui fait face à une opposition déterminée dans l'opinion britannique et dans son propre parti. En 1999, l'OTAN a bombardé la Serbie pour venir au secours des Kosovars sans autorisation explicite du Conseil de sécurité de l'ONU, en interprétant de manière extensive des résolutions antérieures. Au-delà du débat juridique, une décision positive du Conseil de sécurité conférerait un caractère légitime à une guerre contre l'Irak.

– *Les conséquences sur la région.* Non seulement la chute de Saddam Hussein permettrait de lancer un processus de démocratisation en Irak même, qui recueillerait un assentiment très large dans la population irakienne, mais elle serait aussi le premier acte d'une redistribution des cartes au Moyen-Orient, où, selon une mise en œuvre positive de la théorie des dominos, l'exemple irakien serait appelé à faire école dans toute la région, en Iran, en Syrie, en Arabie saoudite, voire en Egypte... Elle marquerait la fin de l'indulgence coupable envers des régimes autoritaires, plus ou moins amis, de la part des Américains et de tous les Occidentaux qui encourageraient désormais la démocratie, la modernité et le respect des droits de l'homme.

Il n'y a pas lieu de craindre une déstabilisation de la région ; au contraire, c'est le statu quo et l'apparente stabilité actuelle – celle de régimes en faillite politique, économique et sociale face à une explosion démographique dans le monde arabe – qui sont porteurs de conflits et constituent le terreau du terrorisme. La redistribution des cartes au Moyen-Orient permettrait de s'attaquer sérieusement au problème israélo-palestinien et de créer dans la foulée de la démocratisation générale, aux côtés d'Israël, un Etat palestinien « *véritablement démocratique* », comme l'a dit George W. Bush, le 26 février, devant le très conservateur American Enterprise Institute.

Contre la guerre

– *Une aventure.* La guerre est toujours une aventure. Peu nombreux sont les opposants à la guerre qui ne condamnent pas le régime irakien. Mais outre le fait qu'il y a une certaine hypocrisie à feindre de découvrir aujourd'hui l'insupportable barbarie de Saddam Hussein, une guerre n'est jamais fraîche et joyeuse ; on sait quand elle commence, on ne sait pas comment elle finit, ni le nombre de victimes qu'elle aura coûtées avant que le peuple irakien ne soit débarrassé de son tyran.

– *Souveraineté et guerre préventive.* Qui décide qu'un pays n'a plus droit au respect de sa souveraineté ? En acceptant de placer parmi les buts d'une intervention militaire un changement de régime, la communauté internationale s'engage dans un engrenage sans fin où les critères d'intervention risquent d'être laissés à l'appréciation du plus fort, les Etats-Unis étant à la fois le juge et le gendarme.

– *Questions sur la dangerosité de Saddam Hussein.* Sans doute l'Irak de Saddam Hussein a-t-il possédé et possède-t-il encore des armes de destruction massive, mais, après dix ans d'embargo, est-il en mesure de les utiliser et de menacer ses voisins, sans parler des menaces sur la stabilité internationale ? La politique d'endiguement menée depuis la première guerre du Golfe a porté ses fruits. Si elle est insuffisante, il convient de la renforcer, en s'appuyant éventuellement sur la présence de l'immense armada américaine dans la région, afin d'accentuer la pression sur l'Irak en faveur du désarmement et d'imposer ainsi le principe de la dissuasion contre la doctrine de la guerre préventive.

– *Bagdad et l'islamisme.* Les liens entre l'Irak et Al-Qaida ne sont pas prouvés et la guerre contre l'Irak apparaît comme un substitut à la lutte contre le terrorisme international, voire comme une compensation pour les échecs subis par les Américains dans leur traque de Ben Laden ou du mollah Omar, malgré les récents succès enregistrés par les Américains au Pakistan.

– *Les priorités.* La lutte contre la prolifération des armes de destruction massive, décidée par les membres du G8, ne passe pas prioritairement par l'Irak, comme le montre l'exemple de la Corée du Nord, qui représente une menace beaucoup plus actuelle.

– *L'ambivalence de la position américaine.* Plus généralement, les objectifs des Etats-Unis ne sont pas clairs. Aucun argument décisif n'est avancé pour justifier une décision aussi grave que le recours à la force. Sans attacher une importance démesurée à l'enjeu pétrolier, ne s'agit-il pas de « finir le travail » inachevé en 1991 ? de donner au peuple américain une satisfaction d'amour-propre après le terrible traumatisme du 11 septembre 2001 ? voire d'éviter tout ce qui pourrait ressembler à une reculade, alors que 250 000 soldats américains sont concentrés autour de l'Irak, reculade qui serait fatale à une réélection de George W. Bush ?

– *Les répercussions.* Les conséquences possibles voire probables sont d'une gravité sans commune mesure avec les raisons ainsi avancées ou supputées. La guerre risque de nourrir un affrontement idéologique entre l'Occicent et l'Islam qui ne pourrait que faire le lit du terrorisme international ; elle risque d'encourager les « chocs de civilisation » à l'intérieur même des Etats occidentaux où vivent de larges communautés musulmanes.

La déstabilisation de la région renforcera les régimes autoritaires au lieu de pousser à la démocratisation, les élites arabes les plus intéressées à une modernisation ayant un goût très limité pour le « libéral-impérialisme » en vogue à Washington. Le précédent de l'Afghanistan montre qu'en Irak même la démocratisation, cette fois sous la houlette d'un proconsul américain, ne sera pas aussi facile que les idéologues néoconservateurs semblent le penser. Loin de favoriser une solution du conflit israélo-palestinien, la guerre risque de convaincre, s'il en était besoin, les faucons israéliens que la solution ne passe pas par la négociation mais au contraire par le recours à une politique musclée, permettant d'installer dans les territoires palestiniens une administration toute dévouée à l'Etat hébreu.

Daniel Vernet

DOC 4

M. Bush et l'ONU

L'IRAK intéresse plus George W. Bush que le conflit israélo-palestinien. Pour cette raison, le président américain a décrété que l'ONU jouait sa réputation sur l'affaire irakienne – pas sur les kilos de résolutions non appliquées, par les uns et par les autres, concernant l'affrontement entre Israéliens et Palestiniens. La logique de M. Bush est très spécieuse, mais acceptons de la prendre à la lettre.

L'ONU joue peut-être, effectivement, sa crédibilité dans la bataille politico-diplomatique en cours sur l'Irak. Il se pourrait bien qu'un des enjeux de la crise soit l'aptitude des Nations unies à être l'organe de règlement des conflits du vingt et unième siècle. Comme le dit l'ancien gouverneur du Texas, l'ONU doit montrer si elle reste une *« institution pertinente »*, ou si son destin est de devenir un « club de discussion » de fin d'après-midi sur les bords majestueux de l'East River (ce qui serait plaisant pour les diplomates, mais assurément insuffisant pour le maintien de la paix).

Le problème est que M. Bush tire une conclusion erronée d'une base de départ acceptable. Pour le président américain, l'ONU, dans cette affaire, ne peut manifester son sérieux, et donc asseoir sa crédibilité future, qu'en décidant la guerre. Cette conclusion pourrait s'avérer inévitable, si Saddam Hussein ne désarme pas, mais elle n'a, pour l'heure, aucun caractère d'évidence. C'est du moins ce qu'ont voulu signifier les chefs des missions d'inspection du désarmement de l'ONU, vendredi 7 mars, à New York, en présentant leur troisième rapport devant le Conseil de sécurité. Le Suédois Hans Blix et l'Egyptien Mohamed ElBaradei sont des hommes sérieux. Ils sont les envoyés spéciaux de l'ONU en Irak. Qu'ont-ils dit ? Le premier a jugé que la coopération des Irakiens dans le désarmement était de plus en plus *« active »* depuis la fin janvier, après une période de *« réticence »*. Le second a estimé qu'il n'y avait *« aucune preuve »* d'activité interdite de l'Irak en matière nucléaire. L'un et l'autre se sont plaints d'avoir été l'objet de tentatives de désinformation de la part des services de renseignement américains et britanniques.

Si on décide la guerre sur cette base-là, on sabote effectivement l'autorité et le crédit de l'ONU ; on refuse d'accorder le moindre capital à ce que disent MM. Blix et ElBaradei ; on suggère que leurs rapports sont vides de sens. Et si, sur cette base-là, on entreprend une partie de bras de fer destinée à faire plier les pays les plus faibles et les plus hésitants au sein du Conseil de sécurité, pour les forcer à voter la guerre, on dénature cette institution.

C'est pourtant ce que M. Bush semble décidé à faire. Il déclare que l'Irak ne désarme toujours pas – négation du rapport Blix-ElBaradei – ; il s'apprête à faire prochainement voter le Conseil sur la guerre ; il annonce, à l'avance, qu'en cas de vote négatif il fera quand même la guerre... Sauf à n'accorder plus aucun sens aux mots, cette politique-là paraît effectivement destinée à enlever toute crédibilité à l'ONU.

DOC 5

ONU : une décision grave

par Kofi Annan

LA CHARTE des Nations unies est catégorique. « *Afin d'assurer l'action rapide et efficace de l'Organisation* », elle confère au Conseil de sécurité « *la responsabilité principale du maintien de la paix et de la sécurité internationales* ». Pour les membres du Conseil de sécurité, cette responsabilité a rarement été plus lourde que cette semaine. En effet, dans un ou deux jours, ils devront faire un choix décisif.

L'enjeu de ce choix revêt une importance qui ne se limite nullement à l'Irak : il s'agit de la menace que font peser sur l'humanité tout entière les armes de destruction massive. L'ensemble de la communauté internationale doit agir de concert pour freiner la prolifération de ces armes redoutables, où qu'elle se produise.

Dans l'immédiat, le plus urgent est de faire en sorte que l'Irak ne possède plus de telles armes. Pourquoi ? Parce qu'il les a utilisées dans le passé et parce qu'il a commis à deux reprises, sous la conduite de son président actuel, une agression contre ses voisins – contre l'Iran en 1980 et contre le Koweït en 1990.

C'est pourquoi, le Conseil de sécurité est résolu à éliminer ces armes en Irak et a adopté depuis 1991 des résolutions successives exigeant le désarmement de ce pays.

Les peuples du monde entier souhaitent que cette crise soit réglée par des moyens pacifiques. Ils sont très vivement préoccupés par les immenses souffrances humaines dont s'accompagne toujours la guerre, qu'elle soit de longue ou de brève durée.

Ils redoutent aussi les conséquences à long terme que cette guerre particulière pourrait avoir.

Ils craignent qu'elle ne crée une instabilité dans la région et des crises économiques et qu'elle n'ait – comme c'est si souvent le cas des guerres – des conséquences imprévues donnant naissance à de nouveaux dangers.

Rendra-t-elle encore plus difficile la lutte contre le terrorisme ou la recherche de la paix entre les Israéliens et les Palestiniens ?

Sèmera-t-elle une profonde discorde entre les nations et les peuples de différentes croyances ?

Compromettra-t-elle notre aptitude à œuvrer de concert pour affronter d'autres problèmes communs à l'avenir ?

Ce sont là des questions graves et les réponses doivent être soigneusement pesées.

Il peut être parfois nécessaire de recourir à la force pour faire face aux menaces contre la paix et la Charte prévoit cette éventualité. Toutefois, la guerre doit toujours être une mesure de dernier recours. Il ne faut y recourir qu'une fois que toutes les autres solutions raisonnables ont été essayées – dans le cas présent, uniquement si nous sommes certains que tous les moyens pacifiques d'assurer le désarmement de l'Irak ont été épuisés.

L'Organisation des Nations unies, fondée pour « *préserver les générations futures du fléau de la guerre* », a le devoir de rechercher une solution pacifique jusqu'au tout dernier moment.

Ce moment est-il venu ? C'est la décision que doivent maintenant prendre les membres du Conseil de sécurité.

Cette décision est grave. S'ils ne parviennent pas à se mettre d'accord sur une position commune et si certains d'entre eux engagent une action sans l'aval du Conseil, la légitimité de cette action sera largement mise en cause et elle n'obtiendra pas le soutien politique requis pour assurer son succès à long terme, une fois la phase militaire achevée.

Si, en revanche, les membres du Conseil parviennent, malgré le temps qui presse, à s'entendre sur une ligne commune afin d'assurer l'application de leurs résolutions antérieures, alors l'autorité du Conseil s'en trouvera renforcée et le monde sera plus sûr.

Nous ne devons pas oublier que la crise en Irak n'existe pas dans le vide. Les événements dans ce pays auront de profondes répercussions sur d'autres questions de grande importance. Plus large sera le consensus sur l'approche à adopter et plus grandes seront nos chances de pouvoir de nouveau nous rallier et faire efficacement face à d'autres conflits brûlants, à commencer par celui qui oppose les Israéliens et les Palestiniens. Nous savons tous que seul un règlement juste de ce conflit peut apporter un réel espoir de stabilité durable dans la région.

Au-delà du Moyen-Orient, la réussite ou l'échec de la communauté internationale en ce qui concerne l'Irak auront une incidence cruciale sur sa capacité d'intervenir face aux développements non moins inquiétants dans la péninsule coréenne. Le travail mené pour régler des conflits qui causent tant de souffrances en Afrique s'en ressentira également, les perspectives de stabilité et de développement auxquelles aspire ardemment ce continent risquant d'être compromises.

La guerre n'est pas le seul fléau auquel le monde ait à faire face. Qu'elles cherchent à se protéger contre le terrorisme ou qu'elles soient en lutte contre les trois plaies que sont la pauvreté, l'ignorance et la maladie, les nations doivent œuvrer ensemble, et elles le peuvent par l'intermédiaire de l'ONU.

Quelle que soit la manière dont le différend actuel sera résolu, l'ONU continuera de jouer un rôle central comme c'est le cas aujourd'hui. Nous devons faire tout ce qui est en notre pouvoir pour qu'elle conserve son unité.

Partout dans le monde, nous avons constaté, ces derniers mois, quel prix immense non seulement les Etats, mais aussi les peuples, attachent à la légitimité que confèrent l'ONU, et le Conseil de sécurité, en tant qu'ils constituent le cadre commun d'affermissement de la paix.

A l'approche de la grave décision qu'ils prendront cette semaine, j'espère que les membres du Conseil auront à l'esprit cette confiance sacrée que les peuples ont placée en eux et qu'ils se montreront dignes d'elle.

Kofi Annan
Traduit de l'anglais par les services des Nations unies à New York.

DOC 6

Le pétrole a été trop profondément mêlé aux deux premiers conflits du Golfe (guerre Iran-Irak et guerre du Koweït) pour que son odeur entêtante n'ait imprégné d'avance celui qu'a initié un président venu du Texas, Etat-symbole de l'industrie pétrolière américaine. Déclenchée pour des raisons idéologiques (le choc frontal de la laïcité incarnée par le parti Baas irakien et de l'islamisme de l'ayatollah Khomeiny), la guerre Irak-Iran atteignit un paroxysme lors de la *« guerre des pétroliers »* déclenchée par Téhéran pour empêcher Bagdad d'exporter ses barils de brut.

Quant à la guerre du Golfe, cette *« Mère des batailles »* risquée par Saddam Hussein, les commentateurs se disputent sur ses motivations profondes : libération du Koweït ou consolidation « à chaud » du contrôle des Etats-Unis sur le brut du Golfe. Quoiqu'il en soit, le *Raïs* irakien signa par des derricks en feu cette guerre qu'il avait lancée comme un défi aux monarchies du Golfe. Dans une récente interview au *New York Times*, le vice-Premier ministre irakien Tarek Aziz expliquait par deux mots – *« pétrole et Israël »* – la vindicte d'un George W. Bush, impitoyable à l'égard de l'Irak mais mesuré voire conciliant vis-à-vis de la Corée-du-Nord, pourtant coupable avéré de réarmement nucléaire.

A l'autre extrémité du spectre diplomatique, Mo Mowlam, qui fut l'un des ténors de l'équipe de Tony Blair, enfonçait le clou dans une lettre au *Guardian* : *« Toute cette affaire n'a rien à voir avec une prétendue menace irakienne, ni avec la guerre contre le terrorisme ni encore avec la morale,* expliquait l'ex-ministre britannique de l'Irlande du Nord. *Les Etats-Unis s'inquiètent de l'évolution intérieure de l'Arabie Saoudite et redoutent qu'un jour, fut-il lointain, les plus importantes réserves de pétrole du monde ne tombent aux mains d'un gouvernement saoudien farouchement islamiste et anti-américain. »*

La confiance qui régnait entre le palais royal de Riyad et la Maison Blanche, a été ébranlée par la chute du World Trade Center. Les professions d'amitié n'y changent rien. Les Américains se plaignent de la lenteur des réformes qu'ils réclament depuis le « 11 septembre ». Ils se savent en outre de plus en plus impopulaires dans le Royaume saoudien. Washington ne serait donc pas mécontent de dépendre un peu moins étroitement d'un allié important certes, mais difficile à manier.

La stratégie de diversification des fournisseurs ne date pourtant pas des attentats perpétrés le 11 septembre 2001 par le plus fameux de tous les Saoudiens, Ousamma ben Laden. L'engagement croissant des compagnies pétrolières américaines en Afrique de l'Ouest, ainsi que la récente mise en chantier de l'oléoduc Bakou-Tbilissi-Ceyhan, qui transportera jusqu'à la Méditerranée le brut d'Azerbaïdjan, illustrent cette ambition d'échapper au « monopole » des producteurs du Golfe.

Les besoins mondiaux sont tels, cependant, que les contributions de la Caspienne ou de l'Afrique de l'Ouest n'entameront pas davantage la *« citadelle Golfe »* que ne le fit, il y a quelques années, la production de la mer du Nord.

Avec l'Irak en revanche, on change de « division », pour employer le langage des footballeurs. A s'en tenir aux réserves prouvées, ce pays (avec 112 milliards de barils) se situe en deuxième position derrière l'Arabie Saoudite (270 milliards de barils).

En se débarrassant de Saddam Hussein, Bush espère donc réaliser un de ces gros coups dont rêvent les maîtres en diplomatie. Déterminés à casser le terrorisme islamiste et donc à contraindre les Saoudiens à s'amender – car c'est le fond du problème depuis le 11 septembre – les Américains souhaitent accentuer les pressions sur Riyad. *« Et comment mieux y parvenir qu'en les touchant au portefeuille ? »*, interroge un homme d'affaires international. Un ambassadeur arabe ajoute : *« S'ils contrôlent l'Irak et son pétrole, les Etats-Unis auront moins besoin de l'Arabie Saoudite pour stabiliser les cours. »*

Plus facile à dire qu'à faire dans un marché auquel les spécialistes promettent, pour les trente prochaines années, une superbe expansion, dont les membres proche-orientaux de l'OPEP seront les premiers bénéficiaires. Les pays arabes et l'Iran devraient en effet couvrir 42,9% des besoins mondiaux en 2030, au lieu de 28,1% aujourd'hui. Les chiffres sont éloquents. *« Est-il seulement possible de réduire le rôle régulateur d'un pays qui possède un quart des réserves mondiales ? »*, interroge un expert en poste dans le Golfe.

Les Etats-Unis ont d'autres raisons de convoiter le pétrole d'Irak, qu'ils connaissent et qu'ils consomment. Les noms d'oiseaux dont le Président Bush qualifie Saddam Hussein, n'ont pas empêché les Etats-Unis d'être, l'an dernier, le premier acheteur de pétrole irakien. Ils devancèrent l'Italie, la France et l'Espagne !

Tenues à l'écart des gisements irakiens depuis l'invasion du Koweït, les *majors* américaines rêvent d'y prendre pied. Les sanctions votées alors par le Conseil de sécurité les ont empêchées de s'aventurer sur ce territoire prometteur. En revanche, leurs concurrents russes et français y préparent depuis dix ans l'« après-embargo ». Sanctions obligent, aucun contrat n'a été signé ni par les Français ni par les Russes. Total-Fina-Elf avait néanmoins de bons espoirs de pouvoir exploiter deux gisements, dont les réserves cumulées s'élèveraient à quelques 15 milliards de barils. Les Russes ont aussi de beaux projets.

Survoltés par les préparatifs de guerre orchestrés par la Maison Blanche, certains ténors de l'opposition en exil parlent depuis quelques mois comme s'ils étaient déjà aux commandes à Bagdad ! Ahmad Chalabi prévient qu'il favorisera les compagnies, dont les gouvernements auront aidé à la chute de Saddam Hussein. James Woolsey, un ancien patron de la CIA, a carrément prévenu les Français et les Russes que leurs réserves sur la politique américaine pouvaient leur interdire de participer à l'après-guerre.■

DOC 7

Le nerf de la guerre

par Stéphane Marchand

Peut-on calculer combien coûtera la deuxième guerre du Golfe ? Exercice délicat. Ce coût dépend de nombreux facteurs imprévisibles : en premier lieu, de la longueur et de l'intensité des combats. Aux Etats-Unis, la commission du budget de la Chambre des représentants anticipe un coût direct compris entre 6 et 13 milliards de dollars par mois. Ce qui donne, pour une guerre courte mettant en jeu les 250 000 hommes annoncés par le Pentagone, entre 44 et 60 milliards de dollars au total, soit nettement moins que les 80 milliards de dollars (de 2002) qu'avait coûté la guerre du Golfe où plus de 600 000 hommes avaient été déployés. Un conseiller du Président Bush avançait au début de l'hiver une fourchette globale comprise entre 100 et 200 milliards de dollars. Voilà qui représente entre 1% et 2% de la richesse produite en un an par l'économie américaine (le PIB). Cela semblera peu à ceux qui ont vécu les précédentes grandes guerres américaines.

Rappelons, à titre de comparaison, que la guerre du Vietnam avait coûté aux Etats-Unis 12% de leur PIB de l'époque. On peut aussi choisir de dire que la guerre d'Irak doublerait le déficit budgétaire américain, ce qui ferait beaucoup et se répercuterait aussitôt sur le dollar et l'économie mondiale. Mais une chose est sûre, et c'est le propre d'une grande puissance, les Etats-Unis ont les moyens de financer cette guerre. Seuls s'il le faut.

Le Center for Stategic International Studies (CSIS) de Washington a modélisé trois scénarios de crise. Dans le plus bénin, les combats durent de quatre à six semaines, le pétrole irakien ne fait défaut que pendant trois mois, l'Arabie Saoudite compense sans difficulté et le prix du baril retombe à 20 dollars à la fin de cette année. Dans l'hypothèse intermédiaire d'une guerre plus ardue qui durerait jusqu'à douze semaines, la production irakienne serait interrompue pendant six mois. En dépit du recours à la réserve stratégique américaine et à l'OPEP, le baril serait toujours à 30 dollars au début 2004. Dans le pire des cas, si le conflit dure six mois, le brut irakien est hors marché pour un an, l'OPEP se montre peu coopérative et le baril monte jusqu'à 80 dollars en juin, retombant à 40 dollars en fin d'année.

Dans chaque cas, les conséquences sont de plus en plus sérieuses sur la Bourse, la consommation, l'investissement, l'emploi et la reprise est différée d'autant. Mais George W. Bush est prévoyant. Au mois de janvier, pour que la guerre ne provoque pas de récession, il a annoncé des baisses d'impôts massives qui se monteraient à 674 milliards de dollars sur dix ans.

Le Président se souvient fort bien de ce qui était arrivé à son père. En 1991, la fin de la guerre du Golfe avait coïncidé avec une récession, il avait augmenté les impôts, et il n'avait pas été réélu. Mais si la guerre devrait plutôt moins coûter qu'il y a douze ans, la paix pourrait s'avérer ruineuse.

Pour reconstruire l'Irak tout en maintenant la paix civile, il faudra faire stationner des *GI's* pendant plusieurs années... En supposant que les alliés des Etats-Unis prennent à leur charge deux tiers du coût du maintien de la paix – ce qui n'est nullement acquis – la Brookings Institution de Washington estime entre 15 et 20 milliards de dollars la part américaine du coût annuel de cette force de stabilisation. D'où l'hypothèse d'un coût global de 200 milliards de dollars.

Tout dépendra évidemment de la répartition des dépenses. Pendant la guerre du Golfe, les alliés, en particulier les monarchies pétrolières du Golfe et le Japon, avaient réglé 80% de la note.

En 2003, l'équation politique est très différente et les vives réticences de nombreux pays à utiliser la force contre le régime de Saddam Hussein se traduiront le jour venu par une participation financière bien moindre. C'est même l'inverse qui pourrrait se produire. Plusieurs pays ont monnayé leur assistance au Pentagone. Ils exigeront en retour un geste économique. La Turquie, a montré l'exemple, en marchandant jusqu'au bout une aide comprise entre 5 et 22 milliards de dollars ainsi qu'une annulation de sa dette militaire qui se monte à 6 milliards de dollars.

Après la guerre, les Etats-Unis auront à cœur de se rembourser. En d'autres termes, ils espèrent tirer des dividendes économiques de leur effort militaire. S'ils sont seuls à payer la guerre, gageons qu'ils feront preuve de parcimonie quand il s'agira de partager les contrats de la reconstruction. Le pétrole irakien, à travers les futurs contrats pour les *majors* américaines, leur sert en quelque sorte de garantie.

N'oublions pas, avant de conclure, que l'étude des effets économiques d'une guerre réserve des surprises de taille. En dépit de son coût, elle tend à stimuler l'activité par le truchement des dépenses publiques, notamment les dépenses militaires.

Enfin, selon les scénarios du CSIS, l'hypothèse d'une absence de guerre n'aurait pas été la moins coûteuse. En effet, faute d'être certains que la guerre n'aurait pas lieu, les acteurs économiques se seraient alors installés dans un attentisme qui aurait déprimé durablement la croissance et les marchés ■

DOC 8

L'ONU première victime de la guerre ?

Adulé par le camp de la paix, vitupéré par les Etats-Unis, le Conseil de Sécurité a joué un rôle central dans la crise. Sans parvenir à faire prévaloir ses vues. A-t-il perdu son crédit ? Peut-on se passer de l'ONU ? Faut-il la réformer ?

Les inspecteurs des Nations unies à Bagdad

Le Conseil de Sécurité est-il décrédibilisé ?

Evidemment non. « *En réalité, le Conseil de Sécurité se serait décrédibilisé s'il avait cédé aux injonctions américaines, s'il n'avait été qu'une chambre d'enregistrement de décisions déjà prises à la Maison-Blanche* », dit un diplomate occidental en poste à New York. Comment, en effet, l'instance suprême de l'ONU aurait-elle pu donner son feu vert à l'action militaire voulue par George Bush, alors que l'immense majorité des nations se sont publiquement déclarées hostiles à cette intervention armée ?

En outre, les opinions publiques de tous les continents ont exprimé leur opposition à la guerre, dans les sondages comme à l'occasion des grandes manifestations du 15 février. Ainsi, en résistant à George Bush, malgré les pressions et les menaces, le Conseil, vers lequel tous les regards étaient tournés depuis des mois, a acquis une légitimité considérable.

Alexandra Novosseloff, spécialiste de l'ONU à l'International Peace Academy de New York, explique : « *Pour l'opinion publique internationale, le Conseil de Sécurité a désormais une fonction symbolique majeure. Auparavant, c'était une instance vague, lointaine, bureaucratique. Aujourd'hui, il est considéré un peu partout dans le monde comme le seul contrepoids à l'hyperpuissance américaine, la seule institution capable de tenir tête aux Etats-Unis.* » L'administration Bush met en cause la « *pertinence* » du Conseil, justement parce que celui-ci s'est opposé à sa volonté. Mais les efforts désespérés de Tony Blair et de George Bush pour arracher une seconde résolution valent bel et bien reconnaissance du rôle primordial du « gouvernement » de l'ONU, qui, seul, dans le monde de l'après-guerre froide, peut donner à une action militaire une légitimité internationale incontestable. En désespoir de cause, George Bush, Tony Blair et José-Maria Aznar invoquent d'ailleurs les résolutions passées du Conseil pour prouver la légalité de leur guerre.

L'ONU exclue de l'après-Saddam ?

C'est fort improbable, si ce n'est impossible. Après la chute du dictateur irakien, les Etats-Unis auront, en effet, besoin des Nations unies dans plusieurs domaines. D'abord, beaucoup de juristes estiment que la résolution 1441 ne constitue pas une base juridique suffisante pour déclencher la guerre aujourd'hui, quoi qu'en disent George Bush et Tony Blair. Selon ces spécialistes du droit international, seul le Conseil de Sécurité pourrait « légaliser », après coup, l'opération militaire. Sans ce cachet onusien, l'Amérique devrait être considérée comme « puissance occupante », au même titre que... l'Irak après l'invasion du Koweït en 1990. Ensuite, seul le Conseil sera habilité à lever les sanctions économiques qui pèsent sur Bagdad et à autoriser ainsi la nouvelle administration irakienne, imposée par les Etats-Unis, à exporter librement du pétrole. Et lui seul pourra régler le problème du compte bancaire sur lequel transitent actuellement les fonds de l'opération « pétrole contre nourriture ».

Enfin et surtout, il y aura la reconstruction du pays. Ancien de la CIA, Kenneth Pollack a été en charge du dossier irakien à la Maison-Blanche sous Bill Clinton. C'est un « faucon démocrate », favorable à une invasion de l'Irak. Il n'en est pas moins persuadé que l'après-Saddam ne pourra pas se faire sans l'ONU : « *L'Amérique ne voudra pas laisser des centaines de milliers d'hommes sur place pendant des années. Des casques bleus seront forcément appelés à la rescousse afin de sécuriser et de stabiliser l'ensemble du territoire. En outre, les ONG, indispensables pour distribuer l'aide alimentaire ou pour assurer l'assistance médicale, rechigneront – et rechignent déjà – à s'engager dans un programme hors ONU. Après quelques mois d'administration militaire directe de l'Irak par le général Franks ou son adjoint, l'Amérique se retournera donc inévitablement vers l'ONU pour prendre le relais.* »

Sans compter, note encore Kenneth Pollack, et ce n'est pas le moindre des paradoxes, que pour réaliser le désarmement complet et crédible de l'Irak, les Etats-Unis devront probablement faire appel à une instance indépendante : les inspecteurs de l'ONU...

DOC 9

LA RÉSOLUTION 14.41 NE SUFFISAIT PAS POUR ATTAQUER L'IRAK

Un missile sur l'ONU

● par Robert Badinter

Guerre courte : Bush triomphe. Guerre longue : Chirac a eu raison. Mais dans les deux cas, les Nations unies sont atteintes

Le conflit irakien, avant toute opération militaire, aura fait une victime « collatérale » : l'ONU. En décidant de se passer de toute résolution et de déclencher, seul ou avec ses alliés britanniques, la guerre contre l'Irak, les Etats-Unis portent au Conseil de Sécurité un coup très dur. Sans doute, le gouvernement américain en est-il conscient. Le président Bush et Colin Powell argumenteront que la résolution 14.41 du 8 novembre 2002, adoptée à l'unanimité par le Conseil de Sécurité, permet d'agir puisqu'elle décide que « *de fausses informations ou des omissions dans les déclarations soumises par l'Irak [...] et le fait, à tout moment [...] de ne pas coopérer pleinement à la mise en œuvre de la résolution, constitueront une nouvelle violation patente des obligations de l'Irak* ». Les réticences, les dissimulations, les mensonges mêmes de Saddam Hussein justifient-ils une action militaire, alors que les inspections progressent et que le désarmement se réalise ? Le texte de la résolution 14.41 ne l'autorise pas. L'évocation « *des graves conséquences auxquelles l'Irak aurait à faire face s'il continuait à manquer à ses obligations* » constitue un avertissement et non pas un ultimatum. Ainsi, seule une nouvelle résolution permettant le recours à la guerre donnerait à l'action militaire la légitimité internationale qui lui fait aujourd'hui défaut.

Le secrétaire général de l'ONU, Kofi Annan, vient de le rappeler avec force : « *Si certains membres engagent une action sans l'aval du Conseil, la légitimité de cette action sera largement mise en cause et elle n'obtiendra pas le soutien politique requis pour assurer son succès à long terme, une fois la phase militaire achevée.* » On comprend pourquoi les députés travaillistes britanniques sont si inquiets à l'idée que le Royaume-Uni participe à une opération militaire sans une résolution nouvelle du Conseil de Sécurité. C'est la force des armes et non plus la force du droit qui l'emporterait. Quel recul pour la Grande-Bretagne, puissance héroïque de la Seconde Guerre mondiale et qui est, elle aussi, à l'origine de la création des Nations unies ! De surcroît, dès l'instant où la guerre contre l'Irak ne serait pas l'expression de la volonté du Conseil de Sécurité, le coût des opérations militaires demeurerait à charge des seuls intervenants.

On comprend dès lors pourquoi une partie de la presse anglo-saxonne et des hommes politiques se déchaînent contre la France à laquelle ils imputent, au premier chef, leur échec à obtenir du Conseil de Sécurité une résolution ouvrant la voie à l'action militaire. La position de la France n'en est pas moins raisonnable : on peut, grâce au déploiement des forces américaines, conduire jusqu'à leur terme les opérations de désarmement de Saddam Hussein. Alors, pourquoi déclencher un guerre lourde de morts et de souffrances pour les populations civiles, cause de destructions massives et source de fanatisme et de terrorisme ?

Paradoxalement, dans la discorde actuelle entre alliés et amis de longue date, c'est la guerre qui désignera celui dont les vues étaient fondées. Si la campagne est brève, les pertes militaires et civiles limitées, si les Irakiens accueillent Américains et Britanniques en libérateurs et non pas en envahisseurs, si l'on découvre des stocks d'armes chimiques et biologiques cachés par Saddam Hussein, alors George W. Bush revêtira la pourpre de César. Schröder et surtout Chirac apparaîtront comme des benêts ou des idéalistes dangereux. Qu'en revanche la guerre se révèle longue et meurtrière, qu'elle accable les Irakiens et suscite, chez les peuples arabes, haine et ressentiment, alors George W. Bush sera vilipendé, son destin politique et celui de Tony Blair ruinés, l'Amérique honnie. La France et ses dirigeants seront loués pour leur lucidité et la force de leur conviction. Dans les deux hypothèses, l'ONU n'en aura pas moins été affaiblie.

Il faut seulement espérer que, la guerre achevée, lorsque sonnera l'heure de la reconstruction économique et politique de l'Irak, l'ONU apparaisse à nouveau comme le foyer de la légalité internationale et retrouve sa primauté pour gérer un Irak accablé. Un mandat des Nations unies serait infiniment préférable à un proconsulat des Etats-Unis, et atténuerait considérablement les risques de troubles, voire de terrorisme, dans une région particulièrement sensible du monde. A ce moment-là, la France sera appelée à jouer à nouveau un rôle important au service de la paix. *R. B.*

DOC 10

L'après-Saddam Hussein sera organisé par le Pentagone dans un premier temps

WASHINGTON
de notre correspondant

Qui va gouverner l'Irak après le renversement de Saddam Hussein ? Comment et par qui le pays sera-t-il administré ? Les réponses fournies par le gouvernement américain sont fluctuantes.

Lors d'auditions au Congrès, Colin Powell, le secrétaire d'Etat, a indiqué que l'Irak sera placé sous administration militaire pour une durée qui ne pourrait pas être inférieure à deux ans. Dans son discours sur la démocratisation de l'Irak, le 26 février, George Bush a évité d'être aussi précis, déclarant seulement que les Etats-Unis resteraient en Irak *« aussi longtemps que nécessaire, et pas un jour de plus »*.

Mercredi 19 mars, devant la presse étrangère, Marc Grossman, sous-secrétaire d'Etat chargé des affaires politiques, a décrit trois phases : une phase de *« stabilisation »*, pendant laquelle le commandant militaire de la *« coalition »* sera responsable de la sécurité et du maintien de l'ordre ; une phase de *« transition »*, durant laquelle l'autorité sera transférée *« progressivement »* aux Irakiens, représentés par l'Autorité intérimaire dont M. Bush a annoncé, lundi, la création ; une phase de *« transformation »*, qui verra l'Irak passer sous la *« souveraineté »* du peuple irakien.

Le commandant de la coalition est le général Tommy Franks. Chef du commandement central; l'état-major américain compétent pour le Proche-Orient, le général Franks détiendra l'autorité militaire et civile. Cependant, l'ex-général Jay Garner, rappelé de sa retraite et arrivé au Koweït le 16 mars, sera chargé des opérations humanitaires et de la reconstruction. La relation entre les deux généraux n'est pas définie de façon précise. *« Jay Garner travaillera dans la zone de responsabilité du général Franks »*, a répondu au *Monde*, mercredi, le lieutenant-colonel Michael Humm, collaborateur de Douglas Feith, sous-secrétaire à la défense chargé de la politique. *« Cela ne veut pas dire qu'il rendra compte au général Franks »*, a-t-il ajouté.

En réalité, il ne fait pas de doute que le Pentagone aura la haute main sur l'administration de l'Irak et devra en assumer la responsabilité. Cette décision résulte d'une longue bataille qui a opposé le département d'Etat et le ministère de la défense. Le Pentagone soutenait la formation d'un gouvernement provisoire irakien, comprenant les formations politiques d'opposition – chiites et sunnites, en exil, et kurdes. Le ministère des affaires étrangères se méfie depuis toujours des exilés et craint que l'unité du pays ne puisse pas être préservée par un gouvernement provisoire arrivant de l'étranger.

Le partage des rôles avec l'ONU et l'opposition irakienne n'est pas établi

En outre, les pays arabes voisins ont exprimé leur inquiétude à l'idée que les chiites, majoritaires dans la population, puissent prendre le dessus sur les sunnites.

Les responsables américains insistent sur l'importance qu'ils donnent au contrôle des Irakiens sur leur pétrole et à la reconstruction. Cependant, quand on demande à M. Grossman qui aura autorité pour attribuer les marchés pétroliers et ceux des travaux publics, il affirme qu'il n'est pas possible *« de répondre à cette question maintenant »*. Le *Los Angeles Times* affirmait, mercredi, que le corps des ingénieurs de l'armée de terre lançait déjà des appels d'offres auprès d'entreprises américaines pour la remise en état et la gestion des infrastructures pétrolières.

L'hypothèse de la nomination d'un administrateur de l'Organisation des Nations unies (ONU), comme cela s'est fait pour le Kosovo et l'Afghanistan, est abandonnée. *« L'ONU n'a pas envie de prendre une responsabilité aussi énorme »*, dit Eric Schwartz, ancien collaborateur de Bill Clinton, qui dirige, au Council on Foreign Relations, un groupe de travail sur l'après-Saddam. En revanche, le Conseil de sécurité sera appelé à se prononcer sur l'administration et la reconstruction de l'Irak. M. Grossman a rappelé que la déclaration adoptée aux Açores par les Etats-Unis, le Royaume-Uni, l'Espagne et le Portugal prévoit de présenter des résolutions sur l'avenir de l'Irak. *« C'est le moyen, pour les pays qui sont attachés aux fonctions de l'ONU, de permettre au Conseil de sécurité de retrouver son rôle »*, estime M. Schwartz. C'est aussi la voie que doivent suivre les Etats-Unis pour obtenir l'aide financière et politique d'autres pays dans la reconstruction.

Le gouvernement est soucieux, selon M. Schwartz, de *« réduire l'empreinte américaine »* sur l'Irak. *« Ils se rendent compte qu'une administration militaire prolongée est problématique »*, dit-il des dirigeants américains. Pour autant, le partage des rôles avec l'ONU et avec l'opposition irakienne n'est pas établi. Y aura-t-il l'équivalent de la conférence de Bonn, qui avait réuni les différentes forces afghanes opposées aux talibans et abouti à la composition d'un gouvernement provisoire ? La façon dont sera constituée l'Autorité intérimaire irakienne n'est pas, non plus, définie. Ahmed Chalabi, président du Conseil national irakien, qui était à Washington mercredi, a de nouveau assuré que l'opposition, y compris kurde, est d'accord pour préserver l'intégrité territoriale de l'Irak.

Patrick Jarreau

DOC 11

Et après ?

QUEL est le projet américain ? Les Etats-Unis sont entrés en guerre contre l'Irak, dans la matinée du jeudi 20 mars, sans avoir tout dit de leur ambition dans cette affaire. L'objectif est de *« désarmer l'Irak »*, de *« libérer »* son peuple » et de *« défendre le monde contre un grave danger »*, celui des armes de destruction massive. Tel est l'argumentaire avancé par George W. Bush en annonçant le début des opérations contre Bagdad.

Est-ce bien tout ? Le président américain a ajouté : *« Aider les Irakiens à devenir un pays uni, stable et libre va requérir notre engagement de tous les instants. »* Et il a précisé : *« Nous n'avons pas d'autre ambition en Irak que d'écarter une menace et de remettre le contrôle de ce pays entre les mains de son peuple. »*

Autrement dit, les Etats-Unis vont rester en Irak. Ils n'entendent pas plier bagage une fois Saddam Hussein renversé et ses arsenaux démantelés. Ils prendront le temps qu'il faut pour faire de l'Irak un pays stable et uni et installer un nouveau régime aux commandes. Le secrétaire d'Etat, Colin Powell, a parlé de placer le pays sous administration militaire américaine directe pour une période qui pourrait ne pas être inférieure à deux ans.

On peut juger que ce comportement est plus responsable que celui qui eût consisté à chasser Saddam Hussein puis à repartir sans se préoccuper des conséquences. Mais à condition de s'entendre sur un certain nombre de points. D'abord, dire l'énormité de la tâche, ne pas cacher qu'il s'agit d'exercer, sans doute pour quelques années, une sorte de protectorat sur l'Irak, et, surtout, affirmer que rien de tout cela ne peut se faire sans un mandat de l'ONU. Critiquées et critiquables, les Nations unies restent le seul forum capable de légitimer l'exercice de ce pouvoir intérimaire sur un pays souverain et indépendant. Le ministre des affaires étrangères français, Dominique de Villepin, le disait mercredi à l'ONU, à New York : *« Aucun Etat ne peut revendiquer la légitimité nécessaire à lui seul (...) pour bâtir l'avenir de l'Irak. »*

Rien n'indique que le mécanisme d'inspection onusien, doublé d'une pression militaire, n'aurait pas fini par désarmer Saddam Hussein. Les Etats-Unis ont choisi, unilatéralement, d'abandonner cette voie. Rien ne les autorise à la court-circuiter à nouveau lorsque le temps sera venu de reconstruire l'Irak. Il faudra repasser par les Nations unies. Le président Bush a laissé entendre au début de la semaine qu'il en était conscient et qu'il y était disposé. La France n'a cessé de dire qu'elle serait alors prête à jouer son rôle dans les missions diverses de l'après-guerre.

Elles s'annoncent périlleuses, de la possibilité d'une guerre civile entre Irakiens à celle d'un conflit entre Kurdes au Nord et forces turques si elles franchissent la frontière, sans oublier une situation humanitaire qui pourrait prendre l'allure d'un cauchemar. Si la guerre réserve toujours des surprises – en général mauvaises –, l'après-guerre en Irak s'annonce comme un terrain miné.

DOC 12

Lors de la réunion du Conseil de sécurité, mercredi 19 mars, la France a affirmé que de l'ONU seule « peut venir l'autorité légale et morale » pour « construire la paix ». Kofi Annan prépare de son côté un projet pour l'action humanitaire sur le territoire irakien

NEW YORK (Nations unies)
de notre correspondante

Il n'est pas sûr que la 4 721e séance du Conseil de sécurité, mercredi 19 mars, aura beaucoup apporté à a crédibilité de l'Organisation des Nations unies (ONU). L'ordre du jour portait sur « *la situation entre l'Irak et le Koweït* ». Au point 2, le Conseil était saisi de la présentation, par Hans Blix, le chef des inspecteurs en désarmement de l'ONU, de son programme de travail, en vertu de la résolution 1284 du 17 décembre 1999.

Comme l'a dit d'entrée M. Blix, il pouvait paraître un peu « *étrange* » de présenter un tel plan alors que les inspections en Irak avaient déjà commencé « *depuis trois mois et demi* ». Et plus étrange encore si on voulait bien se souvenir qu'elles avaient été interrompues deux jours plus tôt et qu'à l'heure où leur chef parlait à New York les personnels avaient déjà quitté Bagdad. « *On est dans la symbolique* », murmurait un conseiller onusien. « *Autant réorganiser les chaises sur le pont du* Titanic », cinglait un porte-parole américain.

Pour entendre ce programme de travail devenu irréel, cinq ministres des affaires étrangères s'étaient déplacés (Russie, France, Syrie, Allemagne, Guinée). Deux ministres africains (Angola, Cameroun) étaient présents la veille à New York pour une autre réunion ministérielle sur un sujet qui préoccupe autant l'Afrique que les armes de destruction massive irakiennes : les armes légères et les mercenaires. Mais ils n'avaient pas jugé bon de rester pour cette nouvelle séance sur l'Irak, la quatrième à ce niveau en deux mois.

RAY STUBBLEBINE/REUTERS

Au Conseil de sécurité des Nations unies à New York, mercredi 19 mars, les ministres des affaires étrangères français et allemand, Dominique de Villepin (à gauche) et Joschka Fischer (à droite). Ce dernier, de tous les intervenants, s'est montré le plus offensif.

La plupart des orateurs ont regretté que « *la fin des inspections ait sonné* », comme l'a dit M. Blix, mais à les entendre on aurait dit que cette fin était due à une catastrophe naturelle. Tout au plus a été mentionnée une « *menace* » ayant pesé « *sur leur sécurité* ». Hans Blix s'est dit « *soulagé* » que les personnels de l'ONU aient pu sortir d'Irak sans encombre. D'ailleurs, cette fois, les Irakiens avaient « *pleinement* » coopéré. L'ambassadeur américain John Negroponte s'est déclaré pareillement « *soulagé* » d'entendre cette bonne nouvelle, mais en même temps il en avait une mauvaise : la situation sur le terrain allait « *changer* ». Ce ne serait donc « *pas réaliste* » d'adopter le programme de travail proposé.

Colin Powell n'avait pas fait le déplacement. « *Comme vous le savez, il déteste voyager* », plaisantait un officiel, en référence aux articles de presse reprochant au secrétaire d'Etat d'avoir privilégié la « *diplomatie du téléphone* » au lieu d'aller arpenter les capitales susceptibles de former une coalition digne de ce nom.

L'ambassadeur américain n'a pas relevé l'offre de services de M. Blix, qui, mardi 18 mars, avait indiqué que ses inspecteurs seraient prêts à contribuer à toute recherche ultérieure d'armes de destruction massive en Irak. Le « *chairman* » n'avait pas encore lu l'article du *New York Times* annonçant, mercredi, que l'armée américaine avait déjà sa commission « *parallèle* » d'inspecteurs, dans laquelle figurent d'ailleurs quelques-uns des spécialistes de l'ex-mission d'inspection en Irak, l'Unscom, que M. Blix n'avait pas jugé bon de recruter et qui n'ont cessé, depuis novembre 2002, de critiquer sa supposée « *crédulité* ». Ce point va probablement entraîner des frictions : plusieurs pays du Conseil de sécurité, comme le Pakistan, ont déjà fait savoir qu'ils demanderont l'envoi d'experts indépendants pour prendre la mesure du danger que représentait l'Irak.

AUCUN TEXTE DE CONDAMNATION

L'exposé de M. Blix au Conseil de sécurité a duré moins de dix minutes. Le directeur de l'Agence internationale de l'énergie atomique (AIEA), Mohamed ElBaradei, n'était pas venu et, signe de sa désapprobation, il avait envoyé un adjoint lire un communiqué tellement bref qu'il a suscité un frémissement dans l'auditoire. En deux phrases, M. ElBaradei a renvoyé le Conseil à sa responsabilité : « *prendre les décisions qui s'imposent* » s'il voulait qu'un programme de travail puisse un jour « *être exécuté* ».

Cela a été la seule note non diplomatique de la journée. A l'heure où commençait la guerre, le conflit au Conseil était mis en veilleuse. Aucun texte de condamnation des Etats-Unis n'a été adopté par le bloc qui souhaitait le désarmement pacifique de l'Irak. Il n'y a pas eu non plus de motion à l'Assemblée générale, où cette initiative avait été évoquée, mardi 18 mars, lors d'une réunion des pays non alignés. La réunion n'a pas été inutile, disait François Fall, le ministre guinéen : « *le Conseil a exprimé des regrets.* »

De tous les intervenants, c'est Joschka Fischer, le ministre allemand des affaires étrangères, qui a été le plus offensif. « *Le Conseil de sécurité ne peut pas rester silencieux*, a-t-il dit. *Notre tâche est de sauvegarder sa fonction. C'est pour cela que nous sommes venus à New York.* » Et, a-t-il ajouté : « *Ce n'est pas un échec du Conseil de sécurité. Le Conseil a fourni un instrument pour désarmer l'Irak pacifiquement. Il n'est pas responsable de ce qui se passe en dehors des Nations unies.* » Igor Ivanov, son homologue russe, a lui aussi indiqué qu'aucune résolution « *ne donne le droit de changer par la force la direction d'un Etat souverain* ».

Le ministre français a, de son côté, pris date, dans un discours sobre, conçu pour ne pas « *compliquer les choses* », a expliqué son entourage. Dominique de Villepin a de nouveau proposé d'organiser un sommet des chefs d'Etat (cette fois à l'automne) pour examiner les problèmes du terrorisme, de la prolifération et le conflit israélo-palestinien. « *Dans un monde où la menace est asymétrique, où le faible défie le fort, le pouvoir de conviction, la capacité de convaincre, la faculté de faire évoluer les esprits,* compte*nt autant que le nombre de divisions militaires* », a-t-il dit, dans une envolée. Les Américains, autrement dit, ont « *perdu la bataille de l'opinion* », expliquait l'un de ses conseillers.

Corine Lesnes

L'enjeu de l'humanitaire

Le Conseil de sécurité a abordé, mercredi 19 mars, un nouveau chapitre de la crise irakienne : l'humanitaire. Les membres du Conseil se soupçonnent d'arrière-pensées. Le camp anglo-américain a annoncé un nouveau projet de résolution sur le fonctionnement du programme « Pétrole contre nourriture ». Les autres pays craignent qu'à travers l'humanitaire, Washington et Londres tentent de faire légitimer leur coup de force contre Saddam Hussein. Ils préfèrent que les propositions émanent de Kofi Annan.

Le secrétaire général de l'ONU devait remettre, mercredi soir, un projet aux 15 membres du Conseil. L'enjeu est la distribution de vivres à la population et la gestion de plusieurs milliards de dollars déposés sur le compte-séquestre de l'Etat irakien à New York. – *(Corresp.)*

DOC 13

Washington a l'ambition de reconstruire l'Irak en un an

Réparer les routes, ponts, centrales électriques, écoles, aéroports, hôpitaux... L'appel d'offres de l'agence des Etats-Unis pour le développement international, de 900 millions de dollars, est destiné à financer la remise en état du pays après la guerre

NEW YORK
de notre correspondant

La deuxième guerre du Golfe ésente une particularité sans pré- dent dans l'Histoire : la recons- uction de l'Irak a été planifiée 'ant même que les opérations ilitaires aient commencé. Il ne agira pas seulement de nettoyer champ de bataille, de réparer les uits de pétrole sabotés ou de éblayer les ruines des bâtiments étruits.

L'ambition est tout autre : remet- e en douze mois l'économie ira- enne au niveau où elle était il y a lus de vingt ans, avant la guerre ontre l'Iran. Il faudra réparer les outes, les ponts, les centrales élec- iques, les écoles, les aéroports, s hôpitaux et faire fonctionner administration. Le plan de recons- uction du gouvernement améri- ain est détaillé dans un document onfidentiel d'une centaine de pages dont les grandes lignes commencent à transparaître.

Dans les semaines suivant la fin des hostilités, Washington envisage de mener simultanément la remise en état des infrastructures du pays, la création d'un nouveau système financier et fiscal et la réorganisation de l'appareil d'Etat et des services publics en s'appuyant notamment sur l'armée.

Ce projet, le plus ambitieux depuis la fin de la seconde guerre mondiale, impliquera la participation de nombreuses agences gouvernementales américaines.

Le département du Trésor, par exemple, aura pour mission de créer de toutes pièces une nouvelle banque centrale. Des hauts fonctionnaires américains agiront comme des ministres en second pour contrôler et remettre en marche les différentes administrations.

▶ **L'enseignement.** Le tout nouveau bureau de reconstruction et d'assistance humanitaire du Pentagone dirigé par le général Jay Garner, pressenti pour devenir le responsable de l'administration civile de l'Irak, a par exemple l'intention de refaire fonctionner le plus rapidement possible le système scolaire. Il a lancé, via l'agence des Etats-Unis pour le développement international, Usaid (United States Agency for International Development), un appel d'offres de 100 millions de dollars (presque autant en euros) à cette fin.

Le prestataire de service choisi aura pour mission, dès la fin des combats, d'envoyer des équipes pour s'assurer que les enseignants sont payés et disposent des moyens nécessaires pour rouvrir les 25 000 écoles du pays et accueillir les 4,1 millions d'élèves.

Cinq programmes visant *« à accroître le nombre d'enfants scolarisés dans le secondaire »* seront lancés en trois mois dans des zones pilotes et dans tout le pays en dix mois. Seulement un tiers des enfants Irakiens fréquentent l'école aujourd'hui après le primaire.

L'objectif est *« qu'ils continuent tous dans un an »*. L'Usaid prévoit d'aider le ministère irakien de l'éducation en lui fournissant les livres et l'ensemble des moyens nécessaires. Elle entend aussi *« augmenter sensiblement les capacités de formations des enseignants et du personnel administratif »*.

▶ **La santé.** Un groupe privé aura pour mission d'administrer les 270 hôpitaux et 1 000 cliniques du pays. Son contrat évalué aussi à 100 millions de dollars comprend une mise à niveau du personnel médical. *« En un an, le ministère de la santé sera prêt à gérer les équipements »*, écrit l'Usaid.

Elle compte également faire installer en soixante jours 550 générateurs diesels sur tout le territoire irakien et permettre au pays de retrouver environ 75 % de l'énergie électrique disponible avant 1991.

▶ **Les infrastructures.** Les contrats les plus importants concernent la reconstruction : 900 millions de dollars pour les urgences en autoroutes, ponts, aéroports et bâtiments publics indispensables.

Un groupe privé administrerait les 270 hôpitaux et 1 000 cliniques du pays

L'Usaid a lancé d'autres appels d'offres pour une somme totale de l'ordre de 300 millions portant sur l'assainissement et la distribution d'eau, l'administration des ports et des aéroports. Enfin, en parallèle, l'armée américaine, pour son propre compte, a des projets représentant 500 millions de dollars concernant la construction de routes et de bases militaires.

▶ **Les contrats.** La Maison Blanche demande au Congrès 75 milliards de dollars pour financer la guerre. Sur ce total, 800 millions seront consacrés immédiatement à l'aide humanitaire et 1,8 milliard à la reconstruction. Cette somme devrait en quasi-totalité revenir à des groupes privés américains.

Ce qui n'est pas du goût de tout le monde, notamment des Européens. Ils considèrent que mettre les Nations unies et les autres pays *« hors jeu »* rendrait non seulement la reconstruction plus longue et difficile, mais contribuerait à accroître le ressentiment contre les Etats-Unis. Ils jugent aussi les plans américains *« irréalistes »*.

Les Quinze ont réaffirmé à Bruxelles le 20 mars, la nécessité de confier à l'ONU le soin de coordonner cette reconstruction. Chris Patten, commissaire européen aux relations internationales, a jugé les projets de Washington *« maladroits »*. Il a déclaré que l'Union européenne ne participerait pas à l'effort de reconstruction si les Nations unies ne le supervisent pas.

Pour apaiser notamment les Britanniques, Washington a laissé entendre, après le sommet des Açores, le 16 mars, qu'elle pourrait accorder un rôle plus important à d'autres pays et aux Nations unies. Andrew Natsios, l'administrateur de l'Usaid, a déclaré que *« la reconstruction à long terme allait bien au-delà de l'agence, et nous espérons que l'ONU y sera impliquée de façon majeure »*. Le Fonds monétaire international et la Banque mondiale seront aussi sollicités.

Au sein du gouvernement américain, l'approche multilatérale n'a pas que des partisans. Certains mettent en avant le cas de l'autoroute devant relier, en Afghanistan, Kaboul, Kandahar et Herat dont le projet international bat des records de lenteur.

« L'idée est de s'occuper nous-mêmes et rapidement des grands chantiers, pour le reste on verra », explique un officiel. Washington entend aussi retirer seul le bénéfice politique de la reconstruction. *« L'objectif du gouvernement des Etats-Unis est d'apporter des preuves tangibles au peuple irakien qu'il veut apporter au pays la sécurité politique et la prospérité économique »*, peut-on lire en préambule à l'appel d'offres de l'Usaid.

Eric Leser

DOC 14

La foire d'empoigne

Une guerre pour le pétrole ? George Bush s'en défend et affirme – d'un ton convaincu – que le seul but des Américains est d'apporter au Moyen-Orient en général, et à l'Irak en particulier, les bienfaits de la démocratie. Hélas, personne ne le croit. En ces temps de frénésie énergétivore, le pétrole irakien intéresse évidemment l'Amérique. Il intéresse d'ailleurs tout le monde. Ne pas tenir :ompte de ce fabuleux pactole d'or noir serait, ɔour n'importe quel gouvernement, irresponsable ou suicidaire. La preuve : dès le début de 'attaque, vers quoi ont foncé les troupes d'élite ɔritanniques et américaines ? Vers les sites pétroliers du Sud irakien (Al-Fao, Oum Qasr, 3assora) et du Nord (Kirkouk, Mossoul) afin le les « sécuriser ». L'objectif était évidemment l'empêcher les Irakiens d'enflammer leurs ›uits. Résultat semble-t-il atteint puisque sept ›uits seulement auraient brûlé à Bassora – autant dire rien, dans un pays qui compte près de 000 puits répartis sur un territoire presque ussi vaste que la France. On aurait donc, si es renseignements sont confirmés, évité une atastrophe comparable à celle de 1991, ›rsqu'au Koweït 700 puits flambèrent pendant deux cent vingt jours dans un grondement 'enfer, entraînant une perte globale d'au ıoins un milliard de dollars.

Pourtant, que les puits irakiens brûlent ou on, cette guerre sera d'abord la guerre du pé-'ole. Et tous les pays industrialisés en suppor-:ront les conséquences à court, moyen et long :rme. Dans l'immédiat, d'abord, les prix du étrole ne seront probablement pas trop affec-:s, parce qu'ils dépendent non pas des aléas ıilitaires mais de l'équilibre mondial entre offre et la demande. Quand cet équilibre est ompu et que la production tombe ou s'arrête lors que la demande augmente, évidemment :s prix grimpent. On l'a vu pendant la grande rise de 1973, lorsque le baril de pétrole, à la uite de l'embargo arabe, a brusquement triplé.

Mais aujourd'hui la situation s'est inversée. .a demande mondiale, plus diversifiée, est en ›aisse saisonnière pour cause de printemps. :lle aura diminué de 2 millions le barils par jour entre février t mai. L'offre, en revanche, emble sur le point de s'envoler rop haut. Anticipant la guerre, outes les sociétés pétrolières ınt constitué au début de 'année des stocks importants t multiplié les transactions péculatives de « pétrole ›apier », c'est-à-dire les :ontrats d'achat passés sur les narchés à terme. En même temps, l'Opep, voulant prouver sa bonne volonté, s'engageait à compenser, en cas de malheur, les éventuelles pertes de production de l'Irak, comme elle l'avait déjà fait pour le Venezuela en grève. Devant cette psychose de pénurie, les prix du pétrole, gonflés d'une « prime de guerre » de 4 à 7 dollars par baril, ont aussitôt flambé. Avant de s'effondrer – une baisse de 25%, un record – dès que les premières bombes ont illuminé le ciel de Bagdad.

Contradiction ? Non, logique pétrolière ! Cette fois-ci, on a anticipé une victoire américaine rapide, devant la démonstration in situ de l'écrasante disproportion des forces en présence. Le balancier est donc reparti dans l'autre sens, et l'on a vu les cours du pétrole américain tomber en cinq jours de 40 à 26,50 dollars le baril. Aussitôt l'Opep a réagi. Elle qui fournit 47% de toutes les exportations de brut et de produits raffinés dans le monde entend bien empêcher le pétrole de quitter la fourchette raisonnable qui va de 22 à 28 dollars le baril. Guerre ou pas, il faut tenir le marché et rester dans les limites fixées. Quitte à baisser la production pour faire monter les cours. Et quoi qu'en pensent les Américains, qui verront augmenter d'autant le prix des millions de litres de carburants avalés quotidiennement par leurs troupes, avions, chars, bateaux, bombes intelligentes ou non. Si l'Opep tient bon, les prix ne devraient donc pas trop bouger.

« *En fait, le marché va devenir nerveux et les prix vont fluctuer selon les informations du jour*, tempère Nicolas Sarkis. *Il suffit que la panique s'empare des propriétaires des quelque 400 millions de véhicules dans les pays industrialisés pour que la demande et les prix crèvent tous les plafonds. Si la guerre se prolonge, on ne peut exclure un scénario catastrophe, avec des attentats contre les raffineries pétrolières, les terminaux et surtout les oléoducs, difficiles voire impossibles à protéger. Or un oléoduc coupé, c'est une production automatiquement arrêtée. Enfin, les dirigeants arabes n'ont jusqu'à présent même pas évoqué l'arme du pétrole, la seule dont ils disposent. Mais pourront-ils éviter d'y recourir si c'est le seul moyen pour eux de calmer la colère populaire qu'on sent monter partout ? Même s'ils savent fort bien que cette arme peut se retourner contre eux... mais plus tard.* »

En effet, c'est à moyen terme qu'apparaîtront des retombées plus graves. Tout de suite après la guerre se posera le problème de l'avenir du pétrole irakien. L'Irak, on le sait, recèle dans son sous-sol des réserves prouvées estimées à 113 milliards de barils, qui en font le numéro deux mondial, derrière l'Arabie Saoudite. Ce brut, peu profond, pourrait être extrait à des coûts aussi bas (2 à 3 dollars le baril) qu'en Arabie Saoudite et il est facilement accessible : sur 73 gisements découverts, 15 seulement sont en exploitation. Les autres attendent. Plus que la production actuelle, faible parce que soumise à embargo, c'est ce pactole enfoui qui excite désormais la convoitise des pétroliers américains, britanniques, français, russes et chinois.

Les pétroliers américains, déjà installés au Koweït, annoncent la couleur dans une note de la Bank of America du 31 janvier : « *L'ouverture des champs pétrolifères, combinée à la fin de l'incertitude dans la région, sera positive pour les sociétés américaines du secteur.* » Plus brutalement, James Woolsey, ancien directeur de la CIA, avertit que « *seuls les pays alliés aux Etats-Unis dans la guerre pourront espérer coopérer à l'avenir avec les groupes pétroliers américains en Irak* ». Exxon-Mobil, Chevron-Texaco et les autres, bien que proches de l'actuelle administration américaine, n'apprécient pas forcément ce langage impérial. Eux savent, parce qu'ils travaillent dans les pays arabes, qu'il ne faut pas sous-estimer le nationalisme pétrolier, en Irak ou ailleurs. La politique de Bush peut les servir mais aussi les embarrasser.

Devant l'arrogance américaine, la France, la Russie et la Chine, présentes sur le terrain, s'inquiètent elles aussi. Le français Total a négocié avec Bagdad deux accords fabuleux qui lui donnent accès aux gisements géants de Bin Umar et de Majnoun (réserves estimées entre 15 à 17 milliards de barils), soit la moitié des réserves prouvées des Etats-Unis, ou le double des réserves que Total contrôle actuellement dans le monde. Hélas, ce contrat du siècle ne pourra entrer en vigueur que lorsque l'embargo sera levé. La Russie avait signé en 1997 avec le gouvernement irakien un gros contrat en bonne et due forme, résilié par l'Irak en janvier dernier. Après la chute de Saddam, qu'en sera-t-il de ces engagements ? Question cruciale pour Paris et Moscou.

Faudra-t-il se soumettre aux décisions des nouveaux maîtres de Bagdad ? Ahmed Chalabi, au nom des opposants irakiens, a déjà fait son choix : « *Les sociétés américaines auront un rôle prépondérant.* » Mais Ahmed Chalabi n'est pas encore intronisé, loin de là. Les Russes ☛ comptent sur le fait que l'accès à leur pétrole est une demande majeure des Etats-Unis et qu'on pourra s'entendre. Les Français se consolent en expliquant que, pour restaurer et mettre en exploitation les gisements irakiens, si prometteurs soient-ils, il faudra des dizaines de milliards d'investissement, du temps et du savoir-faire. Et que toutes les bonnes volontés seront alors requises. Les Etats-Unis se taisent, persuadés qu'ils découperont eux-mêmes le gâteau. La seule prévision réaliste est celle de l'ouverture, dans les mois à venir, d'une gigantesque foire d'empoigne autour de l'Irak d'après-Saddam, enfin accessible aux sociétés étrangères et devenu de ce fait un élément clé dans les nouveaux rapports de force qui se dessinent à l'entrée du XXIe siècle.

Car on voit arriver ce que les pays producteurs de pétrole s'efforcent encore de cacher : quel que soit le résultat de cette guerre d'Irak, le statu quo qui prévalait sur la planète pétrole est désormais rompu. La course pour le contrôle des derniers grands champs pétroliers est lancée, comme elle le fut avant et après la Première Guerre mondiale lorsque les grandes puissances se partagèrent les ressources pétrolières du Moyen-Orient. Les raisons de cette course en avant sont toujours les mêmes : industrialisation, consommation forcenée, démographie mondiale galopante, dictature du profit. Les pays industrialisés, incapables de se restreindre, continuent à se shooter à l'énergie, et la source de cette énergie sera encore, pour au moins deux décennies, le pétrole. Pour satisfaire ces nouvelles demandes, il faudrait faire passer la production de brut de 77 millions de barils par jour en 1990 à 120 millions en 2030, soit 43 millions de barils à trouver. C'est-à-dire le double de ce que produisent actuellement les cinq plus gros producteurs du Golfe (Arabie Saoudite, Iran, Irak, Koweït, Emirats arabes unis).

Question : comment nourrir ce Moloch ? Où trouver des approvisionnements sûrs alors que l'or noir s'épuise ? La concurrence entre les pays importateurs sera sans pitié. Les Etats-Unis, qui gardent 600 millions de barils de pétrole comme réserves stratégiques en cas de coup dur, font déjà, comme en Irak, jouer tout le poids de leur hyperpuissance. Mais ils ne resteront pas longtemps seuls. D'autres acteurs arrivent : la Russie, l'Inde, la Chine, l'Est asiatique. Le problème, alors, n'est déjà plus d'acheter du pétrole à bas prix, il est de contrôler le pétrole à sa source, c'est-à-dire de s'approprier directement ou indirectement les gisements. De devenir à la fois vendeur et acheteur. A long terme, il ne s'agira plus de commerce mais de survie. Voilà ce qui est en jeu dans la guerre qui se déroule en Irak aujourd'hui.

JOSETTE ALIA

DOC 15

Les accrocs d'une guerre éclair

Comment l'Amérique voit l'après-conflit

Monopole des contrats de reconstruction, aide humanitaire sous contrôle militaire : les Etats-Unis entendent reconstruire à leur façon la nation irakienne

Monopole américain absolu sur tous les juteux contrats de reconstruction avec, en guise d'aide humanitaire après les bombes, des parachutages de sandwichs au beurre de cacahuètes sur les populations civiles... A l'heure où la progression de l'armée américaine n'a rien d'une promenade de santé, cette évocation de l'après-guerre et de l'occupation du territoire irakien par des forces militaires étrangères peut sembler surréaliste ou indécente. Les premiers documents publiés sur le sujet sont pourtant limpides. Et subversifs. Opérée sous contrôle militaire, la *« reconstruction de la nation irakienne »* qui succédera au *« changement de régime »* sera en tout point conforme à la nouvelle doctrine étrangère de George Bush : unilatérale, cent pour cent américaine, donnant au militaire le pas sur le civil.

Le projet de confier à un général, symbole de l'imperium américain, la supervision de la reconstruction est né très tôt dans l'esprit du président américain. Cédant aux pressions des faucons, George « W » a signé dès le 20 janvier 2003 une directive créant au sein même du département de la Défense un Office de la Reconstruction et des Affaires humanitaires (Orha). Basé sur les bords du Potomac, au dernier étage du Pentagone, c'est Jay Garner, général de corps d'armée à la retraite et spécialiste de la question kurde – il a codirigé l'opération Provide Comfort en 1991 dans le nord de l'Irak –, qui pilotera dans ce cadre les efforts de la puissance occupante. Dire que Garner n'a pas perdu de temps est un euphémisme. Discrètement, *« sans aucune coordination avec la communauté humanitaire, l'Orha a développé un concept opérationnel s'appuyant sur la création au sein des forces armées américaines d'une structure de coordination de l'aide humanitaire qui utilisera exclusivement des produits américains jusqu'au moment où l'aide internationale sera autorisée »*, explique Xavier Zeebroeck, analyste du Groupe de Recherche et d'Information sur la Paix et la Sécurité (Grip), dans une note confidentielle.

Comme en Afghanistan, Jay Garner appliquera la technique du parachutage (*air dropping*) de rations alimentaires, mais cette fois à l'échelle d'une population de 23 millions d'habitants. *« Entre deux Tomahawk, de la confiture de fraise et du beurre d'arachide »*, fulminait, en novembre 2001, Rony Brauman, ancien président de Médecins sans Frontières. En vain. Car la stratégie « des bombes et du beurre » perdure bel et bien. Pis, alors que l'action humanitaire s'est construite en s'affranchissant de la tutelle du politique, les rares ONG autorisées en Irak devront intervenir dans le cadre d'actions civilo-militaires gérées par l'US Army. Et, pour l'heure, avec un financement ridicule : 2 millions de dollars de l'Agence américaine pour la Coopération et l'Aide humanitaire (Usaid), dont la totalité des dotations ne devrait pas dépasser 50 millions.

Près du Tigre à Bagdad après un bombardement. Seules une poignée d'entreprises, toutes américaines, pourront soumissionner aux appels d'offres lancés pour la reconstruction.

A l'aune des dégâts potentiels estimés par le Grip (900 000 personnes déplacées, 10 millions dans une situation d'insécurité alimentaire en raison de l'écroulement du programme Pétrole contre Nourriture, 7 millions privées d'eau et d'équipements sanitaires...), l'instrumentalisation de l'aide humanitaire prévue sous la bannière étoilée n'est pas à la mesure de la catastrophe annoncée. Préparé lui aussi dans la plus grande discrétion, le projet de reconstruction du pays, décrit dans un document confidentiel de treize pages rédigé par l'Usaid, réserve d'autres surprises. Arguant de *« l'urgence des circonstances »*, l'agence a octroyé à une poignée d'entreprises, toutes américaines, le droit de soumissionner aux adjudications lancées par elle-même pour la reconstruction. Très logiquement, Bechtel, numéro un mondial de l'ingénierie, Parsons (travaux publics) et Kellog Brown, spécialiste de la remise en marche des puits pétroliers et filiale d'Halliburton, vont profiter ainsi des 900 premiers millions.

Le « Wall Street Journal », pourtant connu pour ses sympathies bushiennes, rappelle ironiquement que toutes ces entreprises, à commencer par Halliburton – dont le vice-président Dick Cheney était naguère le patron –, sont toutes de grosses contributrices du Parti républicain. A l'inverse, aucune entreprise d'un pays allié de l'Amérique n'a été admise à soumissionner. Ce qui déclenche la fureur des Britanniques, qui font justement valoir qu'avec un contingent de 45 000 soldats ils méritaient d'être mieux traités. Le 14 mars, quinze entreprises, dont les géants pétroliers BP, Royal Dutch Shell et Amec Plc, pilote dans la reconstruction du Pentagone et l'aménagement de Ground Zero, ont officiellement fait part de leur inquiétude. Pour s'entendre répondre que leurs offres seraient les bienvenues... si elles acceptaient d'être sous-traitantes des compagnies américaines.

« Nous sommes en train de détruire, attendons d'avoir détruit pour commencer à reconstruire », expliquait au dernier sommet européen Jacques Chirac, insistant sur le futur rôle de l'ONU dans une reconstruction estimée à 10 milliards de dollars par an sur trois ans. *« L'Europe n'acceptera pas de faire la vaisselle d'une cuisine américaine »*, ajoutait pour sa part Chris Patten, commissaire aux Affaires extérieures. Est-ce vraiment certain ? **JEAN-GABRIEL FREDET**

DOC 16

Les premiers contrats de l'après-guerre octroyés uniquement aux entreprises américaines

Les exportations de pétrole irakien pourraient financer en partie la réparation des dégâts

NEW YORK
de notre correspondant

L'administration américaine a commencé à attribuer les premiers contrats de reconstruction de l'Irak. La semaine dernière, International Resources Group, dont le siège se trouve à Washington, a obtenu pour 7 millions de dollars (autant d'euros) la mission de coordonner l'aide humanitaire et la remise en état des infrastructures essentielles.

Lundi 24 mars, l'Agence américaine pour le développement international, Usaid (United States Agency for International Development), a signé un accord de 4,8 millions de dollars avec l'entreprise Stevedoring Services of America (SSA) de Seattle pour la remise en service et la gestion d'Oum Qasr, le seul port irakien en eau profonde. SSA dispose d'un délai de huit semaines pour rendre possible le déchargement de conteneurs.

CONTRATS DE SOUS-TRAITANCE

Mardi 25 mars, le corps du génie de l'armée de terre a confié à Kellogg Brown & Root, filiale de Halliburton, l'extinction et la remise en marche des puits de pétrole irakiens en feu. La valeur du contrat n'est pas publique, mais l'administration a demandé au Congrès 489 millions de dollars pour réparer les installations pétrolières irakiennes, une bonne partie de cette somme devrait revenir à Halliburton. La société avait déjà obtenu un contrat similaire au Koweït en 1991, après la première guerre du Golfe. Dick Cheney, vice-président des Etats-Unis, était président directeur général d'Halliburton, premier groupe mondial de services pétroliers, d'octobre 1995 à août 2000.

La décision la plus attendue est l'attribution, dans les prochains jours, de 900 millions de dollars pour réparer les autoroutes, ponts, aéroports et bâtiments publics jugés indispensables. L'agence fédérale a invité discrètement, en janvier, une poignée d'entreprises américaines de BTP (bâtiment et travaux publics) à concourir. La procédure est légale, mais inhabituelle. Il ne s'agit pas d'un appel d'offre public et transparent, mais d'une sélection d'entreprises *« ayant de l'expérience »*. Les agences gouvernementales ont le droit d'agir ainsi pour répondre à des besoins urgents.

Andrew Natsios, l'administrateur d'Usaid, s'est justifié, mercredi 26 mars, lors d'une conférence de presse. *« Cette procédure permet de gagner un temps considérable. Nous avons ramené de six à deux mois le délai habituel. Nous avons sélectionné directement des sociétés qui réagissent vite et ont obtenu les certifications de sécurité indispensables par le Pentagone. Seules des entreprises américaines les ont. Nous sommes de toute façon tenus par la loi à faire appel seulement aux groupes américains comme premiers contractants »*, expliquait-il.

M. Natsios ajoutait toutefois : *« Les contrats de sous-traitance sont ensuite ouverts à tous les pays. Nous avons eu de nombreuses discussions avec des entreprises britanniques et il n'y a pas de doute sur le fait qu'une partie de la sous-traitance leur reviendra. »*

L'agence envisage de dépenser 2,4 milliards de dollars *« payés par le contribuable américain »* en Irak, dont 1,9 milliard pour la reconstruction et le reste pour l'aide humanitaire. *« Sur cette somme de 1,9 milliard, la moitié environ reviendra aux sous-traitants et sera donc ouverte aux entreprises étrangères »*, a déclaré M. Natsios.

ADMINISTRATION PROVISOIRE

Les ambitions de l'administration Bush en matière de reconstruction vont bien au-delà. Son objectif est de ramener en douze mois l'économie irakienne à son niveau d'il y a deux décennies, avant la guerre contre l'Iran. Il s'agit non seulement de rebâtir et réparer les infrastructures de transports, d'alimentation en eau et en électricité, mais aussi de remettre en marche le système bancaire, de santé et d'enseignement du pays.

Sur les 74,7 milliards de dollars demandés au Congrès par le gouvernement pour financer la guerre et l'occupation de l'Irak pendant six mois, 7,8 milliards seront consacrés à l'aide humanitaire et à la reconstruction. Le Trésor américain entend également utiliser 1,4 milliard de dollars appartenant à l'Irak et gelés depuis 1990 sur un compte de la Réserve fédérale de New York.

Les « faucons » de l'administration se disent même prêts à assumer seuls l'essentiel du coût de la reconstruction avec l'aide, notamment, du Japon et du Royaume-Uni. Ce coût est évalué à 20 milliards de dollars la première année par les experts du Conseil des relations extérieures si les Nations unies se refusent à accepter une administration provisoire du pays par les Etats-Unis.

Selon les plans établis, le général à la retraite Jay Garner, qui dirige le nouveau bureau de reconstruction et d'aide humanitaire du Pentagone, deviendra l'administrateur civil de l'Irak. Il est arrivé la semaine dernière au Koweït et devrait occuper ces fonctions pendant six mois au moins.

Les ministres irakiens du gouvernement provisoire seront secondés par des fonctionnaires et des techniciens américains. Un conseil consultatif irakien établira une constitution et organisera des élections.

Washington espère aussi, sans trop le dire, réduire rapidement la facture de la reconstruction en la faisant financer, au moins en partie, par les exportations de pétrole irakiennes. *« Nous allons utiliser les richesses du peuple irakien, plus particulièrement le pétrole, au bénéfice de ce peuple »*, déclarait, à la fin de la semaine dernière, le secrétaire d'Etat Colin Powell. La décision de faire de la protection des puits de pétrole une priorité de la campagne militaire se comprend encore mieux.

Eric Leser

Tokyo débloquerait 600 millions de dollars

Les Etats-Unis ont demandé au Japon de contribuer à hauteur de 600 millions de dollars à la reconstruction à l'issue du conflit, a indiqué, vendredi 28 mars, le quotidien économique *Nihon Keizai Shimbun*. Tokyo devrait, en particulier, fournir une aide alimentaire et un soutien technique à la reconstruction des bâtiments et de diverses installations publiques irakiennes.

Le gouvernement nippon a déjà décidé d'envoyer vers la Jordanie des tentes qui pourraient accueillir quelque 1 600 réfugiés civils. Deux avions gouvernementaux des forces d'autodéfense quitteront Tokyo dimanche 30 mars, emportant soixante militaires dotés d'armes pour assurer leur protection personnelle. La décision a été prise en réponse à une demande du Haut-Commissariat aux réfugiés, qui sollicite du matériel de secours et des équipes médicales. Le Japon est, au sein des Nations unies, le troisième donateur derrière les Etats-Unis et l'Union européenne. – *(AFP, Reuters.)*

DOC 17

MM. Bush et Blair en désaccord sur le régime à venir

Le président américain et le premier ministre britannique affichent toutefois une complète unanimité dans leur détermination à éliminer le régime de Saddam Hussein par les armes et sont désormais favorables à la reprise de l'aide alimentaire et humanitaire aux civils via les Nations unies

WASHINGTON
de notre correspondant

Après une soirée et une matinée d'entretiens, George Bush et Tony Blair se sont bornés, jeudi 27 mars, à répéter leur engagement de mettre à bas le régime de Saddam Hussein. *« La campagne qui est devant nous va demander encore plus de courage et encore plus d'abnégation*, a dit le président américain. *Cependant, nous savons quel en sera le résultat : l'Irak sera désarmé ; le régime irakien sera liquidé ; le peuple irakien, qui souffre depuis longtemps, sera libre. »* Le premier ministre britannique a observé que la façon dont la guerre est suivie par les médias *« peut donner l'impression aux gens qu'elle dure depuis beaucoup plus longtemps qu'un peu moins d'une semaine ». « Nous allons continuer jusqu'à ce que le travail soit fait »*, a ajouté M. Blair, refusant, comme M. Bush, d'évaluer le temps nécessaire en semaines ou en mois.

Une querelle s'est installée, à travers des déclarations officieuses, sur les erreurs d'analyse et de prévision éventuellement commises par le Pentagone. Le ministre de la défense, Donald Rumsfeld, est accusé, anonymement, d'avoir lésiné sur les moyens. Devant une commission de la Chambre des représentants, il a assuré que les moyens supplémentaires acheminés dans la région le sont à un rythme quotidien, prévu par le plan initial. Les 100 000 à 120 000 hommes tenus en alerte pour être prêts à renforcer, d'ici la mi-avril, les 100 000 combattants déjà engagés en Irak par les Etats-Unis *« arrivent jour après jour, de façon continue »*, a déclaré M. Rumsfeld.

Selon lui, la seule différence par rapport aux projets initiaux, c'est que les 40 000 hommes de la 4e division d'infanterie, *« au lieu d'arriver par le nord, entreront en Irak par le Koweït »*, la Turquie ayant refusé le passage. Les Britanniques envoient, eux aussi, des renforts.

Il ne fait guère de doute, malgré tout, que la stratégie adoptée par Saddam Hussein, qui consiste à tenir, le plus longtemps possible, les villes situées entre le Golfe et Bagdad, a surpris les alliés.

Ceux-ci s'attendaient, selon les informations qui ont circulé dans la presse avant la guerre, à ce que le dictateur irakien se prépare à livrer bataille à Bagdad et abandonne les villes du sud, tout en détruisant les infrastructures afin de ralentir l'avance des forces américaines et britanniques. Or, plutôt que de se barricader d'emblée dans sa capitale, Saddam Hussein a choisi d'apparaître comme défendant non pas son pouvoir contre la population, mais le pays contre l'invasion étrangère.

AIDE HUMANITAIRE

Pour la distribution de l'aide humanitaire, MM. Bush et Blair ont demandé qu'une décision du Conseil de sécurité, reconduisant le dispositif « Pétrole contre nourriture » sous l'autorité du secrétaire général de l'ONU, soit prise rapidement. Visant, sans les nommer, la France, la Russie et la Chine, qui refusent un texte légitimant la guerre, M. Bush a déclaré que *« cette importante question de l'aide humanitaire ne doit pas être politisée »*. Dire cela, c'était aussi s'adresser, à lui-même, l'injonction de ne pas chercher à obtenir une sorte de seconde résolution, pour laquelle les Etats-Unis n'avaient pas de majorité, sous couvert d'organiser l'aide.

Cette étape devrait être franchie assez rapidement, mais il en va autrement d'un accord sur l'organisation de l'Irak après la défaite de Saddam Hussein. M. Blair a dit, dans un euphémisme, que *« beaucoup de détails »* doivent être réglés. Il a rappelé qu'aux Açores, le 16 mars, les Etats-Unis, le Royaume-Uni, l'Espagne et le Portugal ont assuré que le régime politique et administratif de l'Irak devra faire l'objet d'un vote du Conseil de sécurité. Cela étant dit, il est patent que les Etats-Unis veulent contrôler le pays et réduire les Nations unies à une responsabilité marginale, voire symbolique.

M. Blair a souhaité que ce désaccord soit traité *« par la discussion plutôt que par des conférences de presse »*. Il a opposé les conversations par téléphone à la *« diplomatie du mégaphone »*. Il n'est pas sûr, pourtant, que les lignes fonctionnent très bien, dans les semaines à venir, entre Washington, Londres, Paris et Moscou.

Patrick Jarreau

ANALYSE DU SOMMAIRE

- Textes par ordre chronologique, concentrés sur un mois : du 2 au 29 mars 2003.
- Textes exclusivement extraits de la presse française (*Le Monde*, *Le Nouvel Observateur* et *Le Figaro* par ordre décroissant de fréquence).

DOC 2, DOC 10 : Saddam Hussein.

DOC 4, DOC 13, DOC 15, DOC 17 : Bush, Washington, l'Amérique.

DOC 17 : Blair.

DOC 4, DOC 5, DOC 8, DOC 9 : ONU.

DOC 1, DOC 7, DOC8, DOC 9, DOC 15 : guerre, conflit, missile.

DOC 2, DOC 10, DOC 11, DOC 13, DOC 15 : après Saddam Hussein, ambition, l'après-conflit.

DOC 7, DOC 16 : argent, contrats.

DOC 3, DOC 14, DOC 17 : argumentaires, foire d'empoigne, désaccord.

Les acteurs : l'Irak, les États-Unis, le Royaume-Uni, l'ONU.
Conflit : guerre, après-guerre.
Opposition : argent, contrats, désaccord.

PRISE DE NOTES

DOC 1

Les actions conjointes des États-Unis et de la France sapent l'Union européenne, l'OTAN et l'ONU, favorisant la montée de l'affrontement.

3 positions : idéologues américains : les États-Unis ont une double mission de juge et de justicier ; pacifistes ou anti-américains : toute guerre ou toute intervention américaine est condamnable en soi ; neutralistes/pacifistes « ohne mich » (Schröder). Résolution 1 441 (résultat d'une négociation franco-américaine) évitait ces trois positions mais au prix d'ambiguïtés qui provoquent aujourd'hui le conflit ; elle opte pour le désarmement de Saddam Hussein par l'ONU et des inspecteurs (≠ objectifs maximums : changement de régime pour les États-Unis, paix pour la France).

On est passé de la négociation à la confrontation.

Caractère flou et aventureux des conceptions américaines pour l'après-guerre : occupation militaire prolongée ? Actions militaires contre les autres pays de l'« Axe du mal » ? Renversement des régimes arabes actuels pour promouvoir la démocratie, l'ordre américain et l'acceptation d'Israël ?

Applaudissements suscités par l'éloquence de M. de Villepin à l'ONU et convergence de l'opinion populaire européenne massivement hostiles à la guerre

Enjeux : prévention de la guerre, avenir de l'ONU et du Proche-Orient. Les positions de l'équipe Bush sont inquiétantes mais le pacifisme ne sert pas forcément la paix, le veto ne sert pas forcément l'ONU et le non-encadrement de la présence américaine ne sert pas forcément les intérêts de la France ni des pays du Golfe.

Question difficile de la participation de l'ONU, l'Europe et la France à une intervention militaire/à l'administration/reconstruction de l'Irak.

DOC 2

Le gouvernement Bush observe la plus grande discrétion sur l'administration qu'il envisagerait de mettre en place après une offensive victorieuse en Irak et sur le financement de la reconstruction, comme s'il craignait que cela ne vienne renforcer le camp des opposants à la guerre.

La situation d'après-guerre recèle nombre de risques : que l'administration militaire américaine passe pour une force d'occupation ; qu'elle doive arbitrer des conflits sanglants entre Irakiens (majorité chiite/minorité sunnite) ; une guérilla forces turques/Kurdes.

Selon la doctrine des tenants du pouvoir américain, l'Amérique fait la guerre, l'assistance sociale d'après-guerre est assurée par les Européens.

DOC 3

Pour la guerre

– Nature du régime irakien.
– Tradition d'agressivité.
– Armement.

- Légalité internationale = 16 résolutions de l'ONU violées ou ignorées par Saddam Hussein, la résolution 1 441 de novembre 2002 étant la « dernière chance » que l'Irak n'a pas su saisir.
- Conséquences sur la région = démocratisation ; redistribution des cartes au Moyen-Orient.

Contre la guerre

- Une aventure : combien de victimes ?
- Souveraineté et guerre préventive : qui décide qu'un pays n'a plus droit au respect de sa souveraineté ?
- Questions sur la dangerosité de Saddam Hussein : la politique d'endiguement menée depuis la première guerre du Golfe a porté ses fruits.
- Bagdad et l'islamisme : les liens avec Al-Quaïda ne sont pas prouvés.
- Priorités : la Corée du Nord est une menace beaucoup plus actuelle.
- Ambivalence de la position américaine : est-ce « finir le travail » inachevé en 1991 ? Donner au peuple une satisfaction d'amour-propre après le 11 septembre ?
- Répercussions disproportionnées avec les raisons du conflit : affrontement Occident/islam, « chocs de civilisation » à l'intérieur même des États occidentaux, déstabilisation de la région entraînant une montée en force des régimes autoritaires, convaincre les faucons israéliens d'avoir recours à une politique musclée.

DOC 4

Pour G. W. Bush, l'ONU joue sa crédibilité dans l'affaire irakienne, mais ne peut manifester son sérieux qu'en décidant la guerre.

Vendredi 7 mars à New York, 3e rapport devant le Conseil de Sécurité des chefs de mission d'inspection du désarmement Hans Blix et M. El Baradei = jugent qu'il n'y a aucune preuve d'activité nucléaire interdite.

Nier ce rapport et faire voter le Conseil de Sécurité comme Bush s'apprête à le faire, c'est dénaturer l'ONU.

DOC 5

Kofi Annan

L'ONU fondée pour « préserver les générations futures du fléau de la guerre » a le devoir de rechercher une solution pacifique jusqu'au tout dernier moment : celui-ci est-il venu ?

Les États et les peuples attachent un prix immense à la légitimité que confèrent l'ONU et le Conseil de Sécurité, en tant qu'ils constituent le cadre commun d'affermissement de la paix.

DOC 6

Le pétrole était profondément mêlé aux deux premiers conflits du Golfe. Bush vient du Texas.

Le vice-premier ministre irakien expliquait par ces mots la vindicte de G. W. Bush impitoyable à l'égard de l'Irak mais conciliant vis-à-vis de la Corée du Nord pourtant coupable avéré de réarmement nucléaire.

L'Irak (112 milliards de barils) est en 2e position derrière l'Arabie Saoudite.

Les États-Unis étaient premier acheteur de pétrole irakien en 2002.

Tenus à l'écart des gisements irakiens depuis l'invasion du Koweït (sanctions votées par le Conseil de Sécurité), les majors rêvent d'y prendre pied.

DOC 7

Si la guerre devrait plutôt coûter moins cher qu'il y a 12 ans (entre 1 % et 2 % du PIB américain), la paix pourrait s'avérer ruineuse, d'où l'hypothèse d'un coût global de 250 milliards de dollars.

Les États-Unis ont les moyens de financer cette guerre, seuls s'il le faut, mais ils auront à cœur de se rembourser après la guerre : le pétrole (à travers les futurs contrats pour les majors) leur sert de garantie.

DOC 8

Adulé par le camp de la paix, vitupéré par les États-Unis, le Conseil de Sécurité a joué un rôle central dans al crise sans parvenir à faire prévaloir ses vues.

Le Conseil de Sécurité ne s'est pas décrédibilisé car il n'a pas cédé aux injonctions américaines. Pour l'opinion publique internationale, il a désormais une fonction symbolique majeure de seul contrepoids à l'hyperpuissance américaine.

Les États-Unis auront besoin de l'ONU pour « légaliser » après coup les opérations militaires et surtout lever les sanctions économiques qui pèsent sur Bagdad, et ainsi autoriser la nouvelle administration irakienne à exporter librement du pétrole, + pour prendre le relais de la reconstruction (casques bleus, ONG).

DOC 9

En décidant de se passer de toute résolution, les États-Unis portent au Conseil de Sécurité un coup très dur.

DOC 10

Le partage des rôles avec l'ONU et l'opposition irakienne ne sont pas établis.

DOC 11

Les États-Unis sont entrés en guerre dans la matinée du jeudi 20 mars sans avoir clarifié leur projet.

Ils vont rester en Irak au moins deux ans.

Rien ne peut se faire sans un mandat de l'ONU, seul forum capable de légitimer l'exercice de ce pouvoir intérimaire sur un pays souverain et indépendant.

DOC 12

Kofi Annan prépare un projet pour l'action humanitaire en Irak (distribution de vivres et gestion du compte « pétrole contre nourriture »).

DOC 13

Particularité sans précédent dans l'Histoire : la reconstruction de l'Irak a été planifiée avant même que les opérations militaires aient commencé.

Ambition = remettre en 1 an l'économie irakienne au niveau où elle était il y a plus de 20 ans.

Contrats : 1,8 milliard $ pour la reconstruction devant en quasi totalité revenir à des groupes privés américains, ce qui n'est pas du goût des Européens.

DOC 14

Dès le début de l'attaque, les troupes d'élite anglo-saxonnes ont foncé vers les sites pétroliers afin de les « sécuriser ». Cette guerre sera d'abord celle du pétrole.

DOC 15

Seule une poignée d'entreprises, toutes américaines, pourront soumissionner aux appels d'offre lancés pour la reconstruction, d'où la fureur des Britanniques.

DOC 16

Des contrats de sous-traitance seront ensuite ouverts à d'autres pays, notamment au Royaume-Uni.

Les exportations de pétrole irakien pourraient financer en partie la réparation des dégâts.

DOC 17

G. W. Bush et Blair affichent une complète unanimité dans leur détermination à éliminer le régime de Saddam Hussein par les armes et sont désormais favorables à la reprise de l'aide alimentaire et humanitaire aux civils via les Nations unies.

Toutefois Royaume-Uni et États-Unis sont en désaccord sur le régime à venir : il est patent que les États-Unis veulent contrôler le pays et réduire les Nations unies à une responsabilité marginale voire symbolique.

CORRIGÉ EDHEC 2003

Synthèse

Le mois de mars 2003 voit les États-Unis répondre par les armes à la question du désarmement de l'Irak.

Début mars, la communauté internationale est partagée : faut-il faire la guerre en Irak ? Pour les idéologues américains, le régime baasiste, autoritaire et agressif, la possible présence d'armes nucléaires au mépris des résolutions de l'ONU justifient de déclencher un conflit pouvant ouvrir la voie à la démocratisation et à une redistribution des cartes au Moyen-Orient. Les pacifistes s'interrogent : l'Irak n'a-t-il pas droit au respect de sa souveraineté ? Est-il plus dangereux que la Corée du Nord ? Cette guerre ne risque-t-elle pas d'avoir des répercussions catastrophiques ? Le Texan G. W. Bush ne chercherait-il pas surtout à contrôler la deuxième réserve mondiale de pétrole ? L'opinion populaire européenne est massivement hostile à la guerre.

La résolution 14.41 ne tranchait pas et optait pour le désarmement de l'Irak par des inspecteurs de l'ONU. La négociation dégénère en confrontation.

Adulé par le camp de la paix, vitupéré par les États-Unis, le Conseil de Sécurité joue un rôle central dans la crise sans parvenir à faire prévaloir ses vues. Le 7 mars, les inspecteurs du désarmement affirment devant le Conseil de Sécurité n'avoir trouvé en Irak aucune preuve d'activité nucléaire interdite, mais G. W. Bush niant ce rapport entre en guerre le 20 mars.

C'est un coup dur pour l'ONU qui joue sa crédibilité, mais n'a pas cédé aux injonctions américaines et conserve une fonction symbolique majeure de seul contrepoids à l'Amérique. De plus, les États-Unis en auront besoin pour légitimer après-coup leur intervention et lever l'embargo sur le précieux pétrole irakien.

Entrés en guerre sans avoir clarifié leur projet, les États-Unis prévoient d'administrer militairement l'Irak pendant au moins deux ans, sans partage établi des rôles entre l'ONU et l'opposition irakienne. S'ils souhaitent visiblement réduire l'ONU à une responsabilité marginale, elle leur sera toutefois utile pour organiser l'aide humanitaire.

Particularité sans précédent dans l'Histoire : la reconstruction de l'Irak a été planifiée avant même le début des opérations militaires. Les États-Unis ambitionnent de rétablir en un an l'économie irakienne. S'ils ont les moyens de financer cette guerre, la paix pourrait s'avérer ruineuse, le pétrole (par de futurs contrats pour les *majors*) servant de garantie qu'ils pourront se rembourser.

Seules une poignée d'entreprises américaines pourront soumissionner aux appels d'offre lancés pour la reconstruction, la sous-traitance étant ensuite ouverte à d'autres comme l'allié britannique.

L'après-guerre est grosse de risques : que l'administration américaine passe pour une force d'occupation, qu'elle doive arbitrer des conflits entre Chiites et Sunnites, voire entre Kurdes et forces turques.

460 mots

Achevé d'imprimer sur les presses de l'Imprimerie BARNÉOUD
B.P. 44 - 53960 BONCHAMP-LÈS-LAVAL
Dépôt légal : Février 2007 - N° d'imprimeur : 702.039
Imprimé en France